나는 그림으로 생각한다

옮긴이 홍한별

글을 읽고 쓰고 옮기면서 살려고 한다. 《클라라와 태양》《모든 것을 본 남자》《깨어 있는 숲속의 공주》《이처럼 사소한 것들》들을 우리말로 옮겼다. 《아무튼, 사전》《우리는 아름답게 어긋나지》(공저)《돌봄과 작업》(공저) 들을 썼다. 《밀크맨》으로 제14회 유영번역상을 받았다.

THINKING IN PICTURES

Copyright © 1995 by Temple Grandin
All rights reserved.

Korean translation copyright © 2005 by Tindrum Publishing Ltd.
Korean translation rights arranged with The Gernert Company, Inc.
through Eric Yang Agency.

이 책은 에릭양 에이전시를 통해 The Gernert Company, Inc.사와 독점 계약하여 ㈜양철북출판사에서 펴냈습니다. 저작권법에 따라 한국 내에서 보호를 받는 저작물이므로 무단 전재와 복제를 금합니다.

자폐인으로 살아온 나의 삶
나는 그림으로 생각한다

템플 그랜딘 | 홍한별 옮김

어머니께 이 책을 바친다.
어머니의 사랑, 헌신, 식견 덕분에
내가 이 자리까지 올 수 있었다.

서문

— 올리버 색스 Oliver Sacks

1986년 정말 특이하고, 선례 없고, 어떤 면에서 보면 존재할 수 없는 책이 출간되었다. 템플 그랜딘의 《어느 자폐인 이야기》가 그것이다. 이전에는 한 번도 자폐인의 '내면 서사'가 발표된 적이 없었으므로 선례가 없는 책이다. 또한 자폐인에게는 '내면' 혹은 내적인 삶이 없고, 만약 있다고 하더라도 거기에 접근하거나 그걸 표현할 수 없다는 것이 40년 넘게 의학계의 정설로 자리 잡고 있었기 때문에 이 책은 존재할 수 없는 책이다. 또한 극도로 (낯설 정도로) 직접적이고 명료하다는 점에서 특이하다고 할 수 있다. 템플 그랜딘의 음성은 전에는 목소리가 존재하지 않았던 곳, 실체가 인정되지 않았던 곳에서부터 들려온다. 그녀는 자기 자신뿐 아니라 우리와 함께 살고 있는 수천 명의 자폐인을 대신해 말하고 있는 것이다. 그들 중에는 뛰어난 재능을 가진 사람도 많다. 템플 그랜딘은 우리와 다름없는 인간이면서도, 우리가 상상할 수 없는 완전히 낯선 방식으로 세계를 구성하고 살아가는 사람들이 있다는 사실을 깨닫게 해 준다.

'자폐'라는 단어를 들으면 아직도 대부분의 사람들이 끔찍한 고정관념을 떠올린다. 말은 못 하고, 온몸을 흔들어대며, 소리를 지르고, 대화를 나누는 게 불가능하고, 사람들과의 접촉으로부터 단절된 아이를 머릿속에 그리는 것이다. 그리고 '자폐아'라고 하지 '자폐인'이라고는 하지 않는다. 마치 이런 아이들은 영영 자라지 않거나, 성장하면서 이 세상, 이 사회에서 비밀스럽게 사라져 버리기라도 하는 듯이. 아니면 자폐인 서번트를 떠올린다. 기묘한 버릇에다 반복적 행동을 보이고, 정상적인 삶으로부터 단절되어 있으나 〈레인 맨〉에서 그려진 모습처럼 계산, 기억력, 그림 그리기 등에 있어 불가사의할 정도로 뛰어난 능력을 가진 사람 말이다. 이런 이미지가 완전히 잘못된 것이라고는 할 수 없지만, 이와는 다르게 나타나는 자폐증(물론 '정상적'인 방식과는 아주 다르게 사고하고 지각하기는 하지만)도 있다는 사실을 간과하는 것이다. 자폐인 가운데는 (특히 지능이 높고 교육을 많이 받았을 경우) 적극적으로 활동하고 성취하며, 특별한 통찰력과 용기로 가득한 삶을 사는 사람도 있는 것이다.

한스 아스퍼거(Hans Asperger)는 이미 1944년에 이 사실을 인지하고 자폐증에서 '상위' 형태가 있음을 설명했다. 그러나 독일에서 발표된 아스퍼거의 논문은 40년 동안 무시되었다. 그런데 1986년, 템플의 믿기지 않는 책《어느 자폐인 이야기》가 출간된 것이다. 템플의 책은 하나의 사례사(事例史)로서 '자폐'라는 것이 무엇인가에 대한 더 광범위한 정의를 가능하게 하였으며(혹은 그런 정의가 필요하다는 것을 깨닫게 해 주었으며), 의학적·학술적으로 충격적이면서도 긍정적인 영향을 미치는 것이었다. 그리고 또 한편으론 인간적인 기록으로서 무척이나 감동적인 것이었다.

템플이 첫 번째 책을 쓰고 나서 10년이 지났다. 그 10년 동안 그녀는 특이하고, 고독하고, 고집스럽고, 헌신적인 삶을 지속해 왔다. 동물 행동 분야의 교수이자 가축 설비 설계자로서 자리 매김하며, 동물을 이해하고 인간적으로 대할 수 있는 길을 찾기 위해, 자폐증에 대한 이해를 깊게 하기 위해, 이미지와 언어의 힘을 활용하기 위해, 그리고 무엇보다도 그녀의 입장에서 보기에 특이한 종족(우리)을 이해하고 자폐증 밖의 세상에서 그녀 자신의 가치, 역할을 정의하기 위해 노력해 왔던 것이다. 그리고 다시 책 한 권 분량의 글쓰기를 시도하여 《나는 그림으로 생각한다》라는 새롭고 더욱 깊이 있고 짜임새 있는 글을 선사했다.

이 책에서 우리는 템플이 어렸을 때는 어땠는지 읽고 함께 체험할 수 있다. 벗어날 수가 없는 냄새, 소리, 접촉 등의 압도해 오는 감각, 어떻게 그녀가 다른 사람들로부터 단절되어 끊임없이 소리를 지르고 몸을 흔들어댔는지, 혹은 갑자기 울화가 치밀어 자기 대변을 집어던지곤 했는지, 또 (바깥세상으로부터 완전히 단절되어 기묘할 정도의 집중 상태로) 몇 시간 동안이고 몇 알의 모래알이나 손가락 지문을 몰두하여 들여다보곤 했는지 말이다. 이 글을 읽는 동안 우리는 어린 템플이 느꼈던 공포와 혼돈, 나아가 평생 동안 시설에 갇혀 격리 수용될지 모른다는 불안감을 느낄 수 있다. 우리는 그녀와 함께, 처음 말문이 트이고 자기 자신을 제어하고 다른 사람과 접촉하며 세상과 의사소통할 수 있는 기적적인 수단인 언어라는 것을 습득하는 순간을 경험한다. 그리고 그녀의 학창 시절을 함께하며, 다른 아이들을 전혀 이해하지 못하고 이해 받지도 못했던 날들과 접촉에 대한 강렬한 욕망과 공포, 나아가 그녀가 완전히 통제할 수 있는 방식으로 접촉을 해 주는, 그녀가 갈망하는 '포옹'을 해주는 신기한 기계에 대한 괴상한 몽상, 이 기묘함과 이상함 가운데에서 비범한 잠재력을 발견하고 그녀의 강박적 집념을 과학적 삶으로 이끌어 줄 수 있었던 훌륭한 과학 선생님의 영향 등을 알게 된다.

뿐만 아니라 완전히 이해할 수는 없지만 템플을 완전히 사로잡아 버린 소에 대한 열정과 연구도 함께할 수 있다. 작업들을 통해서 템플은 소의 심리와 행동에 대한 세계적인 전문가이자 소를 다루는 시설과 기구의 발명가, 그리고 가축에 대한 인도적 취급을 열렬히 주창하는 사람이 되었다. (템플이 붙인 이 책의 원제는 《우감도牛瞰圖; A Cow's Eye View》였다.) 또한 이 책을 통해 템플이 다른 사람들의 심리와 생각에 당황스러워하고, 다른 사람의 의도와 표현을 해석해 내지 못한다는 사실을 알게 되며, 그리고 (그녀의 말을 빌면) '화성에서 온 인류학자'처럼 '우리와 우리의 낯선 행동을 과학적, 체계적으로 연구하겠다'는 그녀의 결심을 엿볼 수 있게 된다.

감동적일 정도의 단순성과 솔직성, 겸손하다고도 그렇다고 뻔뻔하다고도 할 수 없는 태도, 그리고 어떤 종류의 우회적 표현이나 기교도 모르는 글쓰기에도 불구하고 (아니 어쩌면 그것 때문에) 이런 것들을 전부 함께 나눌 수 있는 것이다.

《나는 그림으로 생각한다》와 《어느 자폐인 이야기》를 비교해 보는 것도 흥미롭다. 두 책 사이에 존재하는 10년이라는 기간 동안 템플은 점차로 직업적인 성취를 이루었고 명성을 얻었다. 템플은 쉴 새 없이 여행하고 사람들을 만나고 강연을 하고 있고, 그녀가 고안한 설비들이 전 세계의 축사와 목장에서 사용되고 있다. 또한 자폐증 연구 분야에서도 권위를 인정받았다. 처음에는 글쓰기가 쉽지 않았다. 언어 구사 능력이 떨어져서가 아니라, 다른 정신 체계를 이해하지 못하고, 독자들이 자신과 다를 뿐만 아니라 자신의 정신적 경험, 연상 작용, 배경 지식 등을 알지 못한다는 사실을 상상하기 힘들었기 때문이다. 템플의 글은 부자연스럽게 불연속적이거나(예를 들면 도입부 없이 갑자기 이야기 중간으로 들어가기도 한다), 독자가 전혀 모르는 사건을 아무렇지도 않게 언급하거나, 갑작스럽게 주제가 바뀌는 등 혼란스러운 면이 있었다. 인지심리학자들은 자폐인은 '마음 이론'을 갖추지 못했다고 말한다. 다른 사람의 정신이나 심리 상태를 이해하거나 파악하지 못한다는 뜻이다. 그게 자폐인들이 가장 힘들어하는 부분 중 하나다. 놀라운 것은 이제 사십대에 접어든 템플이, 첫 번째 책을 출간한 뒤 10년이 지나는 동안에 다른 이들의 지성, 감성, 개성 등을 진짜로 이해할 수 있게 되었다는 사실이다. 그것이 이 책에 드러나 있으며, 덕분에 전작에서 보기 어려웠던 온기와 색채를 느낄 수 있다.

실제로 1993년 8월 내가 템플을 처음 만났을 때는, 그녀가 너무나 '정상적'으로 보여서 (혹은 정상적인 척하는 데 능란해서) 자폐인이라는 생각이 잘 들지 않았다. 그러나 주말을 함께 보내면서 여러 면에서 그걸 느낄 수 있었다. 산책을 나갔을 때 템플은 자기는 로미

오와 줄리엣을 전혀 이해할 수 없으며("그 두 사람이 도대체 뭘 하려고 하는지 납득이 가질 않아요."), 온갖 종류의 복잡한 인간의 감정을 마주하면 어찌할 바를 모르겠다고 고백했다. (한 예로, 어떤 동료가 앙심을 품고 템플의 일을 방해하려고 한 일이 있었다. "의심하는 법을 배워야 했죠. 경험적으로 익혀야 했어요. 나는 그의 얼굴에 나타난 질투심 어린 표정을 보지 못했으니까요.")

템플은 〈스타 트렉〉에 나오는 안드로이드 데이터 이야기를 자주 한다. '순수한 논리적 존재'인 데이터와 자기를 동일시한다며, 그리고 데이터처럼 자기도 인간적인 것을 갈망한다고 이야기한다. 그러나 지난 10년 동안 템플은 여러 가지 인간적인 특성을 획득하였다. 자폐인에게는 불가능하다고 생각했던 유머, 심지어는 평계대는 재주까지도 익혔다. 그래서 템플은 자기가 고안한 공장 하나를 보여 주려고 나한테 안전모와 작업복을 입히고는("그렇게 입으니까 공중위생 기사처럼 보여요!") 무척이나 재미있어하면서 감시원의 눈을 피해 나를 몰래 데리고 들어가기도 했다.

나는 그녀가 소를 얼마나 가깝게 여기고 깊이 이해하는지 보고 놀랐다. 그녀는 소들과 함께 있을 때 행복감과 애정 어린 표정을 지었고 대조적으로 사람들과 함께 있을 때는 어색해했다. 나는 그녀와 함께 산책을 하면서 그녀가 가장 단순한 감정조차도 느끼지 못한다는 사실에 또 놀랐다. "산이 예쁘죠" 그녀가 말했다. "그렇지만 난 아무런 감정도 못 느껴요. 당신이 느끼는 것 같은 그런 감정…, 당신은 시냇물이나 꽃을 바라보고 즐거워하죠. 거기에서 얼마나 큰 기쁨을 얻는지 알아요. 하지만 난 그런 걸 느낄 수가 없어요."

떠나기 전 공항으로 차를 타고 갈 때, 자폐인에게서는 발견할 수 없을 거라고 생각했던 정신적 깊이를 템플이 드러내는 것을 보고 나는 또 한 번 큰 충격을 받았다. 운전을 하던 템플이 갑자기 말을 더듬고 훌쩍이며 이렇게 말하는 것이었다. "내가 죽으면 내 생각도 나와 같이 사라진다는 게 싫어요. 뭔가 해 놓고 가고 싶어요. 내 삶이 의미가 있다는 걸 알고 싶어요. 나는 내 존재 중심에 있는 무언가에 대해 말하고 있는 거예요."

　　템플과 함께 보낸 짧지만 충만한 며칠 동안, 그녀의 삶이 여러 면에서 제한되고 단조롭기도 하지만 한편으로 얼마나 건강하고 깊이 있고 인간적 노력으로 가득한가를 깨달을 수 있었다.

이제 템플은 47세가 되었으나 자기 본성에 대한 탐구와 연구를 멈추지 않는다. 그녀는 자기의 본질은 구체적이고 시각적인 것(그에 따른 대단한 장점과 단점을 동반한)이라고 생각한다. 템플은 자기가 "그림으로 생각"하기 때문에 소와 특별한 친연성을 가지며, 자기 사고방식이 소에 비해 훨씬 수준이 높기는 하지만 소들의 사고방식과 근본적으로는 유사하다고 생각한다. 다른 말로 하면 그녀는 소의 눈으로 세상을 본다는 말이다. 템플이 자기 정신세계를 컴퓨터에도 자주 비교하기는 하지만, 자기 자신의 사고와 감정의 근원을 생물과 자연에 두고 있는 것이다. 독자들은 이 책에 감각과 자폐증, 감정과 자폐증, 관계와 자폐증, 천재와 자폐증, 종교와 자폐증 등에 관한 대담하기 그지없는 장(章)들이 동물과의 교감, 동물의 사고 이해 등과 같은 장들과 병치되어 있는 것을 이상하다고 생각할 수도 있겠지만, 템플이 느끼기에는 동물에서 정신세계까지, 소에서 초월적인 것에까지 이어지는 경험의 연속성이 분명히 존재하는 것이다.

그림으로 사고하는 것은, '원시적'이라고 부를 수 있을지는 모르지만 '병리적'이지는 않은, 지각과 감정과 사고와 존재의 방식이라고 그녀는 생각한다.

템플은 자폐증을 낭만화하지 않는다. 또한 자폐증으로 인해 다른 사람들이 삶에서 중요시하는 사회 생활, 쾌락, 보상, 교제 등으로부터 자신이 단절되었다는 사실을 경시하지도 않는다. 그러나 템플은 자기 자신의 존재와 가치에 대해 긍정적인 생각을 가지고 있으며 역설적이게도 이것이 자폐증의 덕이라고 생각한다. 최근 한 강연에서 그녀는 이런 말로 강의를 끝맺었다. "손가락을 딱 튕기면 자폐인이 아닌 사람이 될 수 있다고 하더라도 그렇게 하지 않을 겁니다. 그건 제가 아니기 때문이죠. 자폐증은 제 존재의 일부니까요." 템플은 우리 대부분과 크게 다른 사람일지 모르지만, 그렇다고 해서 인간이 아닌 것은 아니다. 다만 다른 방식으로 존재하는 인간인 것이다. 《나는 그림으로 생각한다》는 결국 재능 있는 자폐인이란 어떤 사람인가 하는 정체성의 탐구다. 이 책은 우리 세계와 그녀의 세계 사이에 다리를 놓아 주고, 전혀 다른 정신세계를 엿볼 수 있게 해 주는 참으로 감동적이고도 매력적인 책이다.

차례

서문
올리버 색스　　　　　　　…5

1 나는 그림으로 생각한다
자폐증과 시각적 사고　　　…15

2 자폐증이란 무엇인가
자폐의 유형과 진단　　　　…48

3 감각 기관이 전달하는 신호가 다르다
자폐증과 감각 문제　　　　…73

4 감정의 교감을 배우다
감정과 자폐증　　　　　　…99

5 숨겨진 재능을 어떻게 계발할 수 있는가
자폐인의 재능 계발　　　　…118

6 약물 치료도 도움이 된다
약물 치료와 새로운 치료법 ··· 139

7 타인과 상호 작용하기
자폐증과 인간 관계 ··· 165

8 가축 시설을 설계하다
동물과의 유대 ··· 180

9 예술가와 회계사
동물 사고의 이해 ··· 200

10 천재성도 비정상이다
자폐증과 천재 사이의 고리 ··· 223

11 천국으로 가는 계단
종교와 믿음 ··· 243

1

나는 그림으로 생각한다

자폐증과 시각적 사고

나는 그림으로 생각한다. 언어는 나한테는 외국어와도 같다. 말을 듣거나 글을 읽으면 나는 사운드까지 완벽하게 갖춰진 총천연색 영화로 번역을 해서 머릿속에서 비디오테이프를 돌리듯 돌린다. 누군가 나한테 이야기를 하면 그 말도 그 즉시 그림으로 번역된다. 언어에 기반해서 사고하는 사람들은 이런 현상을 이해하기 힘들어하지만, 축산업 설비 설계 일을 하는 데 이러한 시각적 사고가 엄청나게 도움이 되었다.

나는 시각적으로 사고하기 때문에 시스템 전체를 상상 속에서 구축해 볼 수가 있다. 지금까지 나는 방목장 울타리를 비롯해서 수의학적 절차나 도살 과정에서 소나 돼지를 다루는 데 쓰이는 시스템까지 온갖 종류의 설비를 설계해 왔다. 나는 여러 대규모 축산회사의 일을 했고, 실제로 미국에 있는 소와 돼지의 3분의 1은 내가 설계한 설비로 다뤄지고 있다. 그렇지만 나한테 일을 맡긴 사람들

가운데는 자기들 시스템을 고안한 사람이 자폐인이라는 사실조차 모르는 사람도 있다. 나는 시각적으로 사고하는 나의 이 능력을 무척 소중하게 여긴다. 그걸 잃고 싶지는 않다.

자폐증의 가장 신비한 점 중 하나는 대부분의 자폐인들이 언어 능력은 떨어지는 반면 공간 지각 능력은 아주 뛰어나다는 것이다. 나는 청소년기까지도 다른 사람들도 다 나처럼 이미지로 사고하는 줄 알았다. 내 사고 체계가 다른 사람들과 다르다고는 상상도 못 했다. 사실 그 차이를 완전히 이해한 지는 얼마 되지 않았다. 모임이나 직장에서 만난 사람들한테 기억에서 정보를 어떻게 가지고 오는지 구체적으로 캐물었다. 그들의 대답을 듣고 나서 내 시각화 기술이 다른 사람들보다 훨씬 발달되어 있다는 것을 알게 되었다.

내가 동물들을 좀더 잘 이해할 수 있는 것도 시각화 능력 덕택이다. 처음 이 일을 시작했을 때는 동물들이 수의학적 치료를 받기 위해 슈트를 따라 걸을 때 그들의 시각을 알기 위해 카메라를 이용했다. 나는 무릎을 꿇고 소의 눈높이에서 슈트를 따라가며 사진을 찍었다. 그 사진을 이용해서 그늘이라든가 강한 햇빛 등 소들이 무서워하는 게 무엇인지 알 수가 있었다. 그때는 흑백 필름을 사용했는데, 20년 전에만 해도 과학자들이 소가 색맹이라고 믿었기 때문이다. 오늘날은 연구를 통해 소가 색깔을 구분한다는 것이 밝혀졌다. 어쨌든 사진 덕에 소의 시각에서 세상을 볼 수 있었다. 그렇게 해서 소들이 왜 어떤 슈트에는 들어가지 않으려고 하고 어떤 슈트에는 기꺼이 들어가는지 알아낼 수 있었다.

설계상의 난제를 해결해야 할 때마다 시각화 능력과 그림으로 세상을 보는 능력의 덕을 봤다. 나는 어렸을 때부터 새로운 종류의 연이나 모형 비행기를 실험하며 설계를 연습했다. 초등학교 때는 망가진 나무 비행기로 헬리콥터를 만들었다. 프로펠러를 감아 주면 헬리콥터가 30미터 높이까지 하늘로 수직으로 올라갔다. 새 모양의 종이연을 만들어 자전거 뒤에 달고 날려 보기도 했다. 두꺼운 도화지 한 장을 잘라 실에 매단 것이었는데, 날개를 여러 가지 모양으로 접어 보면서 어떻게 해야 더 잘 날지를 실험했었다. 날개 끝부분을 구부렸을 때 연이 가장 높이 날았다. 그로부터 30년 후, 똑같은 디자인이 민간용 여객기에 쓰이기 시작했다.

요새는 작업할 때, 어떤 설비를 실제로 만들기 전에 우선 머릿속에서 시험 가동을 해 본다. 있을 수 있는 모든 상황, 다양한 크기와 종류의 소, 여러 기상 조건 아래서 내 디자인이 사용되었을 때를 머릿속으로 그려 보는 것이다. 그러면 실제로 설비를 만들지 않고도 사전에 결함을 수정할 수 있다. 오늘날 사람들은 특수 안경을 쓰고 비디오게임 속으로 들어가 완전히 몰입하여 액션을 할 수 있게 해 주는 가상현실 컴퓨터 시스템에 열광한다. 나한테는 이런 시스템도 조야한 만화에 지나지 않는다. 나의 상상력은 영화 〈쥬라기 공원〉에 나온, 실물 같은 공룡을 만들어 낸 컴퓨터 그래픽 프로그램처럼 작동한다. 상상 속에서 설비 가동 시뮬레이션을 해 보는 것은 머릿속에서 비디오를 보는 것과 비슷하다. 설비의 위로도 가고, 아래로도 가고, 또 한 바퀴 돌려 보기도 하면서 모든 각도에서 설비를 볼 수 있다. 3차원 디자인 시뮬레이션을 가능하게 해 주는 비싼 그래픽 프로그램도 필요 없다. 머릿속에서 더 빠르고 더 구체적으로

해 볼 수가 있는 것이다.

또 나는 상상 속의 비디오 도서관에 있는 조그만 이미지 조각들을 모아 연결해서 새로운 이미지를 만들어 낸다. 철문, 울타리, 걸쇠, 콘크리트 벽 등등 지금까지 작업했던 설비의 모든 부속을 시각적으로 기억하고 있다. 새로운 디자인을 만들어 내려면 기억 속에서 이 조각 저 조각을 꺼내 와 새로이 조합하면 된다. 시각적 이미지를 도서관에 더 많이 쌓으면 쌓을수록 디자인 실력도 발전하는 것이다. 비디오 이미지는 실제 경험에서 얻은 것도 있고, 글로 되어 있는 것을 그림으로 번역한 것도 있다. 나는 압착 슈트, 트럭 적재용 램프 등 온갖 종류의 축산 장비가 작동되는 방식을 전부 머릿속에서 그려 볼 수 있다. 실제로 소들과 함께 일하고 설비를 가동시켜 본 경험이 많아질수록 시각적 기억도 강력해졌다.

가축 설비 디자인 일을 시작한 초기에 처음으로 머릿속의 비디오 도서관을 사용했는데, 애리조나에 있는 존 웨인 레드리버 사육장에 침액(浸液) 탱크와 소 다루는 설비를 만들 때였다. 침액 탱크란 길고 좁은 2미터 정도 깊이의 수영장 같은 것이다. 이 거대한 물통에 살충제를 채워서 거기로 소들이 일렬로 지나가게 하여 소에 기생하는 진드기나 이 등 기생충을 없애는 데 쓴다. 1978년 당시 사용되던 침액 탱크의 디자인은 아주 좋지 않았다. 가파르고 미끄러운 콘크리트 경사로를 따라 탱크 안으로 내려가게끔 되어 있어서 소들이 겁에 질릴 때가 많았다. 소들은 탱크 안으로 들어가지 않으려고 했고, 물속에서 뒤집혀서 익사하는 경우도 있었다. 그 경사로를 설계한 사람은 소들이 왜 겁을 먹는지에 대해서는 한 번도 생각해 보지 않은 것이다.

사육장에 도착하자마자 내가 처음 한 일은 소의 머릿속으로 들어가 소의 눈으로 주위를 보는 것이었다. 소는 눈이 머리 양쪽에 있기 때문에 시야가 넓다. 그러니까 광각(廣角) 렌즈 비디오카메라를 들고 설비 안으로 들어가는 것을 상상하면 된다. 나는 그 전 6년 동안 소가 어떻게 세상을 보는지를 연구했고, 애리조나 전역에서 수천 마리의 소가 여러 종류의 설비를 통해 움직이는 걸 관찰해 왔기 때문에 소들이 왜 겁을 먹는지 한눈에 알 수 있었다. 소들은 아마 비행기의 비상 탈출용 슬라이드를 통해 바다로 뛰어들도록 강요당하는 기분이었을 것이다.

소는 사람이나 갑자기 움직이는 물체나 빛과 어둠의 강한 대조 등을 무서워한다. 똑같이 생긴 설비인데 한 곳으로는 소들이 쉽게 들어가는데 다른 곳에서는 주춤하는 것을 본 적이 있다. 두 설비의 유일한 차이는 태양의 방위였다. 소들은 해가 어두운 그림자를 드리우는 슈트 안으로는 들어가지 않으려 했다. 내가 이 사실을 알아차리기 전에는, 사육 산업 종사자 중 그 누구도 왜 어떤 수의학 설비는 잘 돌아가고 다른 것은 그렇지 않은지 설명하지 못했다. 사소한 차이를 관찰해 낸 것이 큰 차이를 만든 것이다. 침액 탱크의 경우는 뭐가 문제인지 더욱 쉽게 알 수 있었다.

좋은 시스템을 설계하기 위해 먼저 현존하는 침액 탱크에 대한 정보를 모두 수집했다. 일을 시작하기 전에 나는 항상 기존에 최상이라고 일컬어지고 있는 것이 어떤 것인지 먼저 확인해 본다. 이미 잘 만들어진 게 있는데 다시 만들어 내느라 시간을 낭비할 필요가 없기 때문이다. 그리고 축산업 관련 간행물들을 죽 훑어보는데, 여기에서는 대개 아주 제한적인 정보밖에 얻을 수 없다. 그리고 좋지 않은 디자인도 비치된 내 비디오 도서관에서 테이프를 꺼내 돌려 본다. 트럭에서 소를 부리는 램프 등의 설비를 다룬 경험에서 볼 때, 안전하게 미끄러지지 않고 걸을 수 있게 미끄럼막이를 설치해 놓은 램프에서는 소들이 쉽게 잘 내려온다. 반면 미끄러지면 겁에 질려 뒤로 물러선다. 문제는 소가 완전히 잠길 만큼 깊은 물속으로 소들이 자발적으로 들어가도록 입구 부분을 디자인하는 것이었다. 완전히 잠겨야 귀에 있는 기생충까지 전부 없앨 수 있기 때문이다.

나는 상상 속에서 3차원 비디오 시뮬레이션을 시작했다. 여러 가지 입구 디자인을 가지고 소가 걸어 들어가게 하는 실험을 했다. 그 결과, 세 이미지가 결합된 최종 디자인이 나왔다. 애리조나 유마에서 봤던 침액 탱크, 잡지에서 본 이동식 탱크, 애리조나 톨슨에 있는 스위프트 정육 공장에서 본 구속 장치의 입구 램프, 이렇게 세 개를 합쳤다. 스위프트 공장에서 본 램프를 수정해서 새로운 침액 탱크 입구 램프를 만들었다. 내 디자인에는 이전에 볼 수 없었던 세 가지 특징이 있다. 소가 겁먹지 않게 하는 입구, 개선된 화학약품 여과 장치, 그리고 소가 탱크에서 나왔을 때 지나치게 흥분 상태가 되지 않도록 동물 행동의 원칙을 이용한 것 등이다.

나는 먼저 램프를 철제가 아닌 콘크리트로 바꾸었다. 최종 디자인에는 25도로 하강하는 콘크리트 램프를 놓고, 콘크리트에 깊은 홈을 파서 안전하게 걸을 수 있게 했다. 램프는 물속으로 서서히 들어가는 것처럼 보이지만 실제로는 수면 아래에서 수직으로 쑥 떨어지게 되어 있다. 화학약품 때문에 물 색깔이 짙어서 소는 벼랑을 보지 못한다. 물속으로 일단 발을 디디면 무게중심이 이미 돌아설 수 없는 지점을 지났기 때문에 천천히 물에 잠길 수밖에 없게 만든 것이다.

탱크를 제작하기 전에 입구 디자인을 여러 차례 머릿속에서 테스트해 봤다. 그렇지만 사육장 인부들은 회의적이었고, 내 디자인이 제대로 작동할 거라고 믿질 않았다. 그들은 내 설계가 잘못되었다고 확신하고 다 만들어진 후 나 모르게 고쳐 놓았다. 미끄러지지 않게 만든 램프 위에 철판을 깔아 옛날식 슬라이드로 되돌려 놓은 것이다. 처음 탱크를 사용한 날 소 두 마리가 겁에 질려 버둥거리다가 뒤집어져 익사했다.

나는 인부들에게 철판을 치우라고 했다. 그러고 나자 설비가 아무런 문제없이 잘 돌아갔고, 그걸 보고 인부들은 깜짝 놀랐다. 소들은 한 마리씩 벼랑 쪽으로 걸어 내려가 조용히 물속으로 풍덩 들어갔다. 나는 이 디자인을 "물 위를 걷는 소"라고 귀엽게 부르곤 한다.

설비 안으로 동물이 들어가게 하는 방법은 오직 강제로 밀어 넣는 길밖에 없다고 생각하는 목장주나 사육장주를 여럿 봐 왔다. 침액 탱크나 구속 슈트 같은 것도 제대로 설계하기만 하면 소들이 자발적으로 걸어 들어간다는 것을 도무지 납득하지 못하는 사육장 주인이나 관리자도 많다. 나는 가축들이 어떤 기분일지 상상할 수 있다. 내가 소의 몸과 발굽을 가지고 있다면 매끄러운 철판 위로는 걸어가기가 겁날 것이다.

소가 침액 탱크를 빠져나온 후에도 해결해야 할 문제가 있다. 보통은 소들이 두 개의 우리로 나뉘어 들어가게 되어 있는데, 한쪽 우리에서는 소가 몸을 말리고, 다른 쪽 우리에서는 소들이 기다리게 되어 있다. 그런데 침액 탱크에서 나온 소가 흥분하는 일이 왜 일어나는지 아무도 그 까닭을 몰랐다. 나는 이 소들이 몸이 젖지 않은 다른 동료들을 따라가고 싶어 그런다는 것을 알아냈다. 놀이터에서 동무들로부터 분리되어 있는 아이들처럼 말이다. 나는 두 우리 사이에 반대편이 들여다보이지 않는 울타리를 쳐서 다른 쪽에 있는 동물을 볼 수 없게 만들었다. 너무 간단한 해결책이라 왜 아무도 전에 그런 생각을 못 했었는지 의아한 생각이 들었다.

쇠털 등의 찌꺼기를 걸러내어 침액 탱크를 깨끗하게 하는 시스템은 수영장 여과 장치를 기초로 하여 설계했다. 상상 속에서, 내가 작동해 본 두 군데 수영장의 여과기를 검토해 봤다. 하나는 브레친 숙모의 애리조나 목장에 있는 것이고, 다른 하나는 우리 집 것이었다. 나는 물이 탱크 밖으로 튀는 것을 막기 위해 수영장에서 쓰는 콘크리트 갓돌을 베껴 왔다. 내가 디자인한 것들 중에서 특히 잘된 것들이 그랬듯이 그 아이디어도 한밤중에 잠들기 직전에 번득 떠올랐다.

자폐인이기 때문에 나는 다른 사람들이 당연히 여기는 방식으로 정보를 흡수하지 않는다. 대신 시디롬 디스크에 기록하듯 정보를 머릿속에 저장한다. 그리고 뭔가를 떠올리려면 상상 속에서 비디오를 다시 돌려 본다. 내 머릿속에 있는 영상들은 모두 아주 구체적인 것들이다. 예를 들어 프로듀서 사육장이나 매켈해니 축산회사에서 쓰는 수의학 처리 슈트를 조작했던 일을 기억하는데, 그 때 동물들이 어떻게 행동했는지, 그 슈트와 다른 설비는 어떻게 생겼는지 정확하게 기억하고 있다. 두 곳에 사용한 철제 울타리 기둥과 파이프 가로대의 생김새도 기억 속에 저장되어 있다. 이 이미지를 반복해서 돌려 보면서 연구하여 설계상의 문제를 해결하는 것이다.

생각이 흘러가도록 내버려 두면 영상이 자유연상을 통해 다른 장면으로 이동한다. 울타리의 모양에서, 어떤 용접 공장에서 기둥을 자르는 장면, 그 다음에는 공장에서 문을 만드는 장면으로 넘어간다. 존 할아버지가 문을 용접하는 것을 생각하다 보면, 내가 맡았던 몇몇 프로젝트에서 문을 만들었던 일련의 장면들로 영상이 이어진다. 시각적 기억 하나 하나가 다음 장면을 연상시키고, 그러다 보면 설계 문제와는 무관한 곳으로 몽상이 흘러간다. 다음 장면은 존 할아버지 이야기를 들으며 즐거웠던 기억이나 설비 건조 기술자가 무용담을 들려주는 장면, 그가 들려준 이야기, 즉 굴착기가 방울뱀 둥우리를 건드린 뒤 아무도 가까이 가려고 하지 않아서 두 주 동안이나 굴착기를 버려둘 수밖에 없었던 이야기 등으로 이어진다.

내 생각은 이런 식으로 연상이 꼬리를 물고 이어져 주제를 벗어나 흘러간다. 자폐증이 더 심한 사람은 끊임없는 연상 작용을 멈추지를 못한다. 나는 연상을 멈추고 다시 원래 자리로 돌아올 수 있다. 고민하던 설계 문제에서 생각이 너무 멀리 뻗어 나갔다고 생각되면 나는 나 스스로에게 원래 문제로 돌아가라고 말한다.

말을 잘 구사하고 자기 생각을 표현할 수 있는 성인 자폐인과 이야기를 나누어 보면 이들 대부분이 시각적 이미지로 사고한다는 것을 알 수 있다. 더 심각한 장애를 겪는 사람들, 말은 할 수 있으나 자기 생각을 설명하지 못하는 사람들은 더욱 연상적인 사고 패턴을 가지고 있다. 자폐인 아들과 동생에 관해 쓴 책인 《이유 없이 Without Reason》에서 저자 찰스 하트(Charles Hart)는 자기 아들의 사고방식을 한 문장으로 요약해 설명한다. "테드의 사고 과정은 논리적이지 않고 연상적이다." 이 말로 테드의 "난 비행기가 무섭지 않아. 그래서 비행기가 그렇게 높이 나는 거야."라는 말을 설명할 수 있다. 테드의 마음속에서 비행기가 높이 나는 것은 자기가 비행기를 무서워하지 않기 때문이다. 테드는 비행기가 높이 난다는 것과 자기가 비행기를 무서워하지 않는다는 두 가지 정보를 결합한다.

그 외에 많은 자폐인들이 조각 그림 퍼즐을 맞추거나 길을 찾거나 한눈에 엄청난 양의 정보를 암기하거나 하는 등에서 놀라운 능력을 보이는 것도, 이들이 정보를 처리하는 데 있어 시각적 사고를 주된 방법으로 사용한다는 증거가 된다. 내가 사고하는 방식은 A. R. 루리아(A. R. Luria)가 《암기하는 사람의 정신 The Mind of a Mnemonist》에서 설명한 것과 유사하다. 이 책은 엄청난 기억력의 소유자인 한 신문사 기자 이야기를 담고 있다. 나처럼 그 사람도 듣거나 읽은 것 모두를 시각적 이미지로 기억한다. 루리아는 이렇게 썼다. "그는 어떤 단어를 듣거나 읽으면 그것을 즉시 그 단어가 그에게 의미하는 사물의 시각적 이미지로 변환했다." 위대한 발명가 니콜라 테슬라[Nikola Tesla; 시베리아 출신의 미국 전기공학자, 물리학자로 교류의 원칙 등을 발견했다―옮긴이]도 시각적으로 사고하는 사람이었다. 발전기용 전기 터빈을 설계하면서 그는 머릿속에서 만들어 보았다. 그리고 상상 속에서 가동시켜 보고 결함을 수정했다. 그는 터빈을 머릿속에서 테스트하든 작업장에서 테스트하든 차이가 없다고 말했다. 결과는 마찬가지라는 것이다.

　일을 처음 시작했을 때, 나는 정육 공장에서 다른 기술자들과 싸우곤 했었다. 실제로 설비를 설치하기 전에 왜 도면상에서 결함을 발견해 내지 못하는지 그들의 어리석음을 도저히 이해할 수가 없었다. 그러나 지금은 그들이 어리석어서가 아니라 시각화 기술이 부족하기 때문에 그런 것이란 걸 안다. 말 그대로 보지를 못하는 것이다. 나는 설계를 놓고 다른 기술자들하고 싸우는 바람에 정육 공장 설비 제조회사에서 해고당한 적이 있다. 다른 기술자들의 설계대로 만들어진, 500킬로그램이 넘는 도살된 소를 컨베이어 끝에서 운반하는 고가(高架) 트랙은 결국 무너져 내리고 말았다. 컨베이어 끝에서 소가 나올 때마다 1미터 가까이 아래로 떨어져 고가 트랙 위에 있는 수레에 연결된 사슬에 걸려 멈추게 설계되어 있었던 것이다. 처음 기계를 가동했을 때 트랙이 천장에서 떨어졌다. 그러자 사람들은 트랙을 더 단단하게 천장에 박고 받침대를 보강하는 수리를 했다. 그렇지만 이런 수리는 미봉책에 불과한 것이었다. 떨어지는 소의 무게가 사슬을 계속 강력한 힘으로 잡아당기기 때문이다. 고가 트랙을 단단하게 만들어 보았자, 원인이 해결되는 것이 아니라 증상을 치료하는 데 지나지 않았던 것이다. 나는 그 점을 지적하려고 했다. 클립도 앞뒤로 계속 반복해서 구부리면 끊어지지 않는가. 얼마 지나지 않아 그 설비는 결국 무너져 내렸다.

사고방식의 차이

사람들마다 사고방식이 다르다는 생각은 새로운 주장은 아니다. 프랜시스 골튼[Francis Golton; 1822~1911, 영국의 과학자로 우생학의 기초를 마련했다.—옮긴이]은 《인간의 능력과 발달 연구 Inquiries into Human Faculty and Development》에서 어떤 사람들은 머릿속에서 선명한 그림을 보는 데 비해 다른 사람들은 "개념을 그림이 아니라 어떤 사실의 상징으로 생각한다. 시각적 형상화 능력이 낮은 사람들은 아침 식사로 뭘 먹었는지는 기억하지만 그 장면을 그려 볼 수는 없다."고 했다.

나는 대학에 간 다음에야 완전히 언어적으로만 사고하는 사람도 있다는 것을 알게 되었다. 그럴 수도 있겠다는 생각이 처음 들었던 것은 과학 학술지에 실린 '선사시대 인간이 도구를 사용하게 된 과정'에 대한 글을 읽었을 때였다. 인간이 도구를 발명하기 전에 언어가 먼저 발달해야 했을 것이라는 추측이 담긴 한 저명한 과학자의 글이었는데, 나한테는 정말 터무니 없게 느껴졌다. 그러나 그 글을 읽고, 내 사고방식이 다른 대부분의 사람들하고 확연히 다를지도 모른다는 생각이 어렴풋하게 들었다. 나는 무언가를 발명할 때 언어를 사용하지 않는다. 나와 같은 사람들은 선명하고 구체적인 그림으로 사고하는 데 반해, 대부분의 사람들은 언어와 추상적이고 일반적인 이미지를 조합해 사고하는 것이다.

예를 들어 '첨탑'이라는 단어를 읽거나 들으면 대부분의 사람들은 일반적인 교회를 떠올리지 구체적인 교회와 첨탑을 떠올리지는 않는다. 사고 패턴이 일반 개념에서 구체적 실례로 이동하는 것이다. 나는 언어로 사고하는 사람들이 내가 표현하려는 바를 이해하지 못해 낙담한 적이 많았다. 나한테는 너무나 뚜렷하고 명료한 그림을 상대방은 보지 못하기 때문이다. 또한 기억 도서관에 새로운 정보를 추가할 때마다 내 머릿속에서는 일반적 개념이 끊임없이 수정된다. 컴퓨터에 새 버전의 소프트웨어를 설치하는 것과 마찬가지다. 머릿속에서 새로운 '소프트웨어'를 즉각 받아들이는 것이다. 반면 새로운 정보를 바로 받아들이지 못하는 사람도 있다.

대부분의 사람들과는 달리 나는 시각적이고 구체적인 영상에서 일반적 개념으로 사고가 이동한다. 이를테면 개라는 개념은 내가 지금까지 본 모든 개와 복잡하게 연관되어 있다. 내가 지금까지 본 개 전부를 사진 목록으로 만들어 보관하는 것과 같다. 이 목록은 비디오 도서관에 사례를 추가하면서 계속 늘어난다. 그레이트데인종(種)에 대해 생각할 때 가장 먼저 떠오르는 기억은 고등학교 때 교장 선생님이 기르던 그레이트데인종 개 댄스크의 모습이다. 그리고는 선생님이 댄스크 다음에 기른 헬가가 떠오른다. 그 다음은 애리조나에 사는 이모네 개고, 마지막으로 그 종 개가 나온 핏웰 시트커버 광고가 떠오른다. 이런 기억은 대개 엄격한 시간적 순서에 따라 떠오르고, 항상 구체적인 이미지로 그려진다. 일반적이고 포괄적인 그레이트데인이라는 것은 존재하지 않는다.

그렇지만 자폐인 모두가 시각적 사고를 하는 것은 아니고, 누구나 다 이런 식으로 정보를 처리하는 것도 아니다. 세상 사람들은 시각화 기술에 있어서 제로에 가까운 사람부터 추상적이고 일반적인 그림을 보는 사람, 반쯤 구체적인 그림을 보는 사람, 나처럼 아주 구체적인 그림을 보는 사람까지 연속체를 이룬다.

 나는 새 설비를 발명하거나 뭔가 새롭고 재미있는 걸 생각할 때는 새로운 시각적 이미지를 만들어 낸다. 전에 본 이미지들을 가져와 새롭게 배열해서 전에 없던 새로운 그림을 만드는 것이다. 예를 들면 친구의 컴퓨터 스크린을 본 기억을 이용해, 침액 탱크가 컴퓨터 그래픽 프로그램상에서 어떻게 보일지 상상할 수 있다. 친구의 컴퓨터에는 최신식 3차원 회전 이미지를 보여 주는 프로그램이 없었기 때문에 텔레비전이나 영화에서 본 컴퓨터 그래픽 장면을 가져다 두 이미지를 기억 속에서 서로 포갠다. 그러면 〈스타 트렉〉에서 본 고성능 컴퓨터 그래픽 화면처럼 침액 탱크의 모습을 머릿속에서 그려 볼 수 있다. 그 다음 구체적인 침액 탱크를, 예를 들면 레드리버 농장에 있는 것을 가져다가 머릿속의 컴퓨터 스크린 위에 그려 본다. 심지어는 컴퓨터 스크린 위에 나타난, 만화처럼 뼈대만 있는 3차원 이미지를 복제하거나, 실제 사물을 비디오로 찍은 것처럼 그려 볼 수도 있다.

 마찬가지로, 나는 사육장 건설 회사에서 함께 일했던 유능한 제도 기술자가 일하는 모습을 자세히 관찰함으로써 공학 설계도 그리는 방법을 배웠다. 제도 기술자 데이빗은 아주 복잡한 도면도 쉽게 그려 내곤 했다. 내가 그 회사를 그만둔 뒤에는 나 혼자서 도면을 그려야 했다. 나는 데이빗의 도면을 들여다보며 몇 시간씩 연구하고 기억 속에서 떠올려 보고 나서 데이빗이 도면 그리는 스타일을 흉내 낼 수 있게 되었다. 데이빗의 도면을 몇 개 펼쳐 놓고 넘겨

다보면서 마침내 나의 첫 설계 도면을 완성했다. 데이빗의 스타일을 모방해서 내가 구상한 것을 그린 것이다. 서너 장을 더 그리고 나니 더 이상 데이빗의 도면을 옆에 놓고 그릴 필요가 없게 되었다. 시각적 기억이 완전히 프로그래밍된 것이다. 설계하는 모습을 모방해서 도면을 그릴 수 있게 됐지만, 레드리버 도면을 그려 놓고도 정말 내가 그걸 그렸다는 게 믿기질 않았다. 그때는 신이 내려 준 선물이 아닌가 싶었다. 도면을 그리는 데 도움을 준 또 하나의 요인은 아주 사소한 것으로, 데이빗이 사용한 것과 똑같은 도구를 사용한 것이다. 똑같은 상표의 연필, 똑같은 패션기와 곧은자를 들자 저절로 속도가 늦춰지고 머릿속으로 데이빗의 시각적 이미지를 쫓아갈 수 있었다.

내가 초등학교 1, 2학년이었을 때 나의 미술적 재능이 두드러지게 나타났다. 나는 색채 감각이 좋았고, 물감으로 해변 풍경을 멋지게 그려 내곤 했다. 4학년 때는 찰흙으로 멋진 말을 만들었다. 그냥 자연스럽게 만들게 됐는데 다시 똑같이 만들어 보려고 하니 잘 되지 않았다. 나는 고등학교나 대학교 때 공학 설계를 배운 적이 없다. 다만 대학교 미술 시간에, 그림을 그릴 때는 속도를 늦춰야 한다는 사실을 배웠다. 두 시간 동안 신발 한 짝을 그리라는 과제가 주어졌었다. 겨우 신발 한 짝을 그리는데 반드시 두 시간을 꽉 채우라는 것이었다. 어쨌든 그림이 어찌나 잘 그려지는지 나 스스로도 놀랐다. 도면을 처음 그릴 때는 엉망이었지만, 나 자신을 제도 기술자라고 상상하자 저절로 속도가 늦춰지고 정확한 그림이 나왔다.

비시각적인 정보의 처리 방식

자폐인은 그림으로 떠올릴 수 없는 것을 배우기가 제일 힘들다. 자폐아는 단어 중에서 명사를 가장 쉽게 익히는데, 이미지와 일대일로 연결시킬 수 있기 때문이다. 나처럼 높은 수준의 언어능력을 가진 자폐아는 음성으로 읽는 법을 익히기도 한다. 나는 글자는 너무 추상적이라 도무지 기억할 수가 없었지만 약 50개에 달하는 음성과 몇 가지 규칙을 열심히 외웠다. 언어능력이 더 떨어지는 아이들은 연상을 통해 익히는 것이 더 나을 수도 있다. 이를테면 주변 사물에 이름표를 달아 놓는 식으로 단어를 익히는 것이다. 장애 정도가 심한 자폐아는 손으로 만져 보고 느낄 수 있는 입체적인 글자로 단어를 써 줄 때 더 쉽게 배우기도 한다.

'위', '아래'와 같이 공간 개념을 나타내는 단어는 시각적 이미지로 단어를 기억 속에 고정시켜 놓지 않으면 아무런 의미도 없다. 지금도 '아래'라는 단어 하나만 떼어 들으면 자동적으로 내가 민방위 훈련 때 학교 식당 테이블 아래로 들어가는 장면이 떠오른다. 1950년대 초반 이스트 코스트[대서양에 인접한 미국 동부 지역. 주로 보스턴에서 워싱턴까지 이어지는 도시 지역을 말한다—옮긴이] 지역에서는 수시로 민방위 훈련을 했다. 어떤 단어가 첫 번째로 연상시키는 기억은 거의 대부분 어린 시절의 기억이다. 선생님이 우리더러 조용히 한 줄로 서서 식당으로 들어가라고 말한 것이 생각난다. 식당 테이블마다 여섯 명에서 여덟 명의 아이들이 들어갔다. 생각의 꼬리를 계속 따라가다 보면 초등학교 시절의 기억이 자꾸 이어져 떠오른다. 앨프리드가 내 신발에 흙을 넣어서 그애를 때렸다가 선생님한테 혼난 것이 생각난다. 이런 기억들이 머릿속의 비디오 플레이어에서 비디오테이프를 돌리듯 지나간다. 생각이 계속 이어져 흘러가도록 내버려 두면 '아래'라는 단어에서 수백만 마일이나 먼 곳으로 흘러가 남극 바다 아래의 잠수함에서 비틀즈의 노래 〈노란 잠수함〉까지 이어질 것이다. 노란 잠수함 영상에서 생각을 멈추면 그때 노래가 들린다. 노래를 따라 흥얼거리다 사람들이 갑판 위로 올라온다는 구절에 이르면, 오스트레일리아에서 본 배의 트랩으로 생각이 넘어간다.

나는 동사도 시각화한다. '뛰다'라는 단어는 초등학교 때 운동회에서 허들을 뛰어넘던 기억을 이끌어 낸다. 부사는 부적절한 그림을 연상시킬 때가 많다. '빨리(quickly)'라는 단어는 네슬레에서 나온 '퀵'[코코아 파우더—옮긴이]을 연상시킨다. 하지만 동사와 함께 들으면 다른 그림이 그려지기 때문에 그런 일이 없다. 예를 들어 '그가 빨리 달렸다'라는 말을 들으면 1학년 때 반 친구 딕이 달리면서 책을 읽는 장면이 생생하게 떠오르고, '그가 천천히 걸었다'라는 말을 들으면 딕의 걸음이 느려진다. 어릴 적에 나는 '~이다(is)', '그(the)', '그것(it)' 등의 단어는 빼놓고 말했었다. 그 자체로는 아무 의미가 없는 말이기 때문이다. 마찬가지로 '~의(of)'나 관사(冠詞) 같은 것도 나한테는 아무 의미가 없는 것이었다. 하지만 결국에는 이런 단어들을 제대로 쓰는 법도 익힐 수 있었다. 우리 부모님이 정확한 영어를 구사하셨고, 그분들이 말하는 형태를 모방해서 말을 배웠기 때문이다. 지금도 'to be' 등과 같은 동사의 몇몇 활용 형태는 무의미하게 느껴진다.

　글을 읽을 때는 단어를 천연색 영화로 번역하거나 아니면 나중에 읽을 수 있게 글이 적힌 페이지 전체의 영상을 저장해 놓는다. 그 내용을 다시 꺼내 보려고 하면 머릿속에서 그 페이지를 복사한 종이를 볼 수 있다. 그러면 텔레비전 출연자들이 프롬프터를 보는 것처럼 내용을 읽을 수 있다. 영화 〈레인 맨〉에 나온 자폐인 서번트 레이먼드도 같은 방법으로 전화번호부, 지도 등의 정보를 기억했을 것이다. 전화번호부의 각 페이지를 그냥 복사해서 기억 속에 저장해 놓은 것이다. 어떤 번호를 찾고 싶으면 머릿속에 있는 전화번호부의 각 페이지를 쭉 훑으면 된다. 기억 속에서 정보를 꺼내려면 나는 비디오를 다시 돌려 보아야 한다. 그래서 어떤 사실을 빨리 떠올리기가 힘들 때도 있다. 맞는 테이프를 찾을 때까지 비디오 여러 편을 조금씩 틀어 보아야 하고 그러다 보면 시간이 걸린다.

　글에 아무런 구체적인 내용이 없을 때는 글을 그림으로 변환할 수가 없다. 철학책이나 가축 시장의 전망에 관한 기사 같은 것은 도무지 이해할 수가 없다. 쉽게 그림으로 번역되는, 무언가를 묘사하는 글을 이해하는 것이 훨씬 쉽다. 1994년 2월 21일자 〈타임〉지에 실린 동계 올림픽 피겨 스케이팅 결승전에 관한 글에서 따온 다음 문장이 좋은 예다. "모든 요소가 갖춰져 있었다-스포트라이트, 점점 고조되는 왈츠와 재즈 선율, 스팽글을 달고 공중으로 뛰어오르는 요정들" 상상 속에서 나는 스케이트 링크와 선수들을 본다. 그렇지만 '요소(element)'라는 단어를 너무 오래 생각하다 보면 부적절한 연상이 시작되어 고등학교 화학실 벽에 걸려 있던 주기율표가 떠오를 것이다[element라는 단어는 '요소'라는 뜻도 되고, 화학에서 말하는 '원소'라는 뜻도 있다—옮긴이]. '요정(sprite)'이라는 단어를 곰곰이 생각하다 보면 젊고 예쁜 스케이트 선수의 모습 대신 냉장고 안에 있는 스프라이트[탄산음료 상표—옮긴이] 캔이 떠오른다.

 자폐 아동을 가르치는 교사들은 연상적 사고 패턴을 이해할 필요가 있다. 자폐아는 단어를 부적절하게 사용할 때가 많다. 이런 부적절한 단어는 말하고자 하는 바와 논리적·연상적 연관이 있을 때도 있고 그렇지 않을 때도 있다. 예를 들어 어떤 자폐아는 밖에 나가고 싶을 때 "개"라고 말한다. 그 아이에게는 '개'라는 단어가 밖에 나가는 것과 연관이 되는 것이다. 내 경우에도 부적절한 단어를 사용할 때 논리적인 이유가 있었던 적도 있고 그렇지 않은 적도 있었다. 여섯 살 때 나는 '기소(prosecution)'라는 단어를 배웠다. 무슨 뜻인지는 전혀 몰랐지만 말소리가 듣기 좋아서 연이 땅에 떨어질 때마다 그 단어를 감탄사로 썼다. 땅 아래로 곤두박질치는 연에다 대고 내가 "기소!"라고 외치는 걸 보고 당황한 사람이 한둘이 아니었을 것이다.

 다른 자폐인들과 이야기를 나누어 보면, 대부분의 사람들은 순차적으로 하는 일을 자폐인들은 연상적 사고와 유사한 시각적 사고 패턴으로 하는 경우가 많다는 걸 알 수 있다. 작곡을 하는 한 자폐인은 자기는 다른 음악의 조그만 조각들을 가져다 새로이 조합해서 '소리 그림'을 만들어 낸다고 말했다. 한 자폐인 컴퓨터 프로그래머는 프로그램 트리의 일반적 형태를 머릿속에서 본다고 한다. 프로그램의 뼈대를 머릿속에 그린 다음, 각 가지(支)에 맞는 코드를 적어 넣기만 하면 되는 것이다. 나도 과학적 문헌을 검토하거나 정육 공장의 문제점을 해결할 때 비슷한 방법을 사용한다. 구체적인 발견이나 관찰에서 시작해서 그것을 조합해 새로운 기본 원칙이나 일반적 개념을 찾아내는 것이다.

나의 사고 패턴은 언제나 구체적인 것에서 시작해 연상적, 비연속적 방법으로 일반화된다. 조각 그림 퍼즐을 3분의 1 정도만 맞추고는 전체 그림이 무엇인지 알아내려고 할 때처럼, 비디오 도서관을 뒤져서 빠진 조각을 찾아 넣을 수 있다. 암산으로 복잡한 계산을 하는 중국 수학자들도 마찬가지 방법을 쓴다. 처음에는 틀 안에 철사를 끼워 알을 일렬로 배열한 주판을 이용해 계산을 한다. 주판알을 움직여 가며 계산을 하다가, 여기에 익숙해지면 머릿속에서 주판을 그리며 계산을 하기 때문에 더 이상 주판이 필요 없게 된다. 시각화된 머릿속의 주판 위에서 알만 움직이면 되는 것이다.

추상적 개념 이해하기

자라면서 나는 추상적 개념을 그림으로 변환해 이해하는 법을 익혔다. 평화나 정직 같은 개념은 상징적 이미지로 시각화했다. 평화는 비둘기나 인디언들의 평화의 담뱃대[북미 인디언이 화해의 뜻으로 피우는 의식용 담뱃대—옮긴이], 또는 평화 협정에 서명하는 텔레비전 뉴스 장면을 생각한다. 정직은 법정에서 성서 위에 손을 올려놓는 그림으로 떠오른다. 돈이 가득 든 지갑의 주인을 찾아 준 사람을 소개한 뉴스 기사도 정직한 행동의 이미지가 되었다.

주기도문도 무슨 뜻인지 전혀 이해할 수 없었는데, 구체적인 시각적 이미지로 쪼개자 이해할 수 있게 되었다. '권세와 영광'이라는 말은 반원 모양의 무지개와 전신주[영어로 power는 권력, 권세도 되고 전력도 된다―옮긴이] 그림으로 표상했다. 어린 시절에 갖게 된 이런 시각적 이미지가 오늘날까지도 주기도문을 들을 때마다 떠오른다. "뜻이 이루어지이다"라는 말은 어릴 때도 아무런 의미를 떠올릴 수가 없었고, 지금도 그 의미가 애매하다. '뜻'이라는 개념은 시각화하기 힘들다. 그 단어를 생각하면 신이 번개를 던지는 장면이 떠오른다. 다른 자폐인 한 사람은 "하늘에 계신 우리 아버지(Thou art in heaven)"라는 말을 들으면 하느님이 구름 위에서 이젤에 그림을 그리는 모습이 떠오른다고 한다[art가 고어(古語)로 be동사이면서 '미술'이라는 뜻도 되기 때문이다―옮긴이]. '죄(trespass)'는 검정색과 노란색으로 된 '출입 금지'라는 표지판으로 떠오른다[trespass는 주기도문에서는 죄를 의미하지만 'No Trespassing'이라고 하면 출입 금지란 뜻이 된다―옮긴이]. 기도를 마칠 때 하는 "아멘"이라는 말은 그야말로 미스터리다. 맨 끝에 남자[Amen이 a man(한 남자)이라고 들리기 때문이다―옮긴이]가 나오다니 도무지 무슨 뜻인지 알 수가 없다.

청소년기, 청년기에는 사람들과 친하게 지낸다거나 삶의 다음 단계로 나아간다는 등의 추상적 개념을 이해하기 위해 구체적인 상징을 사용해야 했다. 두 가지 모두 나한테는 늘 어려운 일이었다. 고등학교 때는 내가 반 친구들과 잘 어울리지 못한다는 것은 알았지만 뭐가 잘못되었는지는 알 수가 없었다. 아무리 노력해도 놀림감이 되곤 했다. 아이들은 나를 '일벌레', '녹음기', 또 내가 말랐다고 '뼈다귀'라고 불렀다. 나를 '일벌레'나 '뼈다귀'라고 부르는 까닭은 알 수 있었지만 왜 '녹음기'인지는 도무지 알 수가 없었다. 지금 생각해 보니, 똑같은 말을 계속해서 되풀이하곤 했으니 그랬나 보다. 그렇지만 그때는 내가 왜 그렇게 사회적으로 실패작인지 알 수가 없었다. 대신 헛간에 새로 지붕을 올리는 일이나 승마 쇼에 출전하기 위해 승마를 연습하는 등 내가 잘하는 일에서 도피처를 찾았다. 인간관계라는 것이 나에게는 전혀 아무런 의미가 없었다. 문과 창문이라는 시각적 상징을 만들어 내기 전에는 말이다. 그런 상징들을 만들어 내고 난 다음에야 나는 관계에서 서로 주고받는 법을 익히는 것 등의 개념을 이해하기 시작했다. 세상을 살아가는 방법을 이런 식으로 시각화하지 못했다면 내가 어떻게 되었을까, 지금도 이따금 그런 생각을 해본다.

나한테는 고등학교에서 대학교로 진학하는 것이 정말 힘든 일이었다. 자폐인들 대개가 변화를 무척 힘들어한다. 고등학교 졸업과 같은 큰 변화를 이겨 내기 위해서는 예행연습이 필요했다. 그래서 나는 실제 문, 창문, 대문 등을 걸어 나가면서 내 삶의 각 단계를 지나가는 것을 행동으로 직접 해보았다. 고등학교를 졸업할 무렵 나는 기숙사 지붕 위에 올라가 앉아서 별을 바라보며 이곳을 떠나는 걸 어떻게 견뎌 낼 수 있을까 생각해 보았다. 그러다 거기에서, 기숙사를 증축하면서 생긴 더 큰 지붕으로 통하는 조그만 문을 발견했다. 기숙사는 뉴잉글랜드식 낡은 건물이었는데 그 위에 더 큰 건물을 올리는 공사를 하는 중이었다. 어느 날 목수들이 내 방 옆쪽에 있는 오래된 지붕의 한 부분을 뜯어냈다. 지붕 위로 나오면 마무리 공사를 하고 있는 새 건물이 눈에 들어왔다. 한쪽에는 새 지붕으로 통하는 조그만 나무문이 있었다. 건물이 변하고 있었고, 나도 변해야 할 때인 것이었다. 그걸 보며 건물 증축과 나를 관련지을 수 있었다. 상징적 열쇠를 발견한 것이다.

대학에서도 졸업 준비를 상징하는 또 다른 문을 발견했다. 그 문은 기숙사의 평평한 지붕 위로 통하는 조그만 통풍용 철제문이었다. 나는 실제로 이 문을 통해 나가는 것을 여러 차례 연습했다. 마침내 프랭클린 피어스 대학을 졸업했을 때 나는 세 번째의 아주 중요한 문, 도서관 지붕에 있는 문을 통과했다.

이제는 삶에 변화가 일어날 때마다 실제의 문이 필요하지는 않다. 이 책을 쓰면서 지난 일기를 들춰 보다 보니 뚜렷한 패턴이 눈에 띄었다. 각각의 문들이 내가 다음 단계로 옮겨 가는 것을 도와주었다는 것을 알 수 있었다. 내 삶은 일련의 계단을 밟아 온 것과 같다. 자폐증에 적응할 수 있게 된 계기나 돌파구 같은 것이 무엇이었냐는 질문을 자주 듣는데, 단 한 번의 약진으로 이렇게 된 것은 아니다. 단계적으로 계속 발전해서 여기에 이른 것이다. 내 일기를 보면, 문 하나를 통과하는 것은 전체 단계에서 한 발자국 앞으로 나간 것일 뿐이라는 걸 내가 알고 있었다는 걸 알 수 있다.

1970년 4월 22일
오늘 프랭클린 피어스 대학에서 해야 할 모든 과정이 끝났고, 이제는 도서관에 있는 작은 문을 걸어 나갈 때가 됐다. 나중에 오는 사람들이 발견할 수 있도록 도서관 지붕에 어떤 메시지를 남길까 생각 중이다.

한 계단의 꼭대기에 다다랐고 이제 대학원의 제일 아래 단계에 와 있다. 도서관 꼭대기가 학교에서 제일 높은 곳이고, 나는 내가 갈 수 있는 한 최대한 올라간 것이다. 프랭클린 피어스 대학의 정상을 정복했다. 더 높은 봉우리가 기다리고 있다.

1970년 졸업생

오늘밤에 조그만 문을 통해 나가서 도서관 지붕 꼭대기에 위의 글을 남겨 두고 왔다. 이번에는 그다지 초조하지 않다. 전에는 무척이나 불안했었다. 이제 해냈고, 조그만 문과 산을 이미 정복한 것이다. 이 산을 정복하는 것은 다음 산을 넘기 위한 시작일 뿐이다.

'commencement[시작이라는 뜻도 되고 졸업식이라는 뜻도 된다—옮긴이]'라는 단어는 시작을 의미하고, 도서관 꼭대기는 대학원의 시작을 의미한다. 노력하는 것은 인간의 본성이다. 그래서 사람들은 산을 오르는 것이다. 그렇게 노력하는 이유는, 그걸 할 수 있다는 것을 입증하기 위해서다.

무엇 때문에 사람을 달에 보내는 것인가? 이유는 오직 하나, 끊임없이 도전하는 것이 인간의 본성이기 때문이다. 사람은 한 가지 목표에 만족하지 못하고 계속 앞으로 나아가려고 한다. 도서관 지붕 위로 올라간 진정한 이유는 내가 그걸 할 수 있다는 걸 입증하기 위해서다.

살아오는 동안 나는 대여섯 개의 중요한 문을 마주했고 통과했다. 1970년에 조그만 인문대인 프랭클린 피어스 대학을 심리학 학사로 졸업했고, 애리조나로 가서 박사과정을 시작했다. 그러나 심리학에 흥미를 잃고 가축과 동물학에 더 관심을 갖게 되면서, 삶에서 또 하나의 큰 변화를 준비하게 되었다. 전공을 심리학에서 동물학으로 바꾸는 것이었다. 1971년 5월 8일에 쓴 일기다.

> 점점 농장 방향으로 이끌리는 것 같은 느낌이다. 축사 슈트 문을 지나왔으나 아직도 문 옆 기둥을 꽉 붙들고 있다. 바람이 점점 더 세게 불어와 손을 놓고 다시 농장으로 돌아가야 할 것 같다. 당분간만이라도. 문을 지날 때마다 바람이 항상 중요한 역할을 했었다. 지붕 위에 올라갈 때마다 바람이 불어왔었다. 지금 도달한 단계가 마지막이 아니고 계속해서 앞으로 나아가야 한다는 상징인지도 모르겠다. 파티에서 (심리학과 파티) 나는 꿔다 놓은 보릿자루 같은 기분이었고, 바람이 불어와 내가 문 옆 기둥을 붙든 손을 놓고 자유롭게 떠다니게 하려는 것 같았다.

그때도 사회생활에 어려움을 겪고 있었는데, '사람들과 잘 지내다' 라는 추상적 개념에 대응하는 구체적인 시각적 이미지를 만들지 못했던 탓이 크다. 그러던 어느 날 식당에서 창문을 닦다가(그때는 학생들이 식당에서 일을 해야 했다.) 어떤 이미지가 마침내 떠올랐다. 창문을 닦기 시작했을 때는 이 일이 상징적 의미를 가지게 되리라고는 생각하지 못했다. 창문은 세 개의 유리 미닫이문을 방풍창이 둘러싸고 있는 모양이었다. 나는 창문 안쪽을 닦으려고 미닫이문 사이로 기어 들어갔다. 그런데 안쪽 창틀을 닦을 때 문이 엇걸려서 움직이지 않게 되어 창문 사이에 갇히고 말았다. 문을 부수지 않고 밖으로 나오려면 아주 조심스럽게 문을 밀고 당겨 다시 움직이게 해야 했다. 갑자기, 관계도 이와 유사한 방식으로 작동한다는 생각이 떠올랐다. 관계도 부서지기 쉽기 때문에 조심스럽게 접근해야 하는 것이다. 나는 계속 연관을 시켜 나가 문을 조심스럽게 여는 것과 처음 관계를 맺는 것을 결부시켰다. 창문 사이에 갇혀 있으면, 유리를 통해 바깥과 의사소통하는 것이 불가능하다. 자폐인의 삶은 이렇게 갇혀 있는 것과 유사하다. 창문은 다른 사람과 분리된 듯한 기분의 상징이 되었고, 이 상징을 이용해 나는 이런 소외 상태를 극복할 수 있었다. 나는 문과 창문 상징 덕에 자폐인에게는 불가능하다고 여겨져 왔던 성취를 이루고 관계를 맺을 수 있었던 것이다.

　자폐증이 더 심한 자폐인들이 이런 식으로 사용하는 상징을 보통 사람들이 이해하기는 더욱 어렵다. 그것이 재현하는 대상과 전혀 무관한 것처럼 보일 때가 많기 때문이다. D. 파크와 P. 유더리언은 열두 살짜리 자폐아 제시 파크가 좋거나 나쁜 것 같은 추상적 개념을 표현하기 위해 시각적 상징과 숫자를 사용하는 방식을 기술하였다. 제시는 록 음악처럼 좋아하는 것은 문 네 개를 그리고, 구름은 그리지 않는 것으로 표현했다. 대부분의 클래식 음악은 좋은 편으로 평가해 문 두 개와 구름 두 개를 그렸다. 말소리는 아주 나쁜 것으로 평가하여 문 없이 구름만 네 개를 그렸다. 제시는 문과 구름을 이용해 추상적 특질을 표현하는 시각적인 등급 체계를 만들어 낸 것이다. 제시는 좋고 나쁜 숫자로 이루어진 복잡한 시스템도 가지고 있는데, 연구자들도 그 시스템을 완전히 파악해 내지는 못했다.

　자폐인이 사용하는 이런 상징을 보고 보통 사람들은 어리둥절해하지만 자폐인은 이런 상징을 통해서만 현실을 실제적으로 느끼고 세상을 이해할 수 있는 것이다. 예를 들어 아이가 프렌치토스트를 먹으면서 행복했었다면 '프렌치토스트'는 행복을 의미할 수 있다. 이 아이는 프렌치토스트를 떠올리면 행복해지는 것이다. 시각적 이미지나 단어는 경험과 연계되어 있다. 제시의 엄마인 클라라 파크는 자기 딸이 전기담요의 조절 장치나 난로 같은 것에 매료된다고 적고 있다. 그런 물건들이 제시한테 왜 그렇게 중요한지는 알 수 없지만, 자기가 좋아하는 물건들을 생각할 때 행복해하고, 목소리도 평상시의 단조로운 목소리와 달라진다는 것을 알 수 있었다. 제시는 말을 할 수 있지만 왜 그것들이 그렇게 중요한지를 설명하지는 못했다. 전기담요 조절 장치나 난로를 따뜻함이나 안전함과 연관시키기 때문일지도 모르겠다. '귀뚜라미'라는 단어도 제시를 행복하게 했고, "노래를 조금 들었어"는 "몰라"라는 뜻이었다. 자폐인의 정신은 이런 시각적 연상을 통해 작동한다. 제시의 삶에서 언젠가, 노래를 약간만 들은 것이 모르는 것과 관련이 있었던 적이 있었을 것이다.

　자폐증이 심한 테드 하트는 일반화 능력이 거의 없고 행동에 융통성이 전혀 없다. 그의 아버지 찰스 이야기를 들어 보니 하루는 건조기가 고장 났는데 테드가 젖은 빨래를 그냥 옷장에 넣었다고 한다. 익히 알고 있는 빨래 순서에 따라 그냥 다음 단계로 넘어간 것이다. 테드한테는 상식이라는 게 없다. 이런 경직된 행동이나 일반화 능력의 결여는 시각적 기억을 바꾸거나 수정할 능력이 부족한 탓이라고 나는 생각한다. 나의 경우, 사물에 대한 기억은 각각의 구체적 이미지로 저장되지만 이런 머릿속의 이미지를 수정할 수도 있다. 이를테면 여러 다양한 색깔로 칠해진 교회를 상상하거나 어떤 교회의 첨탑을 다른 교회의 지붕 위에 올려놓을 수도 있다. 그렇지만 누군가가 '첨탑'이라는 단어를 말할 때 내 머릿속에 처음으로 떠오르는 교회는 거의 언제나 어린 시절의 기억이지 이런 식으로 조작한 이미지는 아니다. 나는 상상 속에서 이미지를 수정할 수 있는 능력 덕분에 일반화하는 방법을 익힐 수 있었다.

이제 내겐 더 이상 문이라는 상징이 필요하지 않다. 그 동안 실제 경험과 책이나 잡지에서 얻은 정보를 충분히 쌓았기 때문에 변화를 감당하고 새로운 상황에 대처할 수 있게 되었다. 글을 부단히 많이 읽고 내 비디오 도서관에 더욱더 많은 정보를 쌓아 놓으려 노력한 것도 도움이 되었을 것이다. 자폐가 심한 한 컴퓨터 프로그래머는 독서는 "정보를 받아들이는 것"이라고 말했다. 내가 느끼기에 독서는 컴퓨터를 프로그래밍하는 것과 비슷하다.

시각적 사고와 머릿속의 이미지

최근 뇌 손상 환자의 뇌 영상 연구를 통해 시각적 사고와 언어적 사고는 서로 다른 두뇌 시스템을 통해 작동한다는 가설이 제기되었다. 뇌의 혈류를 기록하여, 예를 들어 동네를 돌아다니는 것을 머릿속으로 그려 볼 때에는 시각을 담당하는 피질에서 혈류가 급격히 증가한다는 것을 알게 되었다. 뇌의 그 부분이 열심히 작동한다는 뜻이다. 또 뇌 손상을 입은 환자를 연구함으로써, 좌뇌 뒤쪽에 손상을 입은 경우에는 저장된 기억에서 시각적 이미지를 끌어낼 수 없다는 것을 알게 되었다. 반면 언어능력이나 언어적 기억에는 아무 문제가 없었다. 이것을 통해서도 시각적 이미지와 언어적 사고는 서로 다른 신경 시스템에 의존한다는 것을 알 수 있다.

시각 시스템 내에서도 머릿속의 이미지와 이미지 순환을 담당하는 하부 시스템이 각각 구분되어 있을 수 있다. 이미지 순환 기술은 우뇌에 있고, 시각적 이미지는 좌뇌 뒤쪽에 있는 것으로 보인다. 자폐인의 경우 시각적 시스템이 확장되어 언어적, 연속적 사고의 결함을 보완하기도 한다. 신경 체계는 손상을 입었을 경우 그것을 보완하는 데 놀라운 능력을 보인다. 다른 부분이 손상된 부분의 역할을 대신 맡아 하는 것이다.

국립건강협회의 파스쿠알-리온(Pascual-Leone) 박사가 최근 발표한 연구 결과에 따르면 시각적 기술을 활용하다 보면 뇌의 운동 지도(motor map)가 확장된다고 한다. 음악가들을 대상으로 연구했는데, 뇌의 단층촬영 결과를 보면 실제로 피아노를 치는 것이나 피아노 치는 것을 상상하는 것이나 운동 지도에는 같은 영향을 미쳤다. 실제 피아노 연주나 머릿속으로 그려 볼 때나 마찬가지로 운동 지도가 확장되는 것이다. 피아노를 아무렇게나 두드렸을 때는 아무런 영향이 없었다. 운동선수들의 경우에도 머릿속으로 연습할 때

나 실제로 연습할 때나 모두 운동 능력이 발달했다. 해마[海馬, hippocampus; 대뇌 측두엽의 회백질로 구성된 부분으로 기억 과정에서 중심적 역할을 한다—옮긴이]에 손상을 입은 환자를 연구함으로써 어떤 사건에 대한 의식적 기억과 운동 학습은 서로 다른 신경 체계라는 것을 알 수 있었다. 해마 손상 환자는 운동 학습이 가능하고 연습을 통해 향상시킬 수도 있지만, 연습을 할 때마다 그것을 전에 해본 적이 있다는 사실은 기억하지 못한다. 운동 회로를 훈련시킬 수는 있지만 해마 손상 때문에 새로운 의식적 기억은 형성하지 못하는 것이다. 그래서 간단한 기계적 퍼즐을 푸는 것 등과 같은 새로운 일을 운동 회로에서 익힌다고 하더라도 그 사람은 퍼즐을 본 것도 푼 것도 기억하지 못하는 것이다. 반복 연습을 통해 점점 더 퍼즐을 잘 풀게 되지만, 퍼즐을 내놓을 때마다 전에 한 번도 본 적이 없는 것이라고 말한다.

내가 머릿속의 이미지 도서관을 늘려 가고, 이 그림들에 기반해 해결 방법을 그려 낼 수 있다는 것은 정말 다행스러운 일이다. 그렇지만 자폐인들 대부분은 아주 제한된 삶을 산다. 그것은 그들이 정해진 일과에서 벗어나는 것을 감당하지 못하기 때문이기도 하다. 나의 경우는 이전 경험의 시각적 기억에 기반해 새로운 경험을 하기 때문에, 세계가 계속 확장될 수 있다.

약 2년 전, 정육 공장을 리모델링하는 일을 맡았을 때 나는 어떤 개인적인 전환점을 맞았다. 이 공장은 유태교 율법에 따른 도살(코셔 도살)을 하는 공장이었는데, 그 과정에 쓰이는 구속 방법은 무척이나 잔인한 것이었다. 도살 전에 살아 있는 소의 뒷다리 한쪽을 사슬에 매어 소를 거꾸로 매달았다. 너무나 끔찍한 광경이라 차마 눈 뜨고 볼 수가 없었다. 겁에 질린 소가 내지르는 미친 듯한 울음 소리가 사무실, 심지어 주차장에서도 들렸다. 들어 올리는 과정에서 소 뒷다리가 부러지는 일도 있었다. 이 끔찍한 과정은 인도적이라고 하는 유태교식의 도살 원칙에 완전히 위배되는 것이었다. 내가 맡은 일은 잔인한 시스템을 대신할 슈트를 만드는 것이었는데, 랍비가 유태교식 도살을 하는 동안 소가 서 있는 자세로 있도록 붙들어 주는 장치다. 제대로만 만들면 소가 겁에 질리지 않고 얌전히 있을 것이다.

새로 만든 구속 슈트는 좁은 철제 칸막이에 소 한 마리가 들어가게 만든 것이다. 소머리를 붙들 멍에와 소를 멍에 쪽으로 밀어 넣을 뒤쪽의 문, 엘리베이터처럼 배 아래에서 들어 올리게 되어 있는 배 고정기가 달려 있다. 구속기를 작동시키려면 여섯 개의 유압식 조절 레버를 순서에 따라 밀어야 한다. 입구를 여닫고 머리와 몸을 고정시키는 장치를 움직인다. 이 슈트의 기본 설계는 이미 30년 전에 나온 것이지만, 나는 압력 조절 장치를 달고 중요한 부분의 크기를 변형시켜서 소가 더 편안해하고 압력이 지나치게 강해지지 않도록 했다.

도축 공장으로 슈트를 보내 공장에서 실제로 작동해 보기 전에, 기계 공장에서 먼저 가동해 보았다. 소는 없었지만 슈트가 가동되는 이미지를 시각적·촉각적 기억에 추가해 프로그래밍했다. 빈 슈트를 5분 동안 가동해 보고 나자 이 설비에 달린 문 등 각각의 부분들이 어떻게 움직이는지를 머릿속에서 정확하게 그려 볼 수 있었다. 또 이 슈트의 각 레버를 밀었을 때 느낌이 어땠는지도 기억했다. 유압식 밸브는 악기와 비슷하다. 관악기가 그렇듯이 제조 업체에 따라 느낌이 다르다. 기계 공장에서 기계를 운전해 봤으므로 이후에는 머릿속의 이미지를 가지고 연습을 할 수가 있었다. 슈트에 있는 실제 운전 장치의 레버를 내 손으로 미는 것을 머릿속에서, 그리고 상상 속에서 본다. 각각의 문을 다른 속도로 움직이려면 얼마나 힘을 주어야 하는지를 느낄 수 있다. 머릿속으로 여러 다른 종류의 소들을 슈트에 들어가게 하면서 운전 절차를 여러 차례 연습해 보았다.

공장에서 기계를 첫 가동하던 날, 나는 슈트에 오르자마자 거의 완벽하게 운전할 수 있었다. 걸을 때 다리를 쓰듯이 무의식적으로 유압식 레버를 작동했을 때 제일 잘 돌아갔다. 생각하면서 움직이려고 하면 혼동이 되어 실수를 했다. 마음을 편안히 하고 구속 장치가 내 몸의 일부가 되도록 한 다음, 레버 자체는 머릿속에서 완전히 지워 버려야 했다. 소가 들어올 때마다, 소가 놀라지 않도록 장치를 천천히 부드럽게 움직이는 데에만 집중했다. 소의 반응을 지켜보며 소를 기분 좋게 붙들어 줄 정도의 압력만 가했다. 압력이 과도해지면 소가 불편해할 것이다. 소가 귀를 뒤쪽으로 누이거나 몸부림을 치면, 너무 세게 조였다는 것을 알 수 있다. 동물들은 유압식 장치에 무척이나 예민해서 조절 장치를 조금만 움직여도 알아차린다.

나는 기계를 통해 손을 뻗어 소를 잡는다. 소머리를 멍에로 잡을 때면 내 손을 소 이마와 턱 아래에 대고 부드럽게 잡아 주는 장면을 상상한다. 몸의 경계가 사라지고, 레버를 밀고 있다는 사실을 망각한다. 뒤쪽의 미는 문과 멍에는 내 손이 확장된 것이 된다.

자폐인은 몸의 경계를 파악하는 데 어려움을 겪곤 한다. 자기 몸이 어디에서 끝나고 자기가 앉아 있는 의자나 쥐고 있는 물건이 어디에서 시작하는지 느낌으로 판단하지 못한다. 수족 중 하나를 잃은 사람이 아직도 잃어버린 팔다리가 있는 것 같은 느낌을 경험하는 것과 비슷하다. 이 경우에는 팔다리의 허상이 느껴지는 효과처럼 소를 붙잡고 있는 설비 부속이 내 몸의 연장인 양 느껴지는 것이다. 부드럽게 소를 붙들어 얌전히 있도록 하는 데에만 집중하면 구속 슈트를 아주 능숙하게 다룰 수 있다.

이렇게 열심히 집중하다 보면 공장 기계에서 나는 소음도 들리지 않는다. 앨라배마의 무더위도 느껴지지 않고, 모든 것이 조용하고 고요하게 느껴진다. 마치 종교적인 체험 같았다. 내 역할은 소를 부드럽게 잡는 것이고, 최후의 손질을 하는 것은 랍비의 역할이었다. 나는 소 한 마리 한 마리를 부드럽게 붙들어 소의 마지막 순간을 최대한 편안하게 만들어 줄 수 있었다. 고대로부터 내려온 도살 의식에 참여한 것이다. 새로운 문이 열렸다. 마치 물 위를 걷는 기분이었다.

2

자폐증이란 무엇인가

자폐의 유형과 진단

아기가 자폐증일 수도 있다는 사실을 처음으로 알 수 있는 징후는, 아기를 잡거나 안았을 때 아기의 몸이 뻣뻣해지고 저항을 하는 것이다. 이런 아기는 누군가가 만지는 데 아주 예민하게 반응을 해서 몸을 빼거나 소리를 지른다. 더 뚜렷한 증상은 보통 12개월에서 24개월 사이에 나타난다. 나는 첫째 아이로 태어났는데, 조그만 야생 동물 같았다고 한다. 안으면 빠져나오려고 몸부림쳤지만 커다란 유모차 안에 뉘어 놓으면 소란 피우지 않고 얌전히 있었다고 한다. 엄마는 내가 옆집 여자아이처럼 말을 시작하질 않자 그때 처음으로 뭔가 단단히 잘못되었다는 걸 깨달았고, 내가 귀머거리가 아닌가 생각했다고 한다. 나는 끝없이 짜증을 부리고 변을 뭉개 바르는 걸 좋아하는 끔찍한 두 살배기였다.

당시 나는 전형적인 자폐증 증상을 보였다. 말을 하지 않고, 눈을 맞추지 않고, 짜증을 부리고, 귀가 들리지 않는 것처럼 보이고,

사람에 관심을 갖지 않고, 텅 빈 공간을 끝없이 응시했다. 엄마는 나를 신경과 의사에게 데려갔는데 청력 테스트를 해보고 귀가 먹은 게 아니라는 것을 알게 되었고, 나한테는 '뇌 손상'이라는 병명이 붙여졌다. 40년 전에는 자폐증에 대해 아는 의사가 거의 없었다. 몇 년 후, 자폐증이 좀더 널리 알려진 다음에 나는 자폐아로 불리게 되었다.

세 살이 되었을 때 말을 하지 못해 느꼈던 좌절감이 기억난다. 그래서 엄청나게 짜증을 부렸다. 사람들이 나한테 뭐라고 하는지는 이해할 수 있었지만 말을 입 밖으로 내보낼 수가 없었다. 말을 더듬는 사람처럼 첫마디를 내뱉기가 어려웠다. 처음으로 겨우 몇 단어를 입 밖에 냈는데 그것도 무척이나 힘들었고 대부분 1음절짜리 단어였다. 이를테면 공을 "고"라고 하는 식이었다. 심한 말더듬이 같았을 것이다. 다른 의사소통 방법이 없으니 소리를 지르는 수밖에 없다고 논리적으로 생각했던 것이 기억난다. 피곤하거나, 생일 파티 때 사람들이 나팔을 불어대거나 해서 너무 시끄러워도 짜증을 부렸다. 내 행동은 이랬다저랬다 하는 것이 마치 전기 차단기에 불이 들어왔다 나갔다 하는 것 같았다. 한 순간은 좋았다가 다음 순간에는 바닥에 누워 발로 차고 미친 살쾡이처럼 소리를 질렀다.

선생님 다리를 물었던 날도 기억난다. 늦은 오후였는데 무척 피곤했다. 그리고는 그냥 정신을 잃었다. 정신을 차리고, 선생님 다리에서 피가 나는 걸 보고서야 내가 선생님을 물었다는 걸 깨달았다. 짜증은 간질 발작처럼 갑작스럽게 찾아온다. 엄마는 발작처럼 짜증도 제 스스로 가라앉게 내버려 둬야 한다는 것을 알게 됐다. 짜증이 시작되었을 때 화를 돋우면 더욱 심해지는 것이다. 엄마는 초등학교 선생님들을 찾아가 내가 짜증을 부리기 시작했을 때 나를 다루는 최상의 방법은 화를 내거나 흥분하지 않는 것이라고 설명했다. 엄마는 내가 피곤해할 때는 소란스러운 곳에서 데리고 나가면 짜증이 폭발하는 것을 방지할 수 있다는 것을 알게 되었다. 그리고 내가 학교에서 문제를 일으키면 〈하우디 두디〉[NBC 방송국에서 1947~1960년 사이에 방영한 어린이 프로그램으로 엄청난 인기를 끌었다—옮긴이] 같은 텔레비전 프로그램을 보지 못하게 했다. 엄마는 또 내가 이따금은 학교에 가기 싫어 짜증을 부리곤 한다는 것을 알아차렸다.

혼자 내버려 두면 나는 보통, 세상과 단절되어 최면에라도 걸린 것 같은 상태가 되었다. 몇 시간이고 바닷가에 앉아 모래가 손가락 사이로 빠져나가는 것을 보고 있기도 했다. 나는 손가락 사이로 흘러내리는 모래알 한 알 한 알을 찬찬히 관찰했다. 모래알은 하나하나가 다 달랐고, 나는 현미경으로 모래알을 연구하는 과학자 같았다. 모래알의 모양과 윤곽을 정밀하게 관찰하다 보면 주변의 풍경이나 소리로부터 단절되어 무아지경에 빠지곤 했다.

주변의 소음이 너무 심해졌을 때는 세상으로부터 벗어나기 위해서 몸을 흔들고 뱅뱅 돌기도 했다. 몸을 흔들다 보면 기분이 가라앉았다. 중독 성분이 있는 약을 먹는 것하고 비슷했다. 많이 하면 할수록 더 하고 싶어졌다. 엄마와 선생님은 내가 다시 세상으로 돌아오게 만들려고 몸을 흔들지 못하게 했다. 나는 빙빙 도는 것도 무척 좋아했고, 아무리 돌아도 어지럽지 않았다. 돌다가 멈췄을 때 방이 빙빙 돌아가는 것을 보면 기분이 무척 좋았다.

오늘날에는 자폐증을 초기 아동기 장애라고 정의한다. 자폐증은 여자 아이보다 남자 아이에게 나타날 확률이 세 배 가량 더 높다. 자폐증이라는 진단을 내리려면 세 살 이전에 자폐 증상이 나타나야 한다. 가장 흔한 증상은 말을 하지 않거나 비정상적으로 말을 하는 것, 눈을 맞추지 않는 것, 짜증을 자주 내는 것, 접촉에 예민한 것, 귀가 들리지 않는 것처럼 보이는 것, 혼자 있는 걸 좋아하는 것, 몸을 흔드는 등의 주기적이고 전형적인 행동, 무관심, 부모 형제와 친밀하지 않은 것 등이다. 장난감을 부적절하게 가지고 노는 것도 하나의 징후가 될 수 있다. 장난감 자동차를 바닥에 굴리며 노는 게 아니라 자동차 바퀴를 한참 동안 돌리면서 노는 것 등이다.

  기준과 범위가 계속 변하기 때문에 자폐증을 진단하기가 쉽지는 않다. 미국 정신의학 협회에서 발간한 《진단과 통계 편람 *Diagnostic and Statistical Manual*》에 진단 기준이 열거되어 있다. 이 책의 3판에 따르면 자폐 증상을 보이는 어린아이 가운데 91퍼센트가 자폐아에 해당된다. 그렇지만 가장 최신판을 보면 범위가 좁혀져서 그 중 단 59퍼센트만이 자폐증으로 진단된다.

  자폐아를 둔 부모는 정확한 진단을 받기 위해 여러 전문가를 찾아갈 것이다. 안타깝게도 자폐증을 진단하는 일은 홍역이나 다운 증후군 같은 유전자 이상을 진단하는 것과는 다르다. 자폐증은 신경계 이상이지만 아이의 행동을 관찰하여 진단한다. 혈액 검사나 뇌 검사로는 정확한 판단을 내릴 수 없다. 앞으로는 뇌 검사로 관찰을 어느 정도 대체할 수 있게 될 테지만 말이다.

새로 정립된 범주는 자폐 증상을 보이는 이상을 자폐증, 전반적 발달 장애(PDD), 아스퍼거 증후군, 붕괴성 장애(disintegrative disorder) 등으로 구분하는데 전문가들 사이에도 아직 이견이 많다. 이 범주들이 정확히 구분된다고 보는 사람들도 있고, 자폐증의 연속체 선상에 있는 것으로 정확한 구분점이 없다고 보는 사람도 있다.

세 살짜리 아이가 사회성이 떨어지고 말을 하지 않거나 말을 비정상적으로 구사한다면 자폐증 진단을 받을 수 있다. 이런 증상을 전형적인 카너 증후군이라고 부르기도 한다. 1943년에 처음으로 이러한 형태의 자폐증을 설명한 의사 레오 카너(Leo Kanner)의 이름을 딴 것이다. 이런 아이들은 보통 말하는 법은 배우지만 극도의 경직된 사고, 일반화 능력 결여, 상식 부족 등으로 인해 심한 장애 상태가 계속된다. 카너 증후군 환자 가운데는 날짜 계산 등의 서번트 능력을 갖고 있는 사람도 있다. 자폐증 진단을 받은 아이와 어른 중 약 10퍼센트가 서번트 능력을 보인다.

전형적인 카너 증후군 자폐아는 사고나 행동에 유연성이 거의 혹은 전혀 없다. 찰스 하트는 자폐인인 동생 섬너의 경직성에 대해 기록했다. 섬너는 어머니가 계속해서 지시를 해 주어야만 했다. 옷을 갈아입고 잠자리에 드는 각 단계를 일일이 지시해 주어야 하는 것이다. 하트는 또 생일 파티에서 아이스크림콘을 아이들에게 나누어 줬을 때 자폐아인 자기 아들 테드가 한 행동을 설명한다. 다른 아이들은 곧바로 콘을 핥기 시작했지만 테드는 겁먹은 듯한 눈빛으로 콘을 그냥 쳐다보고만 있었다. 전에는 항상 아이스크림을 숟가락으로 떠먹었기 때문에 어떻게 해야 할지를 몰랐던 것이다.

카너 증후군 자폐인의 또 다른 문제는 상식이 부족한 것이다. 학교 가는 버스에 타는 법은 쉽게 배우지만, 무슨 일이 일어나 정해진 순서가 흐트러지면 어찌해야 할지를 모른다. 만약 뭔가 잘못되면 어떻게 하라고 미리 일러 놓지 않으면, 예기치 않게 이런 일이 생겼을 때 패닉 상태가 되어 허둥대거나 불안해하거나 도피하려 한다. 카너 자폐인은 경직된 사고 때문에 미묘하고 복잡한, 사회적으로 적절한 행동을 익히기가 힘들다. 한 예로, 카너 증후군의 한 젊은이가 자폐인 모임에서 모든 사람들한테 다가가서 이렇게 물었다. "당신 귀걸이 어디 있어요?" 카너 자폐인한테는 어떤 사회적 행동이 적절하고 어떤 것은 적절하지 않은지 확실하고 분명하게 말해 주어야 한다.

런던의 의학연구협회 인지발달부의 연구원 유타 프리스(Uta Frith)는 카너 증후군을 가진 사람은 다른 사람이 무슨 생각을 하는지 상상하지 못한다는 것을 밝혀냈다. 그녀는 이런 정도가 얼마나 심한지 알아보기 위해 '마음 이론' 테스트를 만들었다. 예를 들면 A라는 사람, B라는 사람과 자폐인이 테이블에 함께 앉아 있다. A가 초콜릿 바를 상자에 넣고 뚜껑을 닫는다. 전화벨이 울리고 B가 전화를 받으러 간다. B가 없는 사이에 A는 초콜릿을 먹고 상자 안에 펜을 넣어 둔다. 그걸 보고 있던 자폐인에게 "B는 상자 안에 뭐가 있다고 생각할 것 같은가?"라고 물으면 자폐인은 대부분 "펜"이라고 틀린 대답을 한다. 방 밖에 나가 있던 B는 상자에 초콜릿 바가 들어 있다고 생각하리라는 것을 모르는 것이다.

아스퍼거 증후군 자폐인은 카너 자폐인보다 장애가 훨씬 덜한 편이라 이 테스트를 통과하는 경우가 많고, 융통성 있게 문제를 해결할 수 있는가를 테스트하는 시험에 대체로 더 잘 통과한다. 사실 아스퍼거 자폐인 가운데 상당수는 자폐증이라고 명확히 진단되지 않는 경우가 많으며, 직업을 갖고 독립적으로 사는 사람도 많다. 아스퍼거 증후군 자폐아는 전형적인 카너 자폐아에 비해 언어가 훨씬 정상적으로 발달하고 인지 능력도 더 뛰어나다. 그래서 아스퍼거 증후군을 '고기능 자폐증'이라고 부르기도 한다. 카너 증후군과 아스퍼거 증후군을 가르는 뚜렷한 차이 중 하나는 아스퍼거 자폐아 가운데는 행동이 둔한 경우가 많다는 점이다. 아스퍼거 증후군은 전반적 발달 장애와 혼동되는 경우가 종종 있다. 전반적 발달 장애아란 다른 장애 이름을 붙여 부를 만큼 심각하지 않은 가벼운 증상을 가진 아이를 이르는 말이다.

붕괴성 장애 진단을 받는 아이들은 언어와 사회적 행동이 정상적으로 발달하다가 두 살 이후에 퇴행하여 말을 하지 못하게 되는 경우다. 대부분은 다시 말을 하지 못하고, 집에서 하는 일상적이고 단순한 일과도 잘 익히지 못한다. 이런 경우를 '저기능 자폐증'이라고도 하며, 이런 사람은 평생 다른 사람의 관리와 도움을 받아야 한다. 붕괴성 장애아 가운데서도 증상이 나아지고 기능이 발달하는 경우도 있긴 하지만, 대부분은 저기능 상태로 남아 있을 가능성이 높다. 퇴행이 초기에 일어나는 경우가 나중에 일어나는 경우보다 예후(豫後)가 더 좋을 수는 있다. 말하는 법을 영영 배우지 못하는 사람들은 일반적인 검사에서 심한 신경 장애를 드러내는 일이 많다. 이런 사람들은 카너나 아스퍼거 증후군보다 간질을 일으킬 가능성이 더 높다. 저기능 자폐인은 말을 이해하는 능력이 떨어진다. 카너, 아스퍼거, 전반적 발달 장애 아동과 성인은 대개 이들보다는 말을 더 잘 이해한다.

이들 범주에 속하는 아이들은 누구나 좋은 교육 프로그램을 통해 증상을 많이 호전시킬 수 있다. 세 살 이전에 집중 교육을 받으면 예후가 더욱 좋아진다. 나는 집중적 언어 치료를 받은 덕에 세 살 반이 되었을 때 비로소 말하는 법을 익힐 수 있었다. 18~24개월 사이에 퇴행하는 아이들은, 언어를 처음 잃기 시작했을 무렵에는 집중 교육 프로그램으로 효과를 볼 수 있으나, 더 자란 후에는 감각 과부하를 일으키지 않을 좀더 차분하고 조용한 교육을 받아야 한다. 적절한 교육 프로그램을 적용함으로써 여러 자폐 증상을 경감시킬 수 있다.

성인의 자폐증 여부를 정확히 진단하려면 그 사람의 초기 아동기에 대해 알아보고 부모나 교사로부터 그 사람의 행동에 대해 설명을 듣는 방법밖에 없다. 자폐 증상을 동반하는 다른 장애, 즉 후천성 실어증, 붕괴성 장애, 랜도-클레프너 증후군은 자폐증이 발생하는 나이보다 더 늦게 나타난다. 정상이거나 정상에 가깝게 말을 하던 아이가 2~7세 사이에 언어를 잃는 수가 있다. 붕괴성 장애와 랜도-클레프너 증후군에서 나타나는 뇌의 이상은 서로 유사한 경우도 있다. 랜도-클레프너 증후군은 간질의 일종인데, 이로 인해 아이가 언어를 잃게 되는 일이 많다. 경미한 발작 때문에 소리가 뒤죽박죽이 되어 버려 말을 잘 알아듣지 못하게 되기 때문이다. 발작을 감지하기가 어렵기 때문에 정확한 진단을 내리려면 복잡한 검사를 해야 한다. 간단한 뇌파 검사로는 알기 힘들다. 이런 장애는 항경련제(간질 치료제)나 프레드니손 같은 코르티코스테로이드[부신피질 스테로이드 호르몬의 일종—옮긴이]로 쉽게 치료할 수 있다. 항경련제는 비정상적 뇌파나 감각 교란 증상이 있는 자폐아에게도 유용하다. 그 외에 자폐 증상이 나타나는 신경계 장애로 취약 X 증후군, 레트 증후군, 결절성 경화증 등이 있다. 이런 장애아에게도 자폐아를 위한 교육, 치료 프로그램이 유용할 때가 많다.

자폐증과 정신분열증 사이의 구분은 아직 명확하지 않다. 전문가 중에는 자폐아가 성장하면서 정신분열증적 특징이 나타난다고 보는 사람도 있다. 자폐증처럼 정신분열증도 신경계 장애면서도 순전히 나타나는 행동에 따라 구분하여 진단한다. 앞으로 뇌 촬영 기술이 발달하면 좀더 정확한 진단이 가능해질 것이다. 지금까지의 연구를 통해서는 자폐증과 정신분열증은 서로 다른 형태의 뇌 이상에 의해 나타난다는 것을 알 수 있었다. 정의상 자폐증은 아동기 초기에 나타나는 반면 정신분열증의 첫 징후는 대개 청소년기나 청년기에 나타난다. 정신분열 증상은 크게 두 가지로 볼 수 있다. 먼저, 뚜렷이 드러나는 증상으로 완전한 환각과 일관성 없는 사고를 수반하는 망상을 들 수 있다. 그리고 다음으로는 불분명한 증상으로 맥빠진 듯하고 둔한 감정과 말을 할 때 음색이 단조로운 것 등이 있다. 불분명한 증상은 자폐인에게서 흔히 볼 수 있는 감정 결핍과 비슷한 점이 많다.

〈영국 정신의학 저널 British Journal of Psychiatry〉에 P. 리들(P.

Liddle) 박사와 T. 반즈(T. Barnes) 박사는 실제로 정신분열증을 두세 개의 서로 다른 증상으로 구분할 수 있다는 글을 발표했다. 뚜렷하게 드러나는 증상은 자폐 증상과는 전혀 다르지만 불분명한 증상은 부분적으로 자폐 증상과 겹칠 수 있다. 그래서 두 증상을 혼동하여 자폐증을 할돌(Haldol)이나 멜라릴(Mellaril) 같은 신경 이완제로 치료하려 하는 경우가 발생할 수 있다. 그런데 신경 이완제는 자폐증을 치료하는 최선의 약품이라고 할 수가 없다. 이보다 더 안전하고 효과적인 약제가 있기 때문이다. 신경 이완제는 심한 부작용을 일으키고 신경계를 손상시킬 수도 있다.

10여 년 전에 UCLA의 피터 탕과이(Peter Tanguay) 박사와 로즈메리 에드워즈(Rose Mary Edward)는 초기 아동기 발달 과정에서 중요한 시기에 일어난 청각 교란이 언어와 사고의 장애를 가져오는 한 원인이 될 수 있다는 가설을 세웠다. 감각 처리 장애가 일어나는 정확한 시기가 언제냐에 따라, 카너 증후군이 나타나느냐 아니면 말을 하지 못하는 저기능 자폐증이 나타나느냐가 결정될 수 있다. 내 가설은, 두 살 이전에 접촉에 지나치게 민감해지거나 청각 교란이 있으면 카너 자폐증에서 보이는 경직된 사고와 정서적 발달 장애가 일어날 가능성이 높다는 것이다. 이런 아이들은 두 살 반에서 세 살 사이에 말을 알아듣는 능력을 부분적으로 회복한다. 붕괴성 장애아는 두 살까지는 정상적으로 발달하므로 정서적으로는 정상일 수 있다. 감각 처리 장애가 발생하기 이전에 뇌의 감정 중추가 발달할 기회가 있었기 때문이다. 단순한 시기적 차이가 어떤 형태의 자폐증이 나타나는지를 결정할 수 있는 것이다. 카너 자폐증의 경우는 초기에 감각 처리 장애가 나타나 감정 중추가 발달하지 못한 경우고, 반면 감각 처리 장애가 좀더 나중에 일어나면 언어를 습득하기가 힘들어진다.

그 동안의 연구를 통해 자폐증은 다른 장애와 구분되는 뇌 이상이 나타나는 신경계 장애라는 것이 분명해졌다. 마거릿 보먼(Margaret Bauman) 박사는 뇌 해부 연구를 통해 자폐인이나 붕괴성 장애인 모두 소뇌와 변연계(limbic system)가 제대로 발달하지 않았다는 것을 밝혔다. 뇌 성숙 지연의 징후는 자폐아의 뇌파에서도 나타난다. 메릴랜드 대학의 데이빗 캔터(David Canter) 박사와 동료들은 4~12세 사이의 저기능 자폐아는 두 살짜리 아이와 유사한 형태의 뇌파를 보인다는 것을 발견했다. 문제는 무엇 때문에 이런 이상이 일어나느냐 하는 점이다. 많은 연구자들이 자폐증, 우울증, 불안증, 실독증, 주의력 결핍 장애 등을 포함한 여러 장애를 일으킬 위험성이 높은 유전자 뭉치가 존재한다는 가설에 주목한다.

그러나 자폐증이 유전되는 경향이 강하기는 하지만 자폐증 유전자라는 것의 존재가 밝혀지지는 않았다. 자폐인은 자폐아를 낳을 가능성이 높다. 또 자폐아의 형제자매는 다른 아이들에 비해 학습 장애를 보일 가능성이 높다. 런던의 수전 폴스테인(Susan Folstein)과 마크 루터(Mark Rutter)의 연구에 따르면, 자폐아의 형제자매나 부모가 말을 더디게 했거나 학습 장애를 겪은 경우가 조사 대상 가족의 42퍼센트에 달했다.

그러나 뇌의 발달이 유전만으로 결정되지는 않는다. 폴스테인과 루터는 일란성 쌍둥이를 조사해, 한 아이는 심한 자폐아인 반면 다른 아이는 부분적인 자폐 증상만 보이는 경우가 종종 있다는 것을 확인했다. 정신분열증을 보이는 일란성 쌍둥이의 뇌를 MRI(자기공명영상) 촬영으로 살펴보았는데, 둘 중 증상이 더 심한 아이의 뇌가 이상 정도도 더 심했다. 뇌의 구조는 대단히 복잡해서 유전적 요인만으로 조그만 뉴런 하나하나가 어디에 연결될지 정확하게 조절되지는 않는다. 뇌의 해부학적 구조에는 유전적으로 결정되지 않는 부분이 10퍼센트 정도 있다. 다트머스 의대의 마이클 가자니가(Michael Gazzaniga)는 정상적인 일란성 쌍둥이의 뇌를 비교 촬영하여 초기에 이미 뇌 구조에 차이가 나타나고 있음을 보여 주었다. 그러나 쌍둥이의 뇌는 다른 사람의 뇌에 비해서는 서로 훨씬 더 비슷했다. 마찬가지로 일란성 쌍둥이는 성격도 비슷하다. 미네소타 대학의 토머스 부처드(Thomas Bouchard)와 동료들은 서로 다른 가정에서 성장한 쌍둥이를 연구하여 수학적 능력과 운동 능력, 기질 등의 기본적 특질은 유전되는 성향이 강하다는 것을 보여 주었다. 이 연구를 통해 내린 결론은 성장해서 어떤 사람이 되는가의 50퍼센트는 유전자에 의해, 나머지 50퍼센트는 환경과 교육에 의해 결정된다는 것이다.

태아가 독성 물질이나 바이러스에 노출되었을 때, 이것이 유전자와 상호 작용해 자폐증과 관련 있는 비정상적 뇌 발달을 가져온다는 주장도 있다. 부모 중 한 사람이 유전자를 살짝 손상시키는 화학 물질에 노출된 경우, 그가 낳은 아이가 자폐증 등의 발달 장애를 보일 가능성이 높아진다는 것이다. 유아기의 예방 접종이 알레르기 반응을 유발해 자폐증적 퇴행이 일어났다고 주장하는 부모들도 있다. 그게 사실이라면 백신이 유전적 요인과 상호 작용한다고 볼 수 있다. 또 다른 가능성은 면역 체계 이상이 대뇌 발달을 방해한다는 것이다. 그러나 여전히 밝혀지지 않은 것이 너무나 많고, 자폐아가 태어났다고 해서 부모 중 어느 한쪽에 책임을 돌릴 수는 없다. 가족들을 대상으로 한 연구와 조사 결과를 통해 자폐증에는 부모 양쪽의 유전적 영향이 다 있을 수 있다는 것을 알게 되었다.

고기능 자폐인과 저기능 자폐인의 차이

무수히 많은 연구자들이 고기능 자폐증과 저기능 자폐증 사이의 차이를 결정하는 요인이 무엇인지 알아내려고 애써 왔다. 카너나 아스퍼거 증후군을 가진 고기능 자폐아는 대개 말을 잘하게 되고 학습 능력도 좋다. 반면 저기능 자폐아는 아예 말을 하지 못하거나 몇 마디밖에 못 한다. 이 아이들은 셔츠 단추를 채우는 등의 간단한 기술을 배우기도 힘들다. 세 살 무렵에는 양쪽 타입의 아이들이 비슷한 행동을 보이지만, 자라면서 차이가 점점 뚜렷해진다.

    어렸을 때 나를 맡은 언어 치료사는 내 턱을 잡고 얼굴을 돌려 자기 얼굴을 쳐다보게 함으로써 나를 나만의 세상에서 끄집어냈다. 그러나 다른 아이들한테 눈맞추기를 강요하면 정반대 반응이 나타날 수도 있다. 뇌에 과부하가 걸려 아예 작동이 중단되는 것이다. 한 예로 《아무도 어디에도 *Nobody Nowhere*》의 저자 도나 윌리엄스(Donna Williams)는 한 번에 한 가지 감각 채널밖에는 사용할 수 없었다고 말한다. 선생님이 자기 턱을 잡고 눈맞추기를 강요하면 대신 귀를 닫아 버렸다는 것이다. 감각 혼란에 대한 그녀의 설명은 고기능 자폐증과 저기능 자폐증의 차이를 이해하는 중요한 고리가 된다. 나는 그걸 감각 처리 연속체라고 설명하는데, 이 연속체의 한쪽 끝에는 약한 감각 과민 문제를 지닌 아스퍼거나 캐너 자폐인이 있고, 반대쪽 끝에는 시각적으로나 청각적으로 뒤죽박죽이고 부정확한 정보를 받아들이는 저기능 자폐인이 있다.

나는 말을 알아들을 수 있었으므로 말하는 법을 익힐 수 있었지만, 저기능 자폐인은 음성을 구분하지 못하기 때문에 말을 이해하지 못한다. 이 사람들 중에는 정신지체를 겪는 이들도 많지만, 일부는 정상에 가까운 지능을 가지고 있으면서도 감각 기관이 제대로 작동하지 않아 제 기능을 하지 못하는 경우도 있다. 저기능 자폐의 감옥을 벗어나는 사람들은 왜곡되지 않은 정보를 어느 정도라도 받아들일 수 있기 때문에 그럴 수 있는 것이다. 주변 세계와의 접촉이 완전히 불가능한 것은 아니기 때문이다.

20년 전에 자폐아 치료사인 칼 델라카토(Carl Delacato)는 저기능 자폐인은 감각 채널에 '화이트 노이즈'[인간이 들을 수 있는 범위(대개 20Hz~20kHz) 내에서 모든 주파수를 같은 양으로 포함하고 있는 소리—옮긴이]가 있다는 주장을 내세웠다. 《최후의 이방인 The Ultimate Stranger》이라는 책에서 그는 감각 처리 문제를 과민, 저민, 화이트 노이즈의 세 종류로 나눴다. 과민은 감각에 지나치게 예민한 것이고, 저민은 무감각한 것이고, 화이트 노이즈는 내부에서 간섭이 일어나는 경우다.

자폐인들과의 대화를 통해 나는 말을 하지 못하는 자폐인의 세계를 짐작할 수 있게 해 주는 감각 이상의 연속체를 발견할 수 있었다. 이들이 경험하는 감각 혼란은 도나 윌리엄스가 경험한 감각 문제의 열 배 이상 심할 것이라고 생각한다. 나는 어머니나 선생님이나 가정교사 등이 사회적 접촉과 놀이를 하도록 계속 자극한 것에 잘 반응했는데 그 점에서 무척 운이 좋았다고 할 수 있다. 선생님들은 내가 몸을 흔들거나 물건을 돌리는 등 위안이 되는 세계로 도피하도록 내버려 두지 않았고, 공상에 빠지면 다시 현실로 끌어냈다.

아주 어린 자폐아의 절반 정도는, 아이가 교사를 계속 쳐다보고 상호 작용하게끔 만드는 어느 정도 강제적인 프로그램에 잘 반응한다. 내 경우는 교실 벽이 밝은 색으로 칠해져 있어 수업 시간이 즐거웠다. 하지만 감각 혼란 문제를 가진 아이는 벽 장식이 화려하면 정신이 지나치게 산란해질 수 있다. UCLA에서 개발한 유명한 로바스(Lovaas) 프로그램이 특히 많은 성과를 가져와, 어린 자폐아 중 거의 절반이 일반 유치원이나 1학년 학급에 입학할 수 있었다. 로바스 방식은 단어와 사물을 연결시키는 방법을 가르친다. 아이가 단어와 사물을 정확하게 짝지우면 칭찬해 주거나 먹을 것을 상으로 준다. 이 프로그램이 어떤 아이들한테는 아주 효과가 있지만 감각 혼란과 교란 문제가 매우 심한 아이들한테는 무척 혼란스럽기도 하고 고통스럽기도 할 것이다.

이런 아이들에게는 다른 접근 방식이 필요하다. 촉각이 제일 확실한 감각이기 때문에, 촉각 시스템을 사용해 가르칠 때 가장 효과가 좋다. 한 어머니는 말을 하지 못하는 딸의 손을 잡고 원을 그림으로써 원을 그리는 방법을 가르쳤다. 단어를 가르칠 때는 손으로 느낄 수 있는 입체 글자가 좋다. 집중력을 흩뜨리는 볼거리나 소리가 적을수록 장애가 있는 신경 체계에서 말소리를 정확히 받아들일 가능성이 높아진다. 말을 더 잘 듣게 하려면 감각 과부하를 일으킬 수 있는 시각적 자극을 최소화해야 한다. 형광등이나 화려한 벽장식이 없는 조용하고 조명이 어둑한 방 안에서 아이는 음성을 가장 잘 알아듣는다. 교사가 속삭이거나 부드럽게 노래할 때 더 잘 듣기도 한다. 정보를 느리게 처리하는 아이의 신경 체계에 맞게 천천히 말을 해야 한다. 그리고 감각 혼란을 일으킬 수 있으므로 급작스런 동작을 하지 않도록 조심한다.

반향언어증 아이들(들은 소리를 따라 하는 아이들)은 감각 처리 연속체에서 중간 정도에 위치한다고 할 수 있다. 말을 충분히 알아듣기 때문에 단어를 따라 할 수 있는 것이다. 뉴욕 알버트 아인슈타인 병원의 도리스 앨런(Doris Allen) 박사는 말을 억지(抑止)하는 결과를 초래할 수 있기 때문에 반향언어증을 억눌러서는 안 된다고 한다. 아이는 자기가 정확하게 들었는지 확인하기 위해 다른 사람의 말을 반복한다. 일리노이 주립대 로러 버크(Laura Berk)의 연구는 정상적인 아이가 혼잣말을 하는 것은 자기 행동을 조절하고 새로운 기술을 배우기 위해서라는 것을 보여 주었다. 자폐증은 뇌의 미발달로 인해 일어나므로, 좀더 큰 자폐아에게서 볼 수 있는 반향언어증이나 혼잣말은 미숙한 발화 패턴 때문일 수 있다.

단어와 생활 속의 사물을 놀랄 정도로 빠르고 자연스럽게 연결시키는 정상아와 달리, 자폐아는 사물에 이름이 있다는 사실을 배워서 깨쳐야 한다. 언어로 의사소통을 한다는 사실을 익혀야 하는 것이다. 자폐아는 구두로 들은 정보가 너무 길면 혼란스러워한다. 고기능 자폐인도 구두로 내린 지시는 잘 따라 하지 못하고 글로 쓴 내용을 훨씬 더 잘 이해한다. 정보의 순서를 기억하지 못하기 때문이다. 대학 다닐 때 수학 선생님은 내가 필기를 너무 많이 한다고 지적했다. 선생님은 자기가 하는 말에 집중해서 개념을 이해하라고 말했다. 그런데 나는 필기를 하지 않으면 순서를 기억하지 못한다는 게 문제였다. 나는 세 살 무렵에 말을 알아들을 수 있었기 때문에 소리 내어 글을 읽고 단어를 발음하는 법을 배웠다. 청각 처리 장애가 더 심한 아이들은 말하기 전에 읽기를 먼저 배운다. 대부분의 자폐아들은 귀로 들은 말은 잘 이해하지 못하기 때문에 글로 쓴 단어를 사물과 연결 지어 가르칠 때 훨씬 쉽게 배운다.

내가 지금 외국어를 배우는 방식은 증상이 심한 자폐 아동이 언어를 배우는 방식과 비슷하다. 나는 먼저 글로 쓴 것을 보기 전에는 다른 사람이 외국어로 대화하는 것을 듣고 거기에서 단어를 구분해 낼 수가 없다.

자폐 증상의 두 가지 기본적인 패턴을 구분하면, 어떤 아이에게는 집중적이고 부드럽지만 강제적인 교육 방법이 효과가 있고, 어떤 아이에게는 그렇지 않은지를 알 수 있다. 첫 번째 타입의 아이들은 두 살 무렵에는 귀가 들리지 않는 것처럼 보이지만 세 살이 되면 말을 알아듣는다. 내가 이런 경우였다. 어른들이 나한테 직접 말을 하면 이해할 수 있었지만 자기들끼리 말하면 무슨 뜻인지 전혀 알 수가 없었다. 두 번째 타입의 아이들은 한 살 반이나 두 살 정도까지는 정상적으로 발달하는 것처럼 보이다가 그 후에 언어를 잃는다. 자폐증이 진행되면서 말을 알아듣는 능력이 퇴화되고 자폐 증상이 심해진다. 감각 체계가 점점 더 혼란스럽게 뒤얽히면서, 다정했던 아이가 스스로를 닫고 자기 안으로 쏙 들어가 버리고 마는 것이다. 결국 아이는 주변 상황을 인식하지 못하게 된다. 아이의 뇌에서 주변의 광경과 소리를 처리하고 이해하지 못하기 때문이다. 이런 두 타입의 자폐증이 섞여 나타나는 아이들도 있다.

첫 번째 타입의 아이들은 자폐의 세계에서 끄집어내 주는 집중적이고 조직적인 교육 프로그램으로 효과를 볼 수 있다. 감각 시스템을 통해 주변 환경을 어느 정도 정확하게 받아들일 수 있기 때문이다. 이 아이들은 청각이나 촉각에 문제가 있긴 하지만 주변 환경을 사실적으로 인식한다. 그러나 이런 방법이 두 번째 타입의 아이에게는 별 효과가 없을 수 있다. 감각 혼란 때문에 세상을 이해하는 것이 불가능하기 때문이다. 두 살 이전에 말을 잃은 아이들 중 일부는, 감각이 완전히 뒤죽박죽되기 전에 적당히 강제적인 교육을 시작하면 좋아질 수 있다. 캐서린 모리스(Catherine Maurice)는 자신의 두 아이를 로바스 프로그램으로 가르쳐 효과를 보았다고 《네 목소리를 들려줘 Let Me Hear Your Voice》에서 이야기하고 있다. 두 아이는 각각 15개월, 18개월 되었을 때 말을 잃었다. 증상이 시작된 지 6개월 이내에 교육을 시작했는데, 그때는 자폐증으로의 퇴행이 완전히 이루어지기 전이라 아이들이 외부 자극을 어느 정도 받아들일 수 있었다. 아이들이 너덧 살 될 때까지 아무런 조치를 취하지 않고 기다렸다면 그때에는 로바스 방법이 혼란과 감각 과부하만 일으켰을 것이다.

나나 다른 사람들의 경험을 보더라도 효과적인 교육 방법을 택해야 하고, 또 이런 교육이 적당한 강도로 이루어져야 한다는 걸 알 수 있다. 절박한 심정이 되어 아이를 마술처럼 낫게 해 줄 방법을 찾아 하루에 열 시간씩이나 집중 치료를 받게 하는 부모들도 있다. 교육 프로그램으로 효과를 보려면 매일 꾸준히 해야 하기는 하나, 이렇게 엄청난 노력을 들일 필요는 없다. 우리 어머니는 몇 달 동안 일주일에 5일, 매일 30분씩을 들여 나한테 읽기를 가르쳤다. 캐서린 모리스는 자기 아이들이 일주일에 스무 시간 로바스 방법으로 교육받게 했다. 형식이 갖추어진 교육 프로그램에 참여하는 한편, 학교나 집에서도 일과가 규칙적으로 정해져 있는 것이 어린 자폐아한테는 좋다. 여러 연구를 통해 아이가 계속 교사와 상호 작용하게 하는 집중 치료를 일주일에 20~25시간 정도 할 때 가장 효과가 높다는 것이 입증되었다. 우리 어머니는 한 신경과 의사에게 유용한 조언을 들어 많은 힘을 얻었다고 한다. 그것은 '어머니의 본능대로 하면 된다'는 것이었다. 아이가 어떤 프로그램을 통해 나아지면 계속하고, 그렇지 않으면 다른 방법을 시도해 보아야 한다. 어머니는 어떤 사람이 나에게 도움이 될지, 어떤 사람은 별 도움이 되지 않을지 직감적으로 구분했다. 대개의 경우 자폐아를 수용 시설에 보내던 시대였지만 어머니는 나한테 가장 잘 맞는 선생님과 학교를 찾아다녔다. 나를 시설에는 넣지 않겠다고 결심하셨던 것이다.

의사소통 촉진 기법(Facilitated Communication)이라는 논란의 여지가 많은 방법이 현재 말을 하지 못하는 자폐인에게 쓰이고 있다. 이 방법은 교사가 자폐인의 손을 받쳐 주어 자폐인이 타자기 자판으로 메시지를 치는 걸 도와주는 방법이다. 장애가 심한 사람들은 손동작을 시작하거나 멈추는 것을 힘들어하고 뜻하지 않은 몸 움직임 때문에 타자 치기가 힘들다. 이런 경우 손목을 받쳐 주어 손을 자판에 가까이 가져가는 동작을 쉽게 시작할 수 있게 하고, 키를 누른 뒤에는 손가락을 떼어 주어 상동증[perseveration; 자폐아가 강박적으로 행동을 반복하는 것으로 보속증이라고도 한다—옮긴이]을 보이거나 같은 키를 여러 차례 누르지 않게 도와준다. 어깨를 건드려 주기만 해도 손동작을 시작하기가 쉬워진다.

몇 년 전 의사소통 촉진 기법이 소개되자 자폐증 분야에 획기적 전기를 이루었다며 많은 사람들이 흥분했고, 심각한 장애를 보이는 자폐인들 대부분이 실제로는 정상적인 지능과 감정을 가졌다는 성급한 주장이 제기되었다. 그러나 50여 건에 달하는 연구를 통해, 대부분의 케이스에서 위자 보드[심령술에서 쓰는 판으로, 손끝을 대면 판이 움직여서 연필의 궤적을 따라 점괘가 메시지로 나타난다고 함—옮긴이]를 움직이듯 교사가 자폐인의 손을 움직였다는 것이 밝혀졌다. 실제로는 자폐인이 아니라 교사가 의사소통하고 있었던 것이다. 〈자폐증 연구 리뷰 *Autism Research Review*〉에서는 43개의 연구 결과를 취합해, 말을 하지 못하는 증세가 심한 자폐인의 5퍼센트만이 간단한 한 단어짜리 응답으로 의사소통을 할 수 있다고 발표했다. 의사소통 촉진 기법이 효과가 있었던 몇 안 되는 경우는, 누군가가 오랜 시간을 들여 읽기를 먼저 가르쳤기 때문에 그것이 가능했던 것이었다.

의사소통 촉진 기법은 실제로 교사가 원하는 대로 자폐인의 손을 움직이는 것과 진짜 의사소통 사이의 중간쯤에 위치하는 것이 아닌가 한다. 오리건 주 유진에 있는 '새로운 돌파구' 소속 캐럴 버거(Carol Berger)는 저기능 자폐인이 33~75퍼센트의 정확도로 한 단어짜리 대답을 타자로 칠 수 있다고 했다. 대조 연구를 통해 얻어진 이 결과에서 정확도가 낮게 나타난 경우는 낯선 사람의 존재로 감각 과부하가 일어났기 때문일 수 있다. 부모들의 말을 들어 보면, 일부 자폐인은 처음에는 손목을 받쳐 줘야 했으나 점차로 혼자 타자를 칠 수 있게 되었다고 한다. 어쨌든 이것은 글을 읽을 수 있어야 가능한 일이고, 손목이나 팔을 받쳐 주는 사람이 없어야 도와주는 사람의 영향을 완전히 없앴다고 할 수 있다.

자폐인인 아이와 어떻게든 의사소통을 하려고 하다 보니 부모들은 종종 기적을 갈구하게 된다. 새로운 희망에 혹하지 않기란 쉽지 않다. 그 동안 자폐증을 이해하는 데 있어 정말로 획기적인 전기라는 것이 실제로 거의 없었기 때문이다.

자폐증 연속체에서 나의 위치

자폐증 연속체의 한쪽 끝은 주로 인지적 장애고, 다른 쪽 끝은 주로 감각 처리 장애라고 볼 수 있다. 감각 처리 이상이 심한 자폐아는 붕괴성 장애로 진단 받는 일이 많다. 이 연속체의 중간쯤에서는, 인지 장애와 감각 문제가 비슷한 정도로 존재하면서 자폐 증상을 일으키는 것으로 보인다. 연속체 어느 지점에든 심한 경우와 덜한 경우가 있을 수 있다. 두 가지 요소의 비율과 심각한 정도에 따라 자폐증도 각각 다르게 나타난다. 교육이나 의학적 치료를 통해 증상이 나아진다면 인지적, 감각적 장애 정도가 덜해지는 것이지만, 두 요소 사이의 비율은 달라지지 않는 것으로 보인다. 그러나 고기능 자폐인이 보이는 경직된 사고 패턴과 감정 부족의 원인은 설명하기 어렵다. 자폐증의 어려운 점 중 하나가 아기 때에는 고기능 자폐인이 될지 아닐지를 예측하기가 거의 불가능하다는 것이다. 두세 살 무렵의 증상이 얼마나 심각한가는 예후와 무관할 때가 많다.

말을 하지 못하는 자폐인의 세계는 혼란스럽고 무질서하다. 변을 가리지 못하는 저기능 자폐인은 완전히 뒤죽박죽인 감각 세계에서 살고 있을 것이다. 이런 사람은 자기 몸의 경계가 어디인지도 알지 못하고, 시각·청각·촉각이 모두 뒤섞여 버린다. 마치 만화경으로 세상을 보며 동시에 전파 방해 속에서 라디오 방송을 들으려 하는 것과 비슷할 것이다. 거기에 더해 음량 조절기가 고장 나서 라디오 소리가 귀청이 터질 듯 커졌다가 들릴락 말락 하게 작아졌다가 한다고 생각해 보자. 뿐만 아니라 이들은 카너 자폐인보다 공포와 두려움을 더 잘 느끼는 신경계를 가지고 있어 더욱 문제가 심각하다. 완전한 혼란의 세계 속에서 무서운 적에게 쫓기는 듯한 과각성(hyperarousal) 상태에 있다고 상상해 보라. 그러니 저기능 자폐인은 새로운 환경에 놓이면 패닉 상태가 될 수밖에 없다.

사춘기가 오면 문제가 더 심해진다. 버거 셀린(Birger Sellin)은 《더 이상 내 안에 갇혀 있고 싶지 않아 I Don't Want to Be Inside Me Anymore》에서 얌전하던 자기 아들이 사춘기가 되자 느닷없이 소리를 지르거나 울화를 터뜨리곤 했다고 적고 있다. 사춘기의 호르몬

분비가 안 그래도 민감한 상태인 신경계를 더욱 자극하고 불을 붙이는 것이다. 하버드 대학의 존 레이티(John Ratey) 박사는 '신경계의 소음'이라는 개념으로 이러한 과각성 상태와 혼란을 설명한다. 이런 경우 자극된 교감 신경계를 진정시키는 효과가 있는 베타 수용체 차단제나 클로니딘 같은 약이 도움이 될 수 있다.

감각 문제가 심각한 자폐인은 스스로를 물어뜯거나 머리를 부딪치는 등의 자해 행동을 하기도 한다. 감각이 하도 뒤죽박죽이라 자기가 자기를 다치게 한다는 사실도 모르는 것이다. 〈자폐증과 발달 장애 저널Journal of Autism and Developmental Disabilities〉에 발표된 리드 엘리엇(Reed Elliot)의 최근 연구에 따르면 성인 정신지체 자폐인의 약 절반은 격렬한 유산소 운동을 통해 공격성과 자해 행동을 진정시킬 수 있으며, 대부분의 자폐인들이 교육과 행동 훈련을 통해 기능적으로 향상될 수 있다고 한다. 적절한 프로그램으로 조기에 치료를 시작했을 경우 자폐아의 50퍼센트 가량이 초등학교 1학년 일반 학급에 들어갈 수 있다. 나 정도 수준으로 기능할 수 있는 자폐인은 많지 않을지 모르지만 그래도 많은 사람들이 좀더 보람 있는 삶을 살 수 있도록 능력을 발달시킬 수 있다. 약물 치료는 좀더 성장한 저기능 자폐아의 과각성 상태를 진정시켜 행동을 조절할 수 있도록 돕는다. 말을 하지 못하는 자폐아 중에도 창문닦이 등의 간단한 일이나 일상적인 육체노동을 할 수 있는 사람이 많다. 그렇지만 말을 못 하는 자폐인 중에서 글을 읽거나 학교에서 이루어지는 수업을 따라갈 수 있는 경우는 많지 않다.

나는 자폐증 연속체의 어디쯤에 위치하냐고 물어 오는 부모나 교사가 많다. 나는 지금도 예기치 않은 사회적 상황에 맞닥뜨렸을 때 재빠르게 반응하기가 힘들다. 일을 하면서 새로운 상황을 마주해도 잘 대처해 나가는 편이지만, 가끔씩은 뭔가 어긋나면 겁에 질리기도 한다. 이제 여행이 주는 공포감을 극복하는 법은 익혔다. 비행기가 연착될 때 어떻게 할지 등의 대비책을 미리 세워 놓는 것이다. 머릿속으로 모든 시나리오를 연습해 보면 별 문제가 없지만, 아무 준비 없이 새로운 상황을 마주하면 아직도 겁에 질린다. 특히 의사소통이 되지 않는 외국을 여행할 때 더 그렇다. 머릿속에 있는 사회적 행동 양식 편람에 의존할 수도 없으니 말이 통하지 않는 곳에 있을 때는 아주 무기력한 기분이다. 그럴 때는 아예 숨어 버리기도 한다.

내가 두 살 때였다면 전형적인 카너 증후군으로 진단 받을 것이다. 언어 발달이 지연되고 비정상적이었으니 말이다. 그렇지만 성인인 지금은 아스퍼거 증후군으로 판별될 것이다. 간단한 마음 이론 테스트를 통과할 수 있고 카너 자폐인보다는 인지적 유연성이 훨씬 뛰어나기 때문이다. 나의 감각적 과민성은 일반적인 카너 자폐인에게서 볼 수 있는 정도보다 심하지만, 감각 혼란이나 뒤섞임 문제는 없다. 연속체 선상에서 카너 증후군으로부터 멀어질수록 사고가 시각적인 정도도 감소하는 것으로 보이지만, 나는 시각적 이미지로만 사고한다. 또 나는 대부분의 자폐인들이 그렇듯 개인적 관계에서 오는 감정을 느끼지 못한다. 나의 시각적 세계는 있는 그대로의 축어적인 세계다. 그렇지만 나는 시각적 상징을 찾아내어 전형적 카너 자폐인의 고정되고 경직된 세계를 넘어설 수 있었다.

올리버 색스가 〈뉴요커 *The New Yorker*〉에 기고한 글에 보면 내가 이렇게 말했다고 되어 있다. "손가락을 딱 튕기면 자폐인이 아닌 사람이 될 수 있다고 하더라도 그러지 않을 것이다. 자폐증은 나의 일부다." 이와 대조적으로 도나 윌리엄스는 이렇게 말했다. "자폐증은 내가 아니다. 자폐증은 나를 좌우하는 정보 처리의 문제일 뿐이다." 누구 말이 옳은가? 나는 우리 둘 다 옳다고 생각한다. 우리는 자폐증 연속체의 각기 다른 곳에 위치하고 있기 때문에 이렇게 생각에 차이를 보이는 것이다. 나는 시각적으로 사고하는 능력을 잃고 싶지 않다. 나는 이 거대한 연속체에서 내 자리를 찾았다.

3

감각 기관이 전달하는 신호가 다르다

자폐증과 감각 문제

내가 기억하는 한 나는 언제나 안기기를 싫어했다. 누군가의 품에 안기는 좋은 느낌을 나도 경험해 보고 싶었지만 그 느낌이 나한테는 너무 압도적이었다. 거대한, 모든 것을 삼켜 버릴 듯한 자극의 파도처럼 느껴져, 누가 나를 안아 주면 한 마리 야생동물처럼 반응하곤 했다. 접촉을 당하면 바로 도망갔다. 과부하가 일어나 차단기가 내려져, 달아나고 도망갈 수밖에 없었다.

    자폐인들 중에는 누가 자기를 만지는 것을 참지 못하면서도 압력 자극을 갈망하는 사람이 많다. 접촉을 자기가 먼저 시작했을 때에는 참기가 훨씬 쉽지만, 다른 사람이 갑자기 건드리면 신경계에서 그 감각을 처리할 시간이 없기 때문에 보통 몸을 빼게 되는 것이다. 한 자폐인 여성은 나에게, 자기는 접촉을 좋아하긴 하지만 그걸 느낄 시간을 갖기 위해서는 자기가 먼저 접촉을 시도해야 한다고 말했다. 예전에는 자폐인의 이런 이상한 행동을 아무도 이해하지 못했지만, 그때부터도 자폐아를 둔 많은 부모들이 자기 아이가 매트리스 밑으로 기어 들어가거나 담요로 몸을 둘둘 말거나 좁은 장소에 몸이 끼이게 하는 것을 좋아한다고 말해 왔다.

나도 압력을 좋아했다. 눌리는 느낌을 받으면 편해지기 때문에 여섯 살 때는 담요를 몸에 둘둘 말고 소파 쿠션 밑에 들어가곤 했었다. 초등학교 때는 내 몸에 압력을 가해 주는 장치를 만드는 공상을 했었다. 안쪽에 부풀릴 수 있는 안감을 대고 그 안에 누울 수 있게 만든 상자를 머릿속으로 그려 보았다. 부풀어 오르는 부목 안에 완전히 갇힌 것 같은 기분일 것이다.

애리조나에 있는 브레친 숙모네 목장을 다녀온 후, 거기에서 처음 본 소 압착 슈트를 본뜬 장치를 만들어야겠다는 생각을 하게 됐다. 예방주사를 놓기 위해 소를 압착 슈트에 집어넣는 광경을 지켜보았는데, 소들 중 일부는 양쪽의 판이 조여질 때 몸의 긴장을 풀었다. 그때 처음으로 소와 나 자신을 연관 짓게 된 것 같다. 며칠 뒤에 엄청난 정신적 패닉 상태가 찾아왔는데, 나는 목장에 있는 압착 슈트 안에 들어갔다. 사춘기 이후로 나는 패닉과 함께 찾아오는 공포와 불안감을 지속적으로 경험했다. 몇 주 혹은 몇 달에 한 번씩 이런 상태가 되곤 했다. 패닉 상태를 불러일으키는 상황을 피하는 것이 내 삶의 가장 큰 목표가 될 지경이었다.

나는 앤 숙모에게 양쪽 판을 내 몸 쪽으로 밀고, 머리를 고정시키는 막대를 목둘레에서 잠가 달라고 했다. 그러면 불안이 가라앉을 것 같았다. 처음 몇 초간은 순전한 공포였다. 온몸이 굳어졌고 압력에서 벗어나고 싶었지만 머리가 갇혀 있어 빠져나올 수가 없었다. 5초 후 안정감이 찾아왔다. 30분 후 숙모에게 풀어 달라고 했다. 그 뒤 한 시간 남짓 동안은 무척 평안하고 차분한 상태가 지속되었다. 끝없는 불안감이 가라앉은 것이다. 내 살갗이 정말로 편안한 느낌을 받은 것은 그때가 처음이었다. 앤 숙모는 내가 가축용 슈트에 들어가겠다는 이상한 요구를 하는데도 잘 들어주었다. 그녀는 내 머릿속이 시각적 상징으로 작동한다는 것을 알았고, 시각적 상징의 세계 속 여행에서 압착 슈트가 중요한 역할을 하리란 걸 이해했던 것이다. 그렇지만 그 당시 앤 숙모는 나를 편안하게 만드는 것이 슈트가 가하는 압력이라는 사실은 몰랐던 것 같다.

나는 학교로 돌아온 후 그 디자인을 본떠 합판으로 최초의 사람용 압착기를 만들었다. 기계 안으로 기어 들어가 몸 양쪽에 압력을 가하게끔 만든 장치였다. 교장 선생님과 학교 소속 심리학자는 그 기계가 너무 이상하다며 없애 버리고 싶어 했다. 그때는 전문가들도 자폐인의 감각 문제에 대해 전혀 몰랐고, 자폐증이 심리적 요인에 의해 발생하는 것이라고 믿고 있었다. 그들은 기계를 없애 버리려고 우리 어머니에게 겁을 주었고, 어머니는 그것 때문에 무척 걱정하셨다. 어머니도 그 사람들처럼 내가 압력을 추구하는 것이 생물학적 본능이란 걸 모르셨던 것이다.

몇 해 동안 나는 그 기계의 디자인을 개선해 나갔다. 제일 발전한 모양은 두 개의 부드러운 발포 패드 판이 달려 있어 몸 양쪽에 압력을 가하고, 패드를 덧댄 구멍이 목둘레에서 닫히게 되어 있는 것이다. 몸을 누르는 두 판을 공기 밸브 레버로 조종하게 되어 있어 얼마만큼의 압력을 가할지를 조절할 수 있게 만들었다. 나는 내 몸에 가해지는 압력을 아주 정확하게 조절할 수 있다. 압력을 천천히 높였다가 낮출 때 가장 기분이 편해진다. 압착기를 매일 사용하면 불안감이 가시고 긴장이 풀린다.

젊었을 때는 아플 정도로 강한 압력을 원했고, 이 기계로 많은 위안을 얻을 수 있었다. 압착기의 초기 형태는 딱딱한 나무로 되어 있어 부드러운 패드가 덧대진 나중 디자인보다 압력이 훨씬 심했다. 압력을 견딜 수 있게 된 뒤에 나는 기계를 좀더 부드럽고 섬세하게 고쳤다. 지금은 약물 치료로 신경계의 과각성이 많이 감소했기 때문에 압력을 적게 받는 편이 더 좋다.

그 기계 사용을 반대하는 사람들이 너무 많아서 그 기계를 쓰면서도 늘 복잡한 심정이었다. 나는 두 가지 대립되는 감정 사이에서 갈등했다. 그 기계를 포기해서 어머니나 학교의 전문가들을 기쁘게 하고 싶은 생각도 있었으나, 내 몸은 그것이 주는 편안한 느낌을 갈망했다. 게다가 그때는 내 감각적 경험이 다른 보통 사람들과는 다르다는 사실도 몰랐다. 나중에야 다른 자폐인들도 나처럼 압력을 갈망하며, 나름대로 몸에 압력을 가하는 장치를 고안한 사람도 있다는 걸 알게 되었다. 《곧 빛이 있으리니 Soon Will Come the Light》의 저자 톰 매킨(Tom McKean)은 온몸에서 미약한 통증을 느끼는데 압력을 가하면 통증이 사라진다고 했다. 아주 세게 누르는 게 가장 효과가 있었다고 한다. 어느 정도의 압력을 원하는지는 신경의 각성 정도와 관련이 있다.

톰의 전반적 감각 처리 문제는 내 경우보다 심하다. 이런 장애를 지닌 사람한테는 아플 정도의 압력이 감각적 불편을 줄여 주는 역할을 할 수 있다. 톰은 양쪽 손목에 손목시계를 차고 가죽끈을 꽉 조인다. 혈액 순환을 차단하지 않을 정도 내에서 최대한 세게 조이는 것이다. 톰은 또 잠수복 안에다 부풀릴 수 있는 구명조끼를 넣은 압박복을 만들었다. 구명조끼의 밸브를 통해 공기를 주입해서 압력을 조절할 수 있게 되어 있다. 다른 자폐인들도 압력을 통해 안정을 찾는다. 어떤 남자는 허리띠를 꼭 조이고 신발도 발 사이즈보다 작은 걸 신는다. 어떤 여자는 몸의 특정 부분에 압력을 가하면 감각 기관이 더 잘 기능한다고 한다.

감수성이 지나치게 예민해서 촉각이 손상되는 일이 잦긴 하지만 그래도 자폐인들에게는 촉각이 주변 환경에 대한 가장 믿을 만한 감각일 때가 많다. 영국인 자폐 여성인 테레즈 졸리프(Therese Joliffe)는 촉각을 통해 주변을 파악하는 것을 좋아했는데 뭐든 손가락을 통해 느꼈을 때 이해하기가 더 쉽기 때문이다. 그녀의 시각이나 청각은 왜곡되어 정확하지 않은 정보를 줄 때가 많았지만, 촉각을 통해서는 비교적 정확히 사물을 파악할 수 있었다. 그녀는 촉각을 통해 상 차리는 법 등을 익혔다. 신발을 왼쪽 오른쪽 맞게 신는 법도 다른 사람이 그녀의 손을 잡고 손가락으로 다리를 따라 내려가 발 모양과 신발 모양을 만지게 한 다음에야 알았다. 그렇게 하자 오른쪽 신발과 왼쪽 신발이 어떻게 생겼는지 알 수 있었다. 손으로 만져 본 다음에라야 눈으로도 볼 수 있었던 것이다. 그녀가 사물을 배우는 방식은 성인이 된 후에 시력을 회복한 맹인의 경우와 유사하다. 올리버 색스 박사의 '보지만 보이지 않음*To See and Not to See*'이라는 에세이를 보면 나중에 시력을 되찾은 한 맹인은 눈으로 보려면 먼저 만져 보아야만 했다는 이야기가 나온다. 집처럼 너무 커서 만져 볼 수 없는 사물의 경우에는 축소 모델을 만져 보아야 실물이 눈에 들어왔다.

글을 가르치는 데도 촉각을 사용할 수 있다. 테레즈 졸리프는 손으로 글자를 만져서 글을 읽는 법을 배웠다고 한다. 마가렛 이스텀(Margaret Eastham)은 《무언의 말 Silent Words》이라는 책에, 말을 하지 못하는 아들에게 사포로 만든 글자를 만지게 해서 읽는 법을 가르쳤다고 적었다. 전혀 말을 못 하는 자폐아들 중 많은 아이들이 사물을 만지고 냄새를 맡는다. 이 아이들은 쉴 새 없이 사물을 두드린다. 맹인이 지팡이로 바닥을 두드리듯 주변 환경의 경계가 어디쯤인지 알기 위해 그러는 것일 수 있다. 이 아이들의 눈과 귀는 정상이지만 눈과 귀를 통해 들어오는 시각적, 청각적 정보를 제대로 처리하지는 못하는 것이다.

나는 내 몸이 끝나는 곳이 어디고, 내 몸 밖 세상이 어디에서부터 시작하는지 항상 잘 알고 있다. 하지만 자폐인들 중에는 몸의 경계를 파악하는 데 심각한 어려움을 겪는 이들이 있다. 다리가 보이지 않으면 자기 다리가 어디에 있는지도 모른다. 자폐인인 젊은이 짐 싱클레어는 자기 몸이 어디 있는지 찾을 수가 없었던 적이 있었다고 한다. 도나 윌리엄스는 자기 몸이 분열적으로만 파악되어 한 번에 몸의 한 부분밖에는 감지할 수 없었다고 한다. 도나는 주변 사물을 볼 때도 비슷한 분열 현상을 겪었다. 한 번에 어떤 사물의 일부분밖에는 볼 수 없었던 것이다. 도나는 주기적으로 주변을 두드리고 때로는 자기 몸을 찰싹 때려 자기 몸의 경계가 어디인지 파악했다. 고통스런 자극으로 감각에 과부하가 생기면 자기 몸을 깨물었다. 그러면서도 자기가 자기 몸을 물고 있다는 사실을 몰랐다.

자폐인들에게는 과도하게 민감한 피부 감각 역시 큰 문제다. 머리를 감는 것과 교회 가려고 옷을 차려 입는 것이 어렸을 때 내가 가장 싫어한 것이었다. 교회 갈 때 입는 옷과 목욕을 싫어하는 아이들은 나 말고도 많다. 하지만 나는 싫은 정도가 아니라 샴푸를 하면 실제로 두피가 너무 아팠다. 손가락에 재봉용 금속 골무를 끼고 머리를 문지르는 것 같은 느낌이었다. 빳빳한 페티코트가 살에 닿는 느낌은 마치 겉으로 드러난 신경 말단에다가 사포를 문지르는 것 같았다. 사실, 늘 입던 옷이 아닌 다른 옷을 입는 것 자체를 감당하기 힘들었다. 바지에 익숙해지면 치마를 입어서 맨다리가 드러나는 걸 참지 못했다. 여름에 반바지에 익숙해지고 나면 긴 바지를 견디질 못했다. 보통 사람은 몇 분이면 적응하지만 나는 최소 두 주는 걸려야 새 옷에 적응했다. 새 속옷은 공포의 대상이었다. 나는 브래지어를 다 해져 떨어질 때까지 입는다. 새 브래지어는 적어도 열 번 정도는 세탁해야 비로소 편하게 입을 수 있다. 봉재선이 피부에 닿으면 핀으로 찌르는 것 같아서 요새도 브래지어가 뒤집어 입을 때가 많다. 자폐아들에게 몸을 거의 다 덮는 부드러운 옷을 입히면 감각으로 인해 발생하는 짜증을 많이 예방할 수 있을 것이다.

청각 문제

어릴 때는 시끄러운 소리도 문제였다. 치과용 드릴로 신경을 건드리는 것처럼, 시끄러운 소리가 실제로 고통을 주었다. 풍선 터지는 소리는 대폭발이라도 일어난 것처럼 들렸기 때문에 죽을 정도로 무서웠다. 보통 사람은 그냥 무시할 수 있을 정도의 소음에도 나는 미칠 것 같았다. 대학교 다닐 때 룸메이트가 쓰던 헤어드라이어 소리는 제트기가 이륙하는 소리처럼 들렸다. 자폐인에게 가장 거슬리는 소리는 전기드릴, 믹서기, 전기톱, 진공청소기 등이 내는 높고 날카로운 소리다. 학교 체육관이나 화장실 안에서 소리가 울리는 것도 참기 힘들다. 어떤 소리가 거슬리는지는 자폐인마다 다를 수 있다. 나한테는 고통을 주는 소리가 다른 사람한테는 듣기 좋을 수도 있다. 진공청소기를 좋아하는 자폐아도 있고 무서워하는 자폐아도 있다. 물이 흐르고 요동치는 소리를 좋아해서 몇 시간이고 변기 물을 내리면서 노는 사람도 있고, 물 내리는 소리가 나이아가라 폭포 소리처럼 무시무시하게 들려 무서운 나머지 바지에 오줌을 싸고 마는 사람도 있다.

 자폐아는 귀가 들리지 않는 것처럼 보이는 경우가 많다. 이 아이들은 어떤 소리에는 반응을 보이고 어떤 소리에는 반응을 보이지 않는다. 제인 테일러 맥도넬(Jane Taylor McDonnell)은《국경에서 온 소식News from the Border》이라는 책에서 자기 자폐아 아들은 특정 높이와 주파수의 소리를 듣지 못하는 것 같다고 썼다. 어떤 악기를 연주하면 반응을 보였지만 어떤 악기에는 전혀 반응하지 않았다고 한다. 나도 주의를 흩뜨리는 소리가 나면 사고의 맥락을 놓쳐 버리는 문제를 지금도 겪고 있다. 강의 중에 휴대폰이 울리거나 하면 주의가 완전히 거기로 쏠려 버려 무슨 이야기를 하고 있었는지 까마득하게 잊어버린다. 주기적으로 반복되는 톤이 높은 소리가 제일 신경을 흩뜨린다. 몇 초가 지나야 원래 하던 일에 다시 주의를 집중할 수 있게 된다. 여러 연구 조사 결과를 보면, 자폐인은 두 가지 다른 자극 사이에서 재빠르게 전환하기가 무척 어렵다는 것을 알 수 있다. 샌디에고 의대 에릭 쿠체스니(Eric Courchesne)와 동료들은 자폐인은 시각적 작업에서 청각적 작업으로 빠르게 주의를 전환할 수가 없다는 것을 밝혔다. 캐나다의 앤 웨인라이트 샤프(Ann Wainwright Sharp)와 수전 브라이슨(Susan Bryson)은 자폐인은 받아들인 정보를 뇌에서 빠르게 처리하는 능력에 근본적 결함을 가지고 있다고 지적한다.

두 사람이 동시에 말할 때, 나는 한 사람의 말만 걸러내어 듣지를 못한다. 내 귀는 모든 소리를 똑같은 양으로 받아들이는 마이크와 비슷하다. 일반적인 사람들의 귀는 고도로 선택적인 마이크처럼 목표한 사람의 목소리만 걸러 듣는다. 그러나 나는 시끄러운 곳에서는 주변에서 나는 소리와 사람들의 말을 가려낼 수가 없다. 어릴 때는 친척들이 여럿 모여 북적대는 곳에 가면 견디질 못하고 자제력을 잃어 울컥 짜증을 폭발시키곤 했다. 생일 파티는 온갖 시끄러운 소리가 동시에 울려대는 고문장(拷問場)과도 같았다. 어머니는 내가 사람이 많이 모인 시끄러운 곳에서 괴로워한다는 사실은 알았지만 그 이유는 몰랐다. 다행히 나는 교실 안의 모든 아이들에게 같은 활동을 시키는 조용한 초등학교에 다녔다. 서른 명의 아이들이 저마다 다른 일에 매달리는 자유 수업을 하는 학교에 다녔더라면 불협화음의 혼란 속에서 허우적거렸을 것이다.

최근에 나는 콜로라도 주립대 전기공학과에서 존 벌리(Joan

Burleigh)가 개발한 정교한 듣기 평가 테스트를 받았다. 존 벌리는 언어병리학에 대한 자신의 전문 지식과 공학도들의 전자공학 기술을 결합해, 자폐증과 관련된 듣기 문제가 어느 정도인지 판단하는 테스트를 만들어 냈다. 약하지만 다른 것과 섞이지 않은 순수한 소리를 듣는 능력을 검증하는 표준화된 청력 테스트에서 자폐인은 보통 정상으로 나온다. 나도 정상 판정을 받았다. 문제는 말소리와 같은 복잡한 소리를 처리할 때다.

나는 존 벌리의 테스트 중 두 파트에서 형편없는 성적을 냈다. 둘 다 동시에 진행되는 두 대화를 듣는 능력을 가늠하는 것이었다. 첫 번째 테스트에서는 남자가 내 한쪽 귀에 대고 어떤 문장을 말하고, 다른 쪽 귀에는 여자가 다른 문장을 말하는 것이었다. 한쪽 말은 무시하고 다른 쪽 말을 따라 하라는 문제였다. 나한테는 무척 힘들었고 50퍼센트밖에 맞추지 못했다. 정상인은 거의 100퍼센트 가깝게 맞춘다. 다음 테스트는 두 가지 다른 음성으로 다른 문장을 같은 쪽 귀에 들려주는 것이었다. 한 사람 목소리는 무시하고 다른 목소리만 들어야 하는 것이었는데, 왼쪽 귀가 오른쪽 귀에 비해 무척 좋지 않았다. 왼쪽 귀는 정상인의 25퍼센트 정도밖에 맞추지 못했으나 오른쪽 귀는 66퍼센트를 맞췄다. 이 테스트를 통해 다른 소리 속에서 어떤 특정 음성에 주목하고 처리하는 능력이 심하게 손상되어 있다는 것을 알 수 있었다. 어떤 문장은 문장 중간쯤에서 겨우 한두 단어를 구분해 낼 수 있을 정도였다.

존 벌리는 두 귀 통합 테스트라고 하는 세 번째 테스트를 통해서, 나에게는 양쪽 귀에서 들은 소리를 조화시키는 능력에 뚜렷한 장애가 있음을 보여 주었다. 이 테스트에서는 한 단어를 전자적으로 나누어 고주파음과 저주파음이 각기 다른 귀로 들어가게 한다. 단어의 저주파음이 오른쪽 귀로 들어갔을 때는 단어 중 50퍼센트를 맞게 들었다. 그러나 저주파음이 왼쪽 귀로 들어갔을 때는 귀머거리나 다름없이 되어 5퍼센트밖에 듣지 못했다. '우드척'은 '워크샵'이 되었고, '도어매트'는 '플로어 램프', '패들락'은 '캐트냅', '데어포'는 '에어포스', '라이프보트'는 '라이트 벌브'로 들렸다. 테스트를 하면서 '캐트냅'과 '플로어 램프'는 틀렸다는 걸 알았지만 '워크샵'이나 '라이트 벌브'는 정말 맞다고 생각했다. 나는 문맥에서 단어를 추론해 낼 때가 많다. 장비 설계 프로젝트에서 일하는 도중이었다면 기술자가 말하는 것이 우드척(북미산의 설치동물)이 아니라 워크샵(작업장)이라는 것을 맥락으로 알 수 있었을 것이다.

벌리 박사는 다른 자폐인들도 테스트해 보았는데 이들도 나와 마찬가지 형태의 청각 장애를 보였다. 벌리 박사는 장애가 심한 귀에 특정 주파수의 소리를 걸러내는 귀마개를 끼우는 방법으로 청각 처리 장애를 지닌 사람의 듣기 능력을 향상시킬 수 있었다고 한다. 그녀는 나의 음성 처리 문제는 뇌간(腦幹)의 결함 때문일 수 있으며, 뇌의 양쪽이 교신할 수 있게 하는 뉴런 뭉치인 뇌량(腦梁)의 결함일 수도 있다고 설명했다. 뇌간은 귀에서 수신한 신호를 뇌의 사고하는 부분에 보내는 전달 기지 중 하나다.

이 테스트에 사용된 기술은 이미 20여 년 전부터 존재했던 것이지만 이 방법을 자폐증에 사용한 사람은 아무도 없었다. 자폐증에 대한 낡은 고정관념 탓이 크다. 벌리 박사는 전기공학 기술자들과 함께 일하면서 새로운 시각에서 감각 처리 문제를 바라볼 수 있게 되었다. 지금까지 자폐아 교육 분야 전문가들은 대체로 감각 문제는 무시하고 행동 이론에 주목해 왔다. UCLA의 에드워드 오니츠(Edward Ornitz)와 피터 탕과이는 벌써 10년 전에 자폐아의 뇌간에 이상이 있다는 것을 입증했다. 오니츠 박사는 1985년 자폐증의 감각 처리 문제에 대한 과학적 문헌을 대대적으로 검토하여 〈미국 아동 정신의학 학회지*Journal of the American Academy of Child Psychiatry*〉에 기고했다. 그는 자폐인은 서로 다른 자극에 대해 과민 반응을 보이거나 아니면 지나치게 둔감하다며, 이런 장애의 요인 중 하나는 받아들인 감각이 왜곡되기 때문이라고 주장했다. 그렇지만 그의 논문이 무척 중요한 것이었음에도 불구하고 교육가들은 관심을 두지 않았고, 행동 수정 방법만 전적으로 받아들이고 감각 처리 문제의 영향은 무시했다.

나의 청각 문제는 자폐증이 심한 사람에 비해서는 정도가 덜한 편이다. 말을 이해하는 능력을 거의 혹은 아예 잃어버린 사람들도 있다. 어떤 사람은 청각이 너무 예민해서 일상적인 소음조차 견디기 힘들어한다. 어떤 사람은 빗소리가 포격 소리처럼 들린다고 한다. 또 어떤 사람은 혈관에서 피가 흐르는 소리가 들린다거나 교실 건물 내에서 나는 모든 소리가 다 들린다고도 한다. 이들의 세계는 혼란스러운 소음 덩어리다. 한 여성은 귀에 귀마개를 꽂고 그 위에 산업용 소음 방지 귀싸개를 하고도 애기 울음소리 때문에 못 견디겠다고 한다. 이런 증상은 사고로 뇌간에 손상을 입은 사람의 증상과 비슷하다. 이런 환자 중 일부는 미세한 소음이나 밝은 빛을 견디질 못한다. 뇌 손상 환자 중에는 자폐증의 청각 문제와 부분적으로 유사한 증상을 보이는 경우가 있다. 소요 와중에 머리를 얻어맞은 한 여성은 나와 유사한 청각 문제가 생겼으며, 주의를 흩뜨리는 주변 소음을 무시하지 못하게 되었다고 했다. 나는 이따금 귀를 완전히 닫고 몽상에 빠지는 청각적 단절을 경험한다. 주의를 집중해서 열심히 일해야 할 때는 이렇게 딴 길로 빠져드는 걸 막을 수 있지만 피곤할 때는 귀를 닫아 버리고 싶은 충동이 더 자주 든다. 지금은 이걸 조절할 수 있지만 청각 처리 장애가 더 심한 사람들은 그러기 힘들 수도 있다.

자폐증을 가진 젊은이 대런 화이트는 청각이 들어왔다 나갔다 한다고 표현했다. 때로는 아주 크게 들리고 때로는 작게 들린다는 것이다. 그는 그 느낌을 〈의학적 가설Medical Hypothesis〉이라는 학술지에서 이렇게 설명했다. "내 귀는 주변에서 들리는 소리의 크기를 조절하는 재주도 부린다. 어떨 때는 친구들이 하는 말이 거의 들리지 않다가 어떨 때는 총소리처럼 들린다." 또 귀에서 웅웅거리는 소리가 들리는 청각 문제도 있다. 나는 귀에서 심장 박동 소리가 들릴 때가 있다. 때로는 텔레비전 화면 조정 시간에 나오는 소리 같은 전자음이 들리기도 한다.

어떤 자폐아는 다른 사람 말에 주의를 기울이지 않는다. 제인 테일러 맥도넬은 자기의 두 살배기 아들이 간단한 말에도 반응하지 않는다고 말했다. 이 아이는 다른 사람이 원하는 바가 무엇인지를 상대방의 동작과 방 안의 사물을 보고 짐작해야 했다. 반향언어증이 있는 자폐아는 다른 사람이 한 말을 반복함으로써 그 말을 이해한다. 도나 윌리엄스는 따라 하지 않으면 다른 사람이 한 말의 5~10퍼센트 정도밖에 이해하지 못했다고 한다. 반향언어증 아동은 언어 이해 장애가 아주 심한 경우로 보인다. 《누군가 어디엔가Somebody Somewhere》에 도나는 이렇게 적고 있다. "어릴 적에 나는 반향언어증이 있었고, 말의 의도와 의미를 익히는 게 힘들었다." 단어와 억양, 어조를 하나의 전체로 파악하지 못했던 것이다. 어렸을 때는 목소리의 억양이 바로 단어라고 생각했었다. 그래서 억양을 듣다 보면 단어가 들리지 않았다.

테레즈 졸리프 역시 반향언어증을 통해 말을 익혔다. 영국국립 자폐협회에서 발간하는 〈통신Communication〉지 1992년 12월호에서 졸리프는 누군가 말을 걸 때 처음 몇 마디는 듣지 못한다고 설명했다. 누군가가 말을 했다는 것을 깨닫기까지 시간이 걸리기 때문이다. 말을 한 의도를 알아차릴 수 있게 되기까지는 오랜 시간이 걸렸다. 어렸을 때는 말소리도 다른 소리처럼 무의미하게 들렸다. 어떤 말에 의미가 있다는 것을 이해하기 위해서는 종이 위에 쓰인 단어를 보아야 했다. 글로 쓰인 단어를 봐야 그 단어를 알아들을 수 있었다고 한다.

짐 싱클레어(Jim Sinclair)도 말에 의미가 있다는 사실을 배워서 알게 되었다. 그는 《고기능 자폐인High-Functioning Individuals with Autism》이라는 책에서 자기가 경험한 어려움을 이렇게 설명했다. "언어 치료란 것은 무의미한 소리를 계속 반복 연습하는, 아무런 의미도 없고 도무지 이해할 수도 없는 것이었다. 그것이 다른 사람과 뜻을 주고받는 방법이 될 수 있다는 사실은 전혀 몰랐다."

말을 하지 못하는 사람 중에는 청각 기관의 기능 장애 때문에 말을 충분히 알아듣지 못해서 언어를 익히지 못하는 경우도 있을 것이다. 존 벌리의 청각 검사와 도쿠시마 의대 일본인 연구자들의 최근 연구 결과를 보면, 뇌간이 비정상적으로 작동하는 것이 언어 이해 문제의 원인 중 하나라는 사실을 알 수 있다. 아일랜드 벨파스트의 퀸즈 대학에서 하시모토(Hashimoto) 박사와 동료들은 뇌간의 신경 자극 전달 기능을 측정하는 테스트를 통해 말을 하지 못하는 이른바 저기능 자폐인들은 뇌간 기능에 문제가 있음을 보여 주었다.

치료 전문가들도 경험을 통해, 말을 하지 못하는 아이들이 말을 배우기 전에 노래하는 법을 먼저 배우는 경우가 있다는 것을 알게 됐다. 노래에 사용되는 두뇌 회로가 말을 하는 데 사용되는 두뇌 회로보다 더 정상인 경우가 있는 것이다. 노래의 리듬이 청각 처리를 안정화하고 방해가 되는 소리를 걸러내도록 도와주는 것일 수도 있다. 이걸 보면 왜 자폐아들이 텔레비전 시엠송으로 의사소통을 하려고 하는지 이해할 수 있다. 텔레비전 광고를 보면 시각적 신호와 노랫가락을 붙인 선전 문구가 연결이 되어, 리듬이 있는 시각적 인상을 받게 되는 것이다. 테레즈 졸리프의 부모는 그녀가 어렸을 때 어떤 음악을 틀어 주면 말을 했었다고 회상했다. 나는 거슬리는 소음을 차단하기 위해 혼자 콧노래를 부르곤 했다.

시각 문제

시각 처리 장애가 아주 심해서 여러 감각 중에서도 시각이 가장 부정확한 사람도 있다. 말을 하지 못하는 자폐인 가운데 일부는 낯선 곳에 가면 앞이 보이지 않는 것처럼 행동하며, 시각적 단절이나 화이트아웃이 일어나 앞이 전혀 보이지 않게 되는 문제를 겪는 사람도 있다. 화이트아웃이란 텔레비전에서 방송을 하지 않는 채널을 틀었을 때처럼 화면 가득 흰 반점이 퍼지는 스노 노이즈가 보이는 현상이다. 시각이 정상인 자폐인들 가운데서도 원근감에 문제가 있어 계단 내려가는 걸 힘들어하는 사람들이 많다. 이들의 눈과 망막은 정상적으로 작동하므로 시력 검사를 하면 정상으로 나온다. 문제는, 뇌에서 시각적 정보를 처리하는 과정에 있다.

어릴 적에 나는 화려한 색깔과 연이나 모형 비행기 같은 시각적으로 자극적인 움직이는 물체에 마음을 빼앗기곤 했었다. 줄무늬 티셔츠나 형광 안료를 좋아했고, 슈퍼마켓의 자동문이 열렸다 닫혔다 하는 걸 보기를 좋아했다. 문이 내 시야 안에서 왔다 갔다 하는 걸 보면 기분 좋은 전율이 등을 타고 흘렀다. 내 경우는 감각 처리 장애 정도가 약해서 어떤 자극에 끌리곤 했지만, 감각 처리 장애가 나보다 심한 아이들은 같은 자극이라도 무서워하고 피하려 할 수 있다. 자폐인들이 눈 맞추기를 잘 못 하는 이유 중 하나는 의외로 단순하게도 다른 사람의 눈동자가 움직이는 것을 견디지 못하기 때문이다. 한 자폐인은 상대방의 눈이 가만히 있지 않기 때문에 다른 사람의 눈을 바라보기가 힘들다고 말했다. 자폐인은 또 얼굴을 알아보는 것도 힘들어한다.

나도 사람들의 얼굴을 잘 기억하지 못해 당혹스러운 상황에 놓일 때가 많다. 여러 번 만난 사람이나 아니면 턱수염이나 두꺼운 테

안경, 특이한 머리 모양 등 아주 독특한 특징이 있는 사람이 아니면 잘 알아보지 못한다. 자폐인 여성인 바버라 존스는 얼굴을 기억하려면 그 사람을 최소 열다섯 번은 만나야 한다고 나한테 이야기한 적이 있다. 바버라는 연구소에서 현미경을 통해 암세포를 구분해 내는 일을 한다. 그녀는 형체를 인식하는 능력이 뛰어나 그 연구소에서도 최고 기술을 자랑한다. 시각적 재능 덕에 비정상 세포가 그냥 바로 눈에 띄어 한눈에 알아볼 수 있다고 한다. 그렇지만 건물 등과 같은 사물의 모양을 구분하는 신경 조직과 사람의 얼굴을 알아보는 신경 조직은 서로 다르다는 것이 입증됐다. 아이오와 의대의 안토니오 다마지오(Antonio Damasio)는 복측 시각 피질과 측두엽 연합 피질이 손상되면 사람 얼굴을 알아보지 못할 수 있으며, 이런 경우라도 목소리는 구분할 수 있다고 하였다. 이런 환자들은 얼굴은 구분하지 못해도 걸음걸이나 자세 등의 시각적 정보로 사람들을 정확히 구분해 낼 수 있다. 다행히 얼굴을 구분하기가 힘든 사람도 사람 얼굴과 개 얼굴을 구분하는 데는 아무 문제가 없다.

형광등 조명 때문에 곤란을 겪는 자폐인도 많다. 가정용 전기는 매초 60차례 들어왔다 나갔다 하기 때문에 형광등도 1초에 60차례 깜박이는데, 일부 자폐인의 눈에는 이게 보인다. 이런 깜박임 때문에 눈에 극심한 피로를 느끼는 사람도 있고, 심한 경우는 방이 요동치는 것처럼 보인다. 도나 윌리엄스한테는 교실의 형광등 조명이 아주 심각한 문제였다. 모든 사물에서 빛이 반사되어 교실이 만화 영화처럼 보였다고 한다. 또한 벽이 노란 부엌에 형광등을 켜면 앞이 보이지 않았다. 또 사물이 사라지고 의미가 없어지는 그런 상황도 있었다. 도나는 어떤 홀 안에서 빠른 속도로 이동했을 때의 경험을 이렇게 설명한다. "내 지각상에서는 그 방이 존재하지 않았다. 여러 가지 모양과 빛깔이 휙휙 스쳐갔다." 시각이 자극으로 완전히 포화되자 시각적 자극이 주는 의미가 완전히 사라진 것이다.

일부 자폐아는 곁눈질로 보는 것을 선호하는데, 시각적 이미지 왜곡 현상으로 그 이유를 어느 정도 설명할 수 있다. 눈 가장자리로 보았을 때 더 정확한 정보를 얻을 수 있는 것이다. 옆으로 볼 때 사물이 더 잘 보이고, 똑바로 보면 보이지 않는 것이다.

냄새와 맛

냄새 맡는 것을 좋아하는 자폐아들이 많다. 후각이 시각이나 청각보다 주위 환경에 대한 더 정확한 정보를 주기 때문이다. 토론토의 제네바 센터 소속 닐 워커(Neil Walker)와 마거릿 웰런(Margaret Whelan)은 서른 명의 자폐인 성인과 아이들을 대상으로 감각 문제를 조사했다. 조사 대상자들 중 80~87퍼센트가 촉각이나 청각에 대해 과민증을 보였으며, 86퍼센트는 시각에 문제가 있었다. 그러나 후각이나 미각 과민을 보인 사람은 30퍼센트 정도밖에 되지 않았다.

자폐아들은 음식에 대해 까다로운 경우가 많고 특정 음식만 먹으려 한다. 이런 현상은 대개 감각 문제와 관련이 있다. 입 안에서 느껴지는 음식의 질감, 냄새, 맛, 또는 소리를 참지 못하는 것이다. 나는 젤리나 덜 익은 계란 흰자처럼 미끌거리는 음식은 모조리 싫어했다. 씹을 때 너무 큰 소리가 나기 때문에 바삭거리는 음식을 싫어하는 자폐아도 많다. 션 배런(Sean Barron)은 《이 안에 아이가 있어요There's a Boy in Here》라는 책에서 자기는 음식물의 표면 질감에 지나치게 민감했다고 말한다. 그는 부드러운 음식만 먹었고, 제일 좋아하는 음식은 크림 오브 휘트[밀에 크림이나 우유를 넣어 죽처럼 만들어 먹는 것—옮긴이]였다. "완벽하게 부드러웠기" 때문이다. 강한 냄새나 맛이 지나치게 예민한 신경계를 압도하는 경우도 있다. 닐 워커의 조사에 따르면 잔디 냄새를 참을 수가 없어서 잔디밭 위로 걸어가지 않겠다고 한 사람도 있었다고 한다. 냄새로 사람을 기억한다는 자폐인도 여러 명 있었다. 어떤 사람은 냄비나 프라이팬 냄새 같은 것을 좋아한다고 말했다. 집을 연상시키는 안전한 냄새이기 때문이다.

감각 혼란

감각 처리 장애가 심한 사람은 시각, 청각 등의 감각들이 서로 섞이는 경우가 많은데, 특히 피곤하거나 마음이 불안할 때 그런 일이 잦다. 캐나다 온타리오 교육학회의 로러 세자로니(Laura Cesaroni)와 맬컴 가버(Malcolm Garber)는 스물일곱 살 된 자폐인 대학원생을 인터뷰했다. 그 대학원생은 감각 채널이 서로 뒤섞이기 때문에 들으면서 동시에 보는 게 힘들다고 말했다. 소리는 색깔처럼 느껴지고, 얼굴을 만지는 것이 소리를 듣는 것 같은 자극을 준다. 도나 윌리엄스는 자기를 단일 채널이라고 부르는데, 즉 보면서 동시에 들을 수가 없다는 뜻이다. 누가 말하는 것을 듣고 있을 때는 눈으로 들어오는 시각적 정보가 아무 의미도 없다는 것이다. 그녀는 친구가 말하는 것을 듣고 있을 때는 고양이가 무릎 위로 뛰어올라도 알아차리지 못한다. 또 전화로 대화하면 얼굴을 맞대고 이야기할 때보다 훨씬 능숙하게 이야기할 수 있다. 주의를 흩뜨리는 시각적 자극이 없기 때문이다. 그녀 말고 다른 자폐인들도 다른 사람과 교제하는 데 전화를 사용하는 게 편하다고 말한다.

감각 장애가 심한 사람들은 현실이 어떤지 파악하기가 너무나 힘들다. 테레즈 졸리프는 자폐증의 감각 문제로 인한 혼란을 다음과 같은 말로 명료히 표현했다.

> 자폐인에게 현실이란 사건, 사람, 장소, 소리와 형체가 서로 혼란스럽게 교차하는 거대한 덩어리 같은 것이다. 뚜렷한 경계나 질서, 의미라는 건 존재하지 않는 것 같다. 나는 내 삶의 많은 부분을 어떤 패턴을 알아내려고 애쓰는 데 보냈다. 정해진 일과나 시간, 특정한 양식이나 형식 같은 것이 참을 수 없을 정도로 혼란스러운 삶에 어느 정도 질서를 잡아 주는 역할을 한다.

짐 싱클레어도 감각 혼란 문제에 대해 이야기한다. 그의 경우에는 시각이 가장 취약해서, 전화벨이 울릴 때 이게 무슨 물건인지 기억해 내느라 머뭇거릴 때가 있다고 한다. 짐은 자신의 문제를 컴퓨터 용어로 설명한다. "내 문제는 핵심 처리 기술에 있는 게 아니라 인터페이스에 있다."

도나 윌리엄스는 세상이 도무지 이해가 가지 않아, 감각을 통해 의미를 얻어 내기 위해 끊임없이 고군분투했다. 때로는 의미를 파악하려는 노력을 포기하고 분열된 패턴으로 주의가 흘러가도록 내버려 두곤 했는데, 그러면 즐겁고 안락한 최면 상태와 같은 상태가 되었다. 《누군가 어디엔가》를 보면, "이것이 자폐증의 아름다운 점이다. 이곳은 감옥 속의 성소(聖所)와도 같은 곳이다."라고 되어 있다. 감각 처리 문제가 심각한 사람들은 자극에 과부하가 걸리면 감각이 완전히 닫혀 버리기도 한다.

자폐증 환자들에게서 나타나는 지각 문제를 정신분열증의 망상이나 환각과 혼동하는 의사나 치료 전문가들이 있는데, 정신분열증의 망상이나 환각은 이것과 다른 형태를 취한다. 자폐인들에게서 나타나는 환상을 환각과 혼동하는 경우가 있지만, 자폐인은 그것이 환상이라는 것을 아는 반면 정신분열증 환자는 현실이라고 생각한다. FBI가 자기 머리에 무선 송신기를 심어 놓았다거나 자기가 헨리 8세라고 생각하는 등 정신분열증 환자들에게서 전형적으로 나타나는 망상이 자폐인에게는 없다. 대부분의 자폐인들이 겪는 문제는 자신의 감각 처리 기능이 다른 사람들과 다르다는 것을 깨닫지 못하는 데서 온다. 나는 빳빳한 옷이나 시끄러운 소리를 참아 내기 어려워하는데, 다른 사람들은 잘 참는 것은 나보다 그들이 더 낫고 강하기 때문이라고 생각했었다. 항우울제 토프라닐을 복용하기 시작한 다음부터 감각의 과민성이 훨씬 덜해졌다. 지금도 쉽게 자극을 받기는 하지만 약물 치료 덕분이 자극에 대한 반응은 많이 약해진 상태다.

《기적의 소리 *Sound of a Miracle*》에서 조지 스텔리(Georgie Stehli)

는 버라드(Berard) 청각 훈련을 통해 청각의 민감성이 완화된 다음에 자기의 삶이 얼마나 많이 달라졌는지를 들려준다. 바닷가에 밀려오는 파도 소리 같은 소리에 겁에 질리지 않게 되어 얼마나 다행인지 모른다고 그는 말하고 있다. 버라드 청각 훈련은 전자적으로 왜곡된 소리를 열흘 동안 하루 두 차례 30분씩 불규칙한 간격으로 들려주는 훈련법이다. 이 기계에는 환자가 특히 민감하게 느끼는 주파수의 소리를 차단해 주는 장치도 있다. 이 훈련을 받은 사람들 가운데 절반 정도가 청각 과민성이 감소되었다고 말했고, 몇몇 사람은 귓속에서 들리는 웅웅거리는 소리나 다른 소음이 줄어들었다고 했다. 이 기계가 자폐증을 낫게 해 주는 장치는 아니지만 유익한 효과가 있는 것은 틀림없다.

도나 윌리엄스는 자극적인 주파수의 색채를 걸러 주고, 날카로운 빛의 대조를 잘 처리할 수 있게 해 주는 얼렌 착색 안경의 덕을 많이 봤다. 이 안경을 쓰자 시야가 분열되어 보이는 현상이 사라졌다고 한다. 그녀는 이제 꽃의 부분 부분만 보는 게 아니라 정원 전체를 한눈에 볼 수 있다. 톰 매킨은 시각 처리 장애가 도나보다는 덜한 편인데, 그도 자줏빛이 도는 적갈색 안경을 써서 대조가 심한 부분이 흔들려 보이는 현상을 방지할 수 있었다. 정도가 약한 시각 장애를 가진 또 다른 여성은 장미색 색안경을 쓰자 원근감이 좋아지고 밤에도 운전할 수 있게 되었다고 한다. 어떤 사람들은 일반적인 갈색 색안경으로 효과를 보기도 한다.

자폐인들 대부분이 시각적, 청각적 처리 장애의 정도 차이에 따라 어떤 연속체를 이루고 있다고 할 수 있을 것이다. 한쪽 끝에는 분열되고 해체된 상을 보는 사람들이 있고, 다른 쪽 끝에는 아주 약간 비정상인 사람들이 있다. 약한 정도의 시각 처리 장애를 가진 아이는 색깔이 대조적인 밝은 물체에 끌릴 것이고, 장애가 심한 아이는 피할 것이다. 색안경이나 버라드 청각 훈련이 누구한테나 다 도움이 되는 것은 아니다. 이런 방법이 유용한 면이 있긴 하지만 그 어떤 것도 자폐증을 낫게 해 주는 치료법은 아니다.

나의 감각적 문제가 성품이 나약해서 그런 것이 아니라는 것을 알았을 때, 어떤 깨달음을 얻은 듯 정말 큰 안도감을 느꼈다. 청소년기에 내가 다른 사람들과 잘 어울리지 못한다는 것은 알았지만, 시각적 사고방식과 지나치게 민감한 감각 때문에 다른 사람과 교제하고 어울리는 게 힘든 것이라는 사실은 몰랐다. 많은 자폐인들이 자기가 다른 사람들과 뭔가 다르다는 것은 알지만 구체적으로 무슨 차이가 있는지는 모른다. 나는 수많은 책을 읽고, 다른 사람들한테 그들의 생각하는 과정과 감각 처리 과정에 대해 자세히 물어 보고 난 다음에야 내가 어떻게 다른지 온전히 이해하게 되었다. 더 많은 교육자들과 의사들이 이 차이를 이해하게 되면, 많은 자폐아들이 좀더 어린 나이에 그 끔찍스러운 고독의 상태에서 벗어날 수 있게 될 것이라고 생각한다.

감각 통합

캘리포니아의 작업 요법사인 진 에어즈(Jean Ayres)는 감각 통합이라는 치료법을 개발했는데 많은 자폐아들이 이 요법으로 도움을 받았다. 이 치료법은 말을 완벽히 하는 아이들이나 말을 거의 혹은 전혀 하지 못하는 아이들 모두에게 유용하다. 특히 촉각 과민성을 감소시켜 주고 신경계를 안정시키는 역할을 한다. 이 치료법의 두 가지 주요 구성 요소는 강한 압력을 가하는 것과 1분에 10~12회 움직이는 그네를 통해 천천히 전정기관을 자극하는 것이다. 그네 타기는 즐거운 것이어야 하고 게임처럼 이루어져야 하며, 치료사는 아이가 그네를 타는 동안 대화와 사회적 상호 작용을 적극적으로 이끌어 내야 한다. 강제적으로 해서는 안 된다. 부드럽게 흔들리는 상태가 비정상적인 감각 처리를 안정화하도록 도와준다.

어린아이에게 안정감을 주는 강한 압력을 몸의 넓은 부위에 가하기는 어렵지 않다. 아이 몸 위에 커다란 베개를 올려놓거나 운동할 때 쓰는 무거운 매트로 돌돌 말아 주면 된다. 하루에 두 번씩 15분 동안 이렇게 해 주면 가장 효과가 좋다. 매일 꾸준히 할 필요가 있지만 몇 시간 동안 계속할 필요는 없다. 아이가 느끼는 불안 정도에 따라, 감각이 지나치게 자극되었을 때마다 안정시킬 수 있도록 수시로 압박이나 그네 타기를 할 수 있도록 해 줘야 하는 경우도 있다. 패드를 덧댄 무거운 조끼를 입히는 것도 과민한 아이를 안정시키는 방법이 될 수 있다. 자폐아가 밤에 편하게 잘 수 있게 하려면 미라 넣는 관 같은 아늑한 침낭에 재움으로써 편안함과 압력을 줄 수 있다.

내가 압착기를 만들고 톰 매킨이 압박복을 만들었을 무렵에는, 많은 아이들에게 도움이 될 치료 방법을 발명해 낸 것이란 사실을 몰랐다. 자폐인의 행동은 이상스럽게 보이는 게 많지만, 사실 이런 행동들은 왜곡되거나 지나치게 강렬한 감각 자극에 대한 반응일 뿐이다. 행동을 관찰해 보면 어떤 감각에 문제가 있는지 짐작할 수 있다. 눈 앞에서 손가락을 튕기는 아이는 시각 처리에 문제가 있을 수 있고, 손으로 귀를 막는 아이는 청각이 지나치게 예민한 경우다.

자폐아의 과민한 촉각은 몸을 마사지해 주거나 부드러운 외과용 브러시로 두드려 주면 좀 덜해진다. 어느 정도 확실한 압력을 가하는 게 중요한데, 그래야 안정감을 느끼고 편안해지기 때문이다. 가볍게 간질이듯 두드리면 오히려 아이의 미숙한 신경계에 공포를 일으킬 수 있으므로 좋지 않다. 좋은 치료사는 부드러우면서도 단호하게 아이를 다루어 신경계를 점차로 둔감하게 한다. 접촉을 강요해서는 안 되지만 그래도 치료사가 확고하고 집요한 태도를 보여야지 그렇게 하지 않으면 발전이 없을 것이다.

감각 통합 프로그램은 뇌가 아직 발달 중인 아주 어린아이들에게 더 큰 효과가 있을 것으로 보인다. 아기가 처음으로 몸을 긴장하면서 빼려고 할 때 마사지해 주고 두드려 주는 것 또한 효과가 있을 것이다. 또한 이런 운동은 어린아이들뿐 아니라 성인들에게도 도움이 된다. 톰 매킨은 피부를 부드러운 브러시로 세게 문지르면 온몸의 통증이 일시적으로 사라진다고 말한다. 도나 윌리엄스는 몸을 브러시로 문지르는 것이 싫긴 하지만 그렇게 하면 감각을 통합할 수 있어 보면서 동시에 들을 수 있게 된다고 한다. 이유는 알 수 없으나 브러시로 문질러 주면 서로 다른 감각 기관에서 들어오는 정보를 통합할 수 있게 되는 것이다. 압력이나 문지르는 자극을 가하면 아이는 처음에는 저항하지만 점차로 신경계가 둔감해지고 처음에는 싫었던 감촉을 즐길 수 있게 된다.

나는 압착기를 만들 때 안기는 듯한 느낌을 강화하여 설계했다. 갑자기 벗어나고 싶어도 부드러운 패드를 대 놓은 목둘레 구멍에서 머리를 뺄 수가 없게 만들었다. 빗장을 열려면 몸의 긴장을 풀고 앞으로 몸을 기울여야 한다. 기계에 갇히지는 않도록 되어 있지만 압력으로부터 갑자기 벗어날 수는 없게 되어 있다. 그리고 언제나 내 몸에 가해지는 압력의 양을 스스로 조절할 수 있게 했다. 새로운 디자인은 안기는 듯한 부드러운 느낌에 완전히 내 몸을 맡길 수 있게 만든 것이다.

시카고 이스터 치료 학교의 실즈 마거릿 크리든은 어린아이들이 압착기를 사용하도록 하여 많은 효과를 봤다. 한 달 정도가 지나자 아이들은 점차로 압력을 견딜 수 있게 되었고, 5분 혹은 그 이상의 시간 동안 그 느낌을 즐기게 되었다. 대부분의 아이들은 기계 안에 엎드리는 것을 좋아한다. 억지로 들어가도록 강요하는 일은 결코 없으며, 스스로 압력의 강도를 조절할 수 있게 한다. 연구자들은 압착기를 하루에 5분 이상 사용하는 아이들이 그러지 않은 아이들에 비해 더 차분하고, 운동 반응을 억제하는 능력이 더 뛰어나다는 것을 확인했다. 이런 아이들이 기계적 문제 해결 테스트에서도 더 좋은 성적을 기록했다. 가장 기본적인 인간적 욕구인 촉각이 주는 편안함을 충족시켜 주는 이런 과정은 동물을 길들이는 것과 비슷하다. 처음에는 달아나지만 시간이 지나면 만져 주는 것이 좋다는 것을 알게 되는 것이다.

4

감정의 교감을 배우다

감정과 자폐증

다정한 느낌이 어떤 건지 알 수 있으려면 부드러운 신체적 편안함을 경험해 보아야 한다. 압착기를 사용함으로써 안정감을 주는 압력을 견디는 법을 익히고 나자, 편안한 느낌을 받으면 내가 더 부드럽고 다정한 사람이 된다는 것을 알게 됐다. 나 자신이 달래지고 편안해진 상태가 되기 전에는 다정함이라는 게 뭔지 이해하기 힘들었다. 나는 수정 보완한 압착기를 사용하고 난 다음에야 우리 집 고양이를 부드럽게 쓰다듬는 법을 알게 되었다. 전에는 너무 세게 안았기 때문에 고양이가 나만 보면 도망갔었다. 많은 자폐아들이 애완동물을 너무 세게 끌어안는다. 그리고 또 자폐인은 다른 사람에게 어떻게 다가가야 할지, 어떻게 다가오게 해야 할지에 대해 균형 잡힌 감각이 없다. 무언가에 안기는 안락한 느낌을 경험한 다음에는 그 좋은 느낌을 고양이한테 전할 수 있었다. 부드럽게 만져 주면 고양이는 달아나지 않고 내 옆에 있었고, 이렇게 해서 상호성과 다정함의 개념을 이해할 수 있게 되었다.

압착기를 써 보고 나서야 비로소 압착기를 통해서 받은 느낌이 내가 다른 사람에 대해 발달시켜야 하는 감정이라는 것을 알게 됐다. 압착기가 주는 좋은 느낌이 다른 사람에 대한 애정의 느낌과 관련이 있는 것이 분명했다. 나는 어릴 때는 참을 수 없었던 육체적 애정 표현의 느낌을 주는, 그리고 내가 갈망하는 편안하게 달래 주는 듯한 접촉을 가해 주는 기계를 만들었다. 압착기를 만들어서 그것을 잘 사용할 수 있게 되지 않았다면 나는 바위처럼 단단하고 무감한 사람이 되었을 것이다. 압착기에 안겼을 때의 편안한 느낌이 부정적 생각을 씻어 준다. 편안하게 해 주는 감각적 자극이 뇌에는 필요한 것 같다. 부드러운 접촉을 통해 다정함을 알게 되는 것이다.

소를 만져 보기 전까지는 소에 대해서 그냥 머릿속으로만 생각했었다. 1974년 스위프트 공장 사육장에서 소를 만져 보기 전에는 중립적인 과학자의 태도를 유지할 수 있었다. 그런데 수송아지 몸에 손을 대어 보았을 때 나는 그놈이 불안한지, 화가 났는지, 편안한지 느낄 수 있었다. 손으로 확실하게 눌러 주지 않으면 소가 움찔물러선다. 이렇게 세게 잡아 주는 것이 소를 편안하게 하는 효과가 있었다. 만져 주면 소가 편안해했고, 나는 소라는 존재에 대해 좀더 친밀감을 느낄 수 있었다.

동물과 교감하려면 동물을 만져야 한다. 애리조나 알링튼 사육장에서 소를 다루면서 있었던 일이 아직도 뚜렷이 기억난다. 예방접종을 하기 위해 압착 슈트 안으로 소들을 들여보냈다. 나는 슈트를 작동시키면서 소에게 주사를 놓았다. 주사를 놓을 때마다 소 등

위에 손을 올려놓았는데 그러면 내 마음이 안정되었다. 이러한 안정감은 상호적인 것 같았다. 내가 편안해하면 소도 차분히 있었다. 소가 내 기분을 느끼는 것 같았다. 그렇게 해서 소들이 얌전히 슈트 안으로 걸어 들어가게 할 수 있었다.

물리적 압력은 사람한테나 동물한테나 비슷한 효과가 있다. 압력은 촉각 민감성을 둔화시켜 준다. 예를 들어 새끼 돼지는 몸 양옆을 부드럽게 눌러 주면 잠이 든다. 말 조련사들에 따르면 말들도 마사지해 주면 편안해한다고 한다. 자폐아의 행동과 겁에 질리고 흥분한 말의 반응에는 비슷한 데가 있다. 둘 다 몸부림을 치고 자기 몸에 손대는 사람 누구에게나 발길질을 해 댄다. 날뛰는 말에게 압력을 가하면 둔해지고 긴장을 푼다. 최근에 말에게 압력 장치를 적용하는 시범을 본 적이 있다. 시범에 사용된 말은 도무지 사람이 탈 수가 없어서 목장주가 팔아 버린 말이었다. 이 말은 사람이 다가가면 발로 차고 몸을 곤추세웠다. 압력 장치가 이 말의 신경계에 주는 영향은 내가 압착기에서 받는 것과 비슷했다. 이 말은 겁에 질린 상태였는데, 압력 장치로 압력을 가하자 사람이 만지는 것에 대해 느끼는 극도의 공포를 극복할 수 있게 되었다.

이 기계는 애리조나 프레스콧의 로버트 리처드슨이라는 사람이 만든 것으로, 모래를 이용해 압력을 가해 천천히 말을 움직이지 못하게 하는 장치다. 사나운 말을 좁은 마구간 안에 넣고, 다른 순한 말 두 마리를 옆 마구간에 넣어 동무하게 한다. 말을 혼자 두면 겁에 질릴 수 있기 때문이다. 말의 머리는 마구간 앞쪽에 있는 패드를 댄 구멍으로 내밀게 하고, 말이 뒤로 물러서거나 머리를 마구간 안으로 빠지 못하도록 뒤쪽에 있는 미는 문으로 바싹 밀어 준다. 그러고 나면 위쪽에 있는 깔때기 모양의 장치를 통해 모래가 벽을 타고 쏟아져 내려 천천히 마구간을 채우게 된다. 모래가 천천히 차오르기 때문에 말은 등이 모래에 파묻힐 때까지 잘 알아차리지 못한다. 압력을 천천히 가해야 차분하게 만드는 효과를 가장 크게 볼 수 있다. 모래가 배까지 차오르자, 말은 약간 당황한 듯이 보였지만 곧 차분해졌다. 공포나 공격성을 뜻하는 행동인 귀를 뒤로 눕히는 모습은 거의 보이지 않았고, 다른 사람을 물려고도 하지 않았다. 말은 기민하게 주변 상황에 관심을 보였고, 온몸이 완전히 묻혀 버렸는데도 마구간 안에 있는 정상적인 말과 다름없이 행동했다. 머리는 자유롭게 움직일 수 있었는데, 마침내는 사람들이 얼굴을 만지고 귀와 입을 문질러도 가만히 있었다. 전에는 전혀 참지 못했던 접촉을 참을 수 있게 된 것이다.

　　15분 후 바닥에 있는 창살문으로 모래를 모두 빼냈다. 이제 말은 온몸 어디를 만져도 잘 참았다. 압력의 영향은 30분에서 한 시간 정도 지속되었다. 그 동안 말은 사람을 조금 더 믿을 수 있게 되었고, 접촉을 긍정적인 느낌으로 경험할 수 있었던 것이다.

　　부드러운 접촉의 영향은 기본적인 생물학적 수준에서 작동한다. 영국 케임브리지 대학 배리 케번(Barry Keverne)과 동료들은 원숭이들이 털 다듬기를 할 때, 뇌에서 만들어지는 안정제인 엔도르핀이 증가한다는 것을 알아냈다. 일본 연구자들은 피부에 압력을 가하면 근육 감수성이 누그러져 졸음이 온다는 것을 밝혔다. 돼지는 문질러 주면 몸을 뒤집어 배를 긁어달라고 한다. 접촉이 주는 안정감을 추구하는 충동은 아주 강렬하다. 해리 할로(Harry Harlow)의 원숭이 실험은 유명한데, 어미한테서 떼어 놓은 새끼 원숭이는 대신 매달릴 수 있는 무언가 표면이 부드러운 것을 필요로 한다는 것이다. 어미나, 아니면 어미를 대신할 부드럽고 북슬북슬한 페인트 칠하는 롤러 같은 것을 접촉하지 못한 새끼 원숭이는 애정을 느끼는 능력을 잘 발달시키지 못하게 된다. 새끼 동물이 정상적인 감각적 경험을 하고 정상적으로 성장하기 위해서는 접촉과 안정감을 느낄 수 있어야 한다. 할로는 어미로부터 분리된 새끼 원숭이를 부드럽게 흔들어 주면 비정상적이고 자폐증과 비슷한 행동을 덜 보인다는 것도 알아냈다. 흔들어 주면 찡찡대는 아이가 얌전해진다는 건 어떤 부모라도 다 아는 사실이고, 어린이나 어른이나 흔들리는 건 다 좋아한다. 그래서 목마나 흔들의자가 꾸준히 팔리는 것이다.

 1970년대에 일반적으로 통용된 자폐증에 대한 낡은 이론은, 엄마가 아이를 거부해서 아이한테 자폐증이 발생한다는 것이었다. 차가운, 이른바 '냉장고 엄마'한테 책임을 돌리는 것이었다. 《텅 빈 요새The Empty Fortress》라는 책을 통해 유명해진 심리학자 브루노 베텔하임(Bruno Bettelheim)은 심리적 문제 때문에 자폐증이 일어난다고 주장했다. 지금은 그게 아니라 정상적인 접촉이나 포옹을 할 수 없게 만드는 신경계 이상 때문에 자폐증이 발생한다는 걸 안다. 비정상적 신경계 때문에 아이가 엄마를 거부하고 만지면 몸을 빼는 것이다. 비정상적인 신경계로 인해 뇌에 2차 손상이 가해져, 아이가 정상적인 부드러운 접촉을 피하려 하는 현상이 가중되는 것일 수도 있다.

뇌에 대한 연구 결과들은 감각 관련 문제가 신경과 연관이 있다는 것을 보여 준다. 소뇌와 변연계 이상이 감각 관련 문제와 비정상적 감정 반응을 일으킬 가능성도 있다. 매사추세츠 종합병원의 마거릿 보먼과 동료들은 자폐인의 뇌를 해부하여 소뇌와 변연계 양쪽에서 미성숙한 뉴런을 발견했다. 에릭 쿠체스니도 MRI 검사로 소뇌의 비정상을 발견했다. 또 쥐와 고양이 실험을 통해 소뇌의 가운데 부분인 충부(蟲部)가 감각의 음량 조절기 같은 역할을 한다는 사실이 밝혀졌다. 1947년에 이미 윌리엄 챔버스(William Chambers) 박사가 〈미국 해부학 저널*American Journal of Anatomy*〉에 고양이의 충부를 전극으로 자극하면 고양이가 소리나 촉각에 과민해진다는 글을 실었다. 뇌 아래쪽 중심의 일련의 이상으로 인해 감각 과민, 감각 혼란과 혼합이 일어난다고 볼 수 있다.

전 세계 여러 연구소에서 이루어진 검사 결과를 보면 자폐인은 뇌간 기능 검사에서 비정상적인 결과를 나타낸다는 것을 알 수 있다. 그 중에서도 장애가 심한, 말을 하지 못하는 자폐인들이 가장 비정상적인 결과를 보인다는 것이 분명해졌다. 신경계 이상은 태아 발달기에 일어나는 것이지 심리적 요인 때문에 발생하는 것이 아니다. 그러나 아기 때 다정한 접촉을 경험하지 못하면 뇌에서 감정과 다정함을 관장하는 회로가 위축될 가능성도 있다.

자폐증과 동물의 행동

동물원에서 아무것도 없는 콘크리트 우리에 혼자 가두어 놓은 동물은 지루해하고 몸 흔들기, 이리저리 왔다 갔다 하기 등 비정상적인 행동을 보인다. 이런 환경에 어린 동물을 혼자 놔두면 영구적인 손상을 입어 자폐증과 유사한 이상 행동을 보인다. 이 동물들은 지나치게 흥분을 잘 하고 자해, 과잉 활동, 사회적 관계 장애 등 자폐증의 전형적인 행동을 나타낸다. 감각적 충족을 얻지 못한 것이 신경계에 매우 나쁜 영향을 미친 것이다. 이런 동물이 완전히 회복되기는 아주 힘들다.

동물과 인간을 대상으로 한 연구를 통해, 감각 경험에 제약이 있으면 중추 신경계가 소리와 촉각에 과민해질 수 있다는 것을 알게 되었다. 어릴 때 받은 감각적 제약의 영향은 아주 오래까지 지속될 때가 많다. 텅 빈 콘크리트 개집에서 자라난 강아지는 소리에 매우 쉽게 흥분했다. 이 강아지의 뇌파는 그 개집에서 나와 농장에서 지낸 지 여섯 달이 지난 다음에도 자극에 과민한 징후를 보였다. 자폐아의 뇌파도 이와 비슷한 과각성의 징후를 보인다. 쥐 실험을 통해, 정상적인 감각 경험을 제한했을 때 발생할 수 있는 손상에 대해 알 수 있었다. 새끼 쥐의 수염을 자르면, 촉각 자극이 전혀 들어오지 않기 때문에 수염에서 자극을 받는 뇌의 일부가 과민해진다. 이런 이상은 어느 정도 영구적이어서, 수염이 자라고 난 다음에도 뇌의 그 부분은 계속 비정상이다. 자폐아도 비정상적인 감각 때문에 뇌에 2차적 이상이 일어난다고 볼 수 있다. 감각 자극이 왜곡되거나 아예 들어오지 않기 때문이다. 이러한 왜곡은 정상적인 감정이라고 하는 것에도 영향을 미칠 수 있다.

어린 동물의 성장 환경도 뇌의 구조적 발달에 영향을 미친다.

일리노이 대학 빌 그리너는 장난감과 사다리 등이 있는 우리에서 쥐를 기르면 뇌에서 시각, 청각을 담당하는 부분의 수상돌기, 즉 신경 말단의 수가 증가한다는 연구 결과를 발표했다. 나는 박사 학위 논문의 일부로, 플라스틱 우리에서 성장한 돼지들은 주둥이로 흙을 헤집는 행동을 비정상적으로 보이며, 이 돼지들은 코에서 오는 자극을 받는 뇌의 일부에 수상돌기가 지나치게 자라나 있다는 사실을 밝히는 연구를 했다. 이런 비정상적인 '수상돌기 고속도로'가 형성되기 때문에 여러 해 동안 전형적인 이상 행동을 보인 동물원 동물은 정상으로 회복시키기가 힘들다고 할 수 있다. 자폐아의 경우, 어릴 때 치료와 교육을 시작하는 것이 왜 중요한가도 알 수 있다. 그래야 발달 중인 신경 말단이 정상적으로 연결될 수 있기 때문이다.

자폐인의 감정

자폐인에게는 감성이 없다고 생각하는 사람들이 있다. 나는 분명히 감정을 갖고 있지만, 어른의 감정이라기보다는 아이의 감정에 가깝다. 어릴 적에 짜증을 부리곤 했던 것도 감정의 표현이라기보다는 감각 과부하 때문이었다. 감각이 진정되면 감정도 같이 사라졌다. 내가 화를 내는 패턴은 마치 오후의 소나기 같았다. 아주 강렬한 분노가 찾아오곤 했지만 그때만 지나고 나면 감정이 순식간에 사라졌다. 나는 소를 학대하는 걸 보면 무척 화가 나지만, 사람들이 태도를 바꾸어 학대를 멈추면 분노의 감정이 금세 수그러든다.

어릴 때나 지금이나 행복한 환희 같은 걸 느낄 때가 있다. 의뢰인이 내가 한 작업을 맘에 들어할 때 느끼는 행복감은 어릴 때 다이빙보드에서 뛰어내렸을 때 느꼈던 기쁨과 같은 종류다. 내 논문이 학술지에 실리게 되었을 때는, 어린 시절 어느 여름날 바닷가에서 주운 포도주병 안에 쪽지가 들어 있는 것을 발견하고 엄마한테 보여 주려고 집으로 달려가면서 느꼈던 것과 같은 행복감을 느꼈다. 나는 지적인 능력을 발휘해서 힘든 프로젝트 설계를 해내고 나면 깊은 만족감을 느낀다. 이것은 크로스워드 퍼즐을 완성했을 때나 까다로운 상대와 체스나 카드 게임을 할 때 느끼게 되는 만족감과 유사한 것이다. 감정적 경험이라기보다는 지적 만족에 더 가깝다.

사춘기 때는 공포가 주된 감정이었다. 성호르몬이 생성되기 시작하자 내 삶은 오직 공포를 일으키는 패닉 상태를 피하는 것을 목표로 움직였다. 다른 아이들이 놀리는 것이 너무나 고통스러웠고, 그럴 때 나는 분노로 대응했다. 결국은 성질을 다스리는 법을 배우게 되었지만 그래도 놀림이 계속되었고, 나는 때로 울음을 터뜨리기도 했다. 놀림을 당하지 않을까 하는 걱정만으로도 겁에 질리곤 했다. 주차장을 가로질러 걷는 걸 두려워했는데 어디서 누군가 내 별명을 부르지 않을까 불안했기 때문이다. 수업 시간표가 조금만 달라져도 강한 불안감과 패닉이 찾아올 것 같은 공포를 느꼈다. 나는 내 심리의 비밀을 알아낼 수만 있으면 공포를 떨쳐 버릴 수 있을 것이라고 생각해서 문 상징에 시간을 들여 매달렸다.

톰 매킨과 테레즈 졸리프의 글을 읽어 보면 그들의 삶에서도 공포가 지배적인 감정이었음을 알 수 있다. 테레즈는 주변 모든 것이 그대로 유지되도록 함으로써 끔찍한 공포를 어느 정도 피할 수 있었다고 한다. 또 다른 자폐인인 토니 W.는 〈자폐증과 발달 장애 저널〉에서 자기는 몽상과 공포의 세계 속에서 살았고, 모든 것이 두려웠다고 말하고 있다. 내 경우에는 사춘기 때 끔찍스런 공포가 시작되었지만, 아동기 초기에 시작되는 경우도 있다. 션 배런은 생후 5, 6년 동안 순전한 공포를 느꼈다고 한다. 체계가 아주 잘 잡혀 있는 교실 환경 덕에 공포가 어느 정도 감소되었지만 복도에 나가면 겁이 나고 불안했다고 한다.

강렬한 공포와 불안은 13년 전부터 먹기 시작한 항우울제 덕에 거의 사라졌다. 공포와 패닉 현상이 사라지고 나자 감정도 많이 안정되었다. 요즘 내가 느끼는 감정 중 가장 강렬한 것은, 소를 돌보며 소가 편안해하는 것을 볼 때 느끼는 평온함과 안정감이다. 이런 평온함과 기쁨은 다른 감정처럼 쉽게 사라지지 않는다. 마치 구름을 타고 떠다니는 기분이다. 압착기를 사용할 때도 정도가 약하긴 하지만 비슷한 기분이 된다. 그러나 머리를 써서 지혜롭게 일을 해냈을 때 큰 만족감을 느끼기는 하지만 희열을 느낀다는 게 어떤 건지는 잘 모르겠다. 다른 사람들이 일몰을 보고 아름답다고 황홀해할 때 나한테 뭔가 부족하구나 하는 생각을 한다. 그 광경이 아름다운 거라는 걸 머리로는 알지만 느끼지는 못한다. 내가 느끼는 감정 가운데서 기쁨에 가장 가까운 것은 설계상의 난제를 해결했을 때 느끼는 흥분감이다. 이런 기분일 때는 마구 발을 구르고 싶다. 봄날에 깡총깡총 뛰는 송아지 같은 기분이다.

내가 느끼는 감정은 다른 사람들에 비해 단순하다. 인간관계에서 발생하는 복잡한 감정들은 모른다. 나는 공포, 분노, 행복, 슬픔

같은 단순한 감정밖에 이해하지 못한다. 슬픈 영화를 보면 울고, 무언가 정말 감동스러운 걸 보면 눈물이 날 때도 있다. 그렇지만 복잡한 감정의 얽힘은 도무지 이해할 수가 없다. 어떻게 사랑하는 사람을 바로 다음 순간 질투에 휩싸여 죽일 수 있는 건지 모르겠다. 행복하기도 하고 동시에 슬프기도 한 상태도 잘 모르겠다. 도나 윌리엄스는《아무도 어디에도》에서 자폐인의 감정을 이렇게 적절하게 요약해 놓았다. "나는 자폐증은 감정을 관장하는 기제가 제대로 기능하지 않아 나타난다고 생각한다. 그래서 어느 정도 정상일 수 있는 육체와 정신이 깊이 있게 표현되지 못하는 것이다." 내 생각에 복잡한 감정은 두 가지 상반된 감정을 동시에 느낄 때 나타나는 것 같다.《톰 소여의 모험》의 저자 새뮤얼 클레먼스[마크 트웨인이라는 필명으로 더 잘 알려져 있다—옮긴이]는 "유머의 비밀스러운 근원은 기쁨이 아니라 슬픔이다."라고 했고, 버지니아 울프는 이렇게 말했다. "세상의 아름다움에는 양날이 있다. 한쪽 날은 웃음이고 다른 쪽은 고통으로, 심장을 둘로 갈라놓는다." 무슨 말인지 이해는 가지만 나는 그런 식으로 느끼지 않는다.

나는 〈네이처Nature〉에 실린 안토니오 다마지오의 최근 논문에 언급된 S.M.이라는 여성과 비슷하다. 그녀는 편도체에 손상을 입었는데 자폐인도 뇌의 이 부분이 미성숙하다. S.M.은 다른 사람이 의도하는 바를 잘 판단하지 못하고, 사회적 판단도 잘 내리지 못한다. 또 사람들의 얼굴에 나타나는 미묘한 표정 변화를 감지하지 못하는데, 이것은 자폐인에게도 흔한 일이다. 나는 압착기를 여러 가지 다양한 방법으로 조작해 보면서, 조절 레버를 작동하는 방식을 조금만 바꾸어도 기분이 달라진다는 것을 알게 되었다. 천천히 압력을 높이면서 압력을 올리는 속도와 시점을 아주 미세하게 변화시켜 본다. 그러면 마치 압력에 언어가 있는 것처럼 변화에 따라 조금씩 다른 기분을 느끼게 된다. 나한테는 이것이 복잡한 감정에 해당하는 것 같아서 이걸 통해 감정의 복잡성을 어느 정도 이해할 수 있었다.

의뢰인과의 사이에서 발생하는 단순한 감정적 관계를 이해하는 법도 익혔다. 이런 사업적 관계는 보통 직접적이고 명시적으로 이루어지기는 하지만, 간혹 감정적 암시가 있더라도 나는 알아들을 수가 없기 때문에 칭찬하거나 할 때는 구체적으로 표현해 주기를 바란다. 나는 의뢰인들이 준 모자를 모두 모았는데 그걸 보면 기분이 좋다. 그들이 내 작업을 마음에 들어했다는 구체적 증거물이기 때문이다. 나한테는 구체적인 성취를 이루고 사회에 긍정적인 기여를 하고자 하는 욕구가 있다.

복잡한 감정에 따라 움직이는 사람들을 이해하고 이들과 교제하기란 아직도 어려운 일이다. 나는 이성에 따라 행동하기 때문이다. 미묘한 감정적 신호를 알아차리지 못해 나와 식구들 사이에 거리가 생기기도 했었다. 예를 들어 내 여동생은 이상한 언니를 두어 무척이나 힘들어했고, 내 옆을 지날 때는 항상 살금살금 걸어야 한다고 생각했다고 한다. 나는 한참 시간이 흐른 후 동생이 어릴 적 나에 대해 느꼈던 감정을 털어놓기 전에는 그런 사실을 전혀 짐작도 못했다. 어머니는 나를 사랑해서 직접 데리고 가르쳤고, 시설에는 보내지 않으셨다. 그렇지만 어머니는 때로 내가 당신을 사랑하지 않는다고 느끼신다고 한다.

　어머니는 감정적 관계를 이성이나 논리보다 중요시하는 분이다. 아기 때 내가 야생동물처럼 발길질을 한 것이나 압착기를 이용해 애정과 다정한 느낌을 받는 것에 상처를 받으셨다. 그러나 아이러니인 것은 그 기계를 쓰지 않았다면 나는 차갑고 단단한 바위나 다름없는 사람이 되었을 거라는 사실이다. 압착기가 없었다면 어머니에게도 다정한 감정을 느끼지 못했을 것이다. 사랑을 느끼기 위해서는 육체적 편안함을 느껴야 하는 것이다. 그러나 안타깝게도 어머니처럼 감정적인 사람들은 자폐인들은 달리 생각한다는 것을 잘 이해하지 못한다. 어머니 입장에서는 다른 별에서 온 외계인을 대하는 것처럼 느껴질 것이다. 나는 감정의 지배를 덜 받는 과학자나 기술자 같은 사람들과 더 쉽게 어울린다.

　회의에서 만난 한 자폐인 남성은 자기는 공포, 슬픔, 분노 이렇게 세 가지 감정밖에 느끼지 못한다고 말했다. 기쁨은 모른다는 것이다. 감정의 강도에도 문제가 있어서, 감각 혼란처럼 감정 기복도 심하고 서로 뒤섞여 버리곤 한다고 한다. 나는 감정이 뒤섞이지는 않지만 어떤 부분에서는 감정이 줄어들고 단순해진다. 이 남자가 말하는 감정의 뒤섞임은 정상적인 두 살짜리 아기에게서 볼 수 있는 갑작스런 감정의 변화와 비슷하다. 아기는 웃다가도 바로 다음 순간에 짜증을 부리곤 한다. 자폐아는 좀더 자란 후에도 종종 감정적 상태가 한 순간에 바뀌는 경향을 보이며, 커서도 어린아이 같은 감정 패턴을 가진다.

　지난 몇 해 동안 뚜렷한 분노, 행복, 공포 등보다 더 미묘한, 사람들 사이에 오가는 일종의 전기 같은 감정을 느낄 수 있게 됐다. 몇 사람이 함께 즐거운 시간을 보낼 때는 말투와 웃음이 어떤 리듬을 탄다는 것을 알게 됐다. 함께 웃고 조용히 이야기를 하다가 또 웃는다. 나한테는 이 리듬을 맞추는 게 항상 힘들어서, 나도 모르게 대화를 방해하고 만다. 나의 문제는 리듬을 타지 못한다는 것이다. 보스턴에 살고 있는 의사 콘든 박사는 20년 전에, 자폐증이나 다른 발달 장애를 가진 아기는 성인의 말을 따라 함께 움직이지를 못한다는 사실을 발견했다. 정상적인 아기는 어른의 말에 맞추어 그것에 따라 움직인다.

많은 사람들이 내가 하는 일이 감정적으로 힘겨울 것이라고 생각해서, 동물을 그리 좋아하면서 어떻게 도살하는 일을 하느냐고 자주 묻는다. 다른 사람들에 비해 덜 감정적이라 그런지, 나는 죽음이라는 것을 쉽게 감당한다. 나는 하루하루 내일 죽을지 모른다는 생각으로 산다. 그래서 뭔가 가치 있는 일을 하고자 하는 욕구가 크다. 죽음을 두려워하지 않고 나의 유한함을 받아들이는 법을 배웠기 때문이다. 그래서 도살을 객관적인 눈으로 보고, 소가 바라보는 시각으로 볼 수 있게 되었다. 그렇다고 내가 객관적이고 무감하기만 한 관찰자라는 뜻은 아니다. 나는 소와 감각적 교감을 이룬다. 소가 차분히 있을 때면 나도 차분해지고, 뭔가 잘못되어 고통스러워할 때는 나도 함께 아픔을 느낀다. 죽음이라는 생각이 내 감정을 휘저어 놓도록 하기보다는 소와 같은 감각을 느끼는 것이다. 내 목표는 가축의 고통을 줄여 주고 가축을 다루는 방식을 개선하는 것이다.

자폐인도 강력한 감정적 유착을 형성할 수 있다. 독일의 의사 한스 아스퍼거는(아스퍼거 증후군은 그의 이름을 딴 것이다) 자폐인은 감정이 빈약하다는 일반적 생각은 잘못된 것이라고 말했다. 그렇지만 나의 강한 감정적 유착은 사람보다는 장소와 연관되어 있다. 내 감정적 삶은 사람보다는 동물의 그것에 더 가까워 보일 수도 있겠다는 생각이 든다. 내 감정은 더 단순하고 뚜렷하며, 소가 그렇듯 장소와 관련된 감정적 기억을 갖고 있기 때문이다. 예를 들어 나는 떠올리기조차 괴로운 기억으로 가득한 잠재의식 같은 것은 없는 것 같고, 감정적 기억도 매우 약하다. 소가 자기에게 채찍질을 한 목동을 머릿속으로 떠올리며 감정적으로 흥분할 거라고는 상상하기 힘들지만, 그 목동을 보거나 채찍질을 당한 장소로 돌아왔을 때는 심장 박동 수가 증가하고, 스트레스 호르몬이 분비되는 등 눈에 보이는 반응을 일으킬 것이다. 소는 위험을 특정 장소와 연계시키는 경우가 많다. 자폐인은 장소나 사물에 관련된 기억을 가지고 있어서 좋은 일이 일어났던 장소로 돌아가거나 좋은 느낌과 상관있는 사물을 보면 그 즐거움을 다시 경험할 수 있다. 머릿속으로 떠올리기만 해서는 별 효과가 없다.

나는 가축 설비를 설계하느라 며칠, 몇 주 동안 머물렀던 장소에 대해 감정적으로 반응한다. 의뢰인 중 한 명은 내가 프로젝트에 매달리며 두 주 동안 "마치 갓난아기를 돌보는 엄마처럼" 호들갑을 떨었다고 표현했다. 시간을 많이 투자한 장소는 감정적으로 특별한 곳이 된다. 이런 장소에 나중에 다시 갈 일이 생기면, 가까이 갈수록 공포에 압도될 때가 많다. 혹시라도 나의 특별 장소에 들어가지 못하게 될까 봐 불안해 패닉 상태가 되는 것이다. 말도 안 되는 행동인 걸 알면서도 나는 일할 때마다 그 장소 주변을 샅샅이 살펴 안으로 들어갈 수 있는 길을 모두 찾아 놓는다. 큰 정육 공장에는 대개 감시원이 있지만, 나는 감시원을 피해 안으로 들어갈 수 있는 방법을 공장마다 찾아 놓았다. 그곳이 나에게 특별 장소가 되어 나중에 다시 찾고 싶어질 때를 대비해서다. 나는 차를 몰고 지나가면서 울타리에 구멍이 난 곳이랑 잠겨 있지 않은 문을 모두 찾아 기억 속에 영구히 새겨 놓는다. 내가 느끼는 닫힌 문에 대한 공포는 극히 원초적인 것이다. 마치 우리에 갇혀 본 적이 있는 동물처럼 말이다.

구멍이나 틈새를 찾는 나의 이런 행동은 동물이 새로운 영역을 조심스럽게 살펴 안전한 탈출로가 있는지 확인하거나 포식자가 언제 나타날지 모르는 평야를 가로지를 때 보이는 신중한 모습과 비슷하다. 사람들이 나를 막아 세우지는 않을까? 이런 생각을 하며 거의 자동으로 무의식적으로 탈출구를 찾는다. 그리고 굳이 찾지 않아도 잠기지 않은 문이 눈에 들어온다. 나도 모르게 찾아내고 마는 것이다. 이런 구멍을 찾아내고 나면 행복감이 물밀 듯 몰려온다. 울타리에 난 구멍을 모두 찾아내고 나면 공포가 잦아든다. 울타리를 통과할 수 있으니 감정적으로 안전하다는 것을 알 수 있는 것이다. 잠긴 문에 대한 공포는 너무 강해서 항우울제로도 완전히 극복할 수가 없다.

나는 상징적인 문에 다가갈 때도 이와 비슷한 공포를 느꼈다. 땅 속에 굴을 파서 이동하는 동물이 굴이 막혀 있을 때 느낄 것 같은 그런 공포감, 나는 문이 잠겨 있을까 봐 항상 두려웠다. 머릿속

깊은 곳에 있는 방어 시스템이 가동되는 것 같다. 동물들에게서 볼 수 있는 원초적 본능이 어떤 자극에 의해 깨어나는 것이다. 칼 세이건의 《에덴의 용 The Dragons of Eden》이나 멜빈 코너의 《뒤얽힌 날개 The Tangled Wing》 등에서 볼 수 있듯이, 유명한 과학자들도 이런 생각을 밝힌 적이 있다. 주디스 라포포트(Judith Rapoport)는 《씻기를 멈추지 못하는 아이 The Boy Who Couldn't Stop Washing》에서, 손을 몇 시간 동안이나 씻고 렌지가 꺼져 있는지 계속해서 확인하는 강박 신경증은 안전과 청결을 추구하는 원시적 동물적 본능이 작동하기 때문이라고 말한다.

닫힌 문에 대한 공포는 '문'이라는 시각적 상징의 세계에서뿐 아니라 문 상징을 더 이상 이용하지 않게 된 다음의 실제 세계에서도 지속되었다. 학생 때에는 교정에서 가장 높은 건물 지붕으로 나가는 문을 찾곤 했다. 높은 곳에서 내 삶의 다음 단계에 숨어 있을지도 모를 위험을 살폈다. 감정적으로 나는 평원에서 사자가 있는지 살피는 동물과 같았고, 높은 장소에 올라가는 것은 인생의 의미를 찾으려는 노력을 상징했다. 머릿속으로는 세상의 의미를 찾으려 했으나 그런 행동은 동물적 공포라는 동력에서 나온 것이었다.

30여 년 전 문의 시각적 상징 세계를 여행하던 중 나는, 공포가 나를 움직이는 가장 큰 동인(動因)이라는 사실을 깨달았다. 그때는 다른 사람들은 다른 감정들을 주로 느낀다는 사실을 몰랐다. 나한테는 공포가 가장 주된 감정이었기 때문에 감정적으로 중요한 사건마다 공포가 침투해 들어갔다. 아래 일기는 내가 상징적 세계에서 공포를 어떻게 극복하려 했는지를 보여 준다.

1968년 10월 4일

나는 오늘밤 작은 문을 열고 나갔다. 문을 들어 올리고, 내 앞에 달빛을 받은 지붕이 넓게 펼쳐진 것을 보려고 나갔다. 나는 모든 공포와 다른 사람에 대한 불안감을 그 문 위에 얹어 놓았다. 문을 이렇게 사용하는 것에는 위험 부담이 있는데 그 문이 잠겨 있으면 정서적 분출구를 찾을 수가 없을 것이기 때문이다. 이성적으로 생각하면 그 문은 단지 상징일 뿐이지만 감정적으로는 문을 여는 행위가 공포를 가져다준다. 문을 통해 나가는 행동은 공포와 다른 사람들한테 느끼는 불안감을 극복하는 것이 된다.

삶에서 일어나는 변화가 힘든 일이 될 것임을 알기 때문에 나는 일부러 상징적 문을 이용해서 앞으로 나아갈 수 있게 한다. 처음에 마술과도 같이 첫 번째 문이 내 앞에 나타난 후로 죽 그렇게 해 왔다. 때로는 문을 통과하면서 동물이나 사람이 위험을 피할 수 있게 해 주는 시스템인 교감 신경계를 최대한으로 가동한다. 피식동물이 사자를 맞닥뜨린 것과 비슷하다. 심장이 마구 고동치고 땀이 비 오듯 흐른다. 요새는 이런 반응은 항우울제로 진정시킬 수 있다. 기억 속에 저장된 방대한 양의 정보와 약물의 도움으로 나는 시각적 상징의 세계를 떠나 이른바 현실 세계로 나올 수 있었던 것이다.

내가 모든 다양한 감정을 경험하지 않는다는 사실을 깨달은 지는 겨우 2,3년밖에 되지 않는다. 내 감정이 다른 사람과 다를지 모른다는 생각이 처음 든 것은 고등학교 때 룸메이트가 과학 선생님한테 푹 빠진 것을 봤을 때였다. 룸메이트가 느끼는 감정이 어떤 건지 정확히는 몰랐지만 나는 어느 누구에게도 그런 감정을 느끼지 않았다. 그러나 다른 대부분의 사람들은 사회적 관계에서 감정에 따라 움직인다는 것을 알게 된 것은 그로부터도 한참이 지난 다음이었다. 나는 사회적 관계에서 적합한 행동을 머리로 익혀야 했다. 경험이 많아지면 많아질수록 사회적 관계에 능숙해졌다. 지금까지 사는 동안 내내 나는 이해심 많은 선생님과 조언자들의 도움을 받아 왔다. 자폐인이 사회라는 정글에서 살아남을 수 있으려면 가르쳐 주고 이끌어 줄 인도자가 절실히 필요한 것이다.

5

숨겨진 재능을 어떻게 계발할 수 있는가

자폐인의 재능 개발

두 살 반이 되었을 나는 언어 장애아 유아원에 들어갔다. 유아원에는 나이가 지긋하고 경험 많은 언어 치료사 한 분과 교사 한 분이 있었다. 아이들 하나하나가 치료사와 일대일로 공부하는 동안 다른 교사가 나머지 다섯 아이들을 돌봤다. 그곳 선생님들은 내 세계에 어느 정도 개입해서 나를 몽상 속에서 꺼내 와 집중을 시켜야 할지 알고 있었다. 너무 많이 끼어들고 방해하면 짜증을 낼 테지만 그렇다고 그냥 내버려 두면 아무런 발전이 없을 것이었다. 자폐아들은 내버려 두면 자기만의 작은 세계에서 나오려 들지 않는다.

나는 바깥세상을 차단하고 귀를 닫고 몽상에 빠지곤 했었다. 몽상은 내 머릿속에서 천연색 영화처럼 돌아갔다. 동전을 돌리거나 책상 위의 나뭇결 무늬를 연구하는 데 완전히 푹 빠지기도 했다. 이럴 때면 그 밖의 세상은 완전히 사라져 버렸다. 그러나 그럴 때마다 선생님은 부드럽게 내 턱을 잡고 나를 다시 현실 세계로 데려왔다.

내가 세 살 때 어머니는 나와 여동생을 돌볼 가정교사를 고용했다. 그녀는 거의 쉴 틈을 주지 않고 우리가 놀이며 바깥 활동에 빠져 있도록 했고, 나의 교육과 치료에서 중요한 역할을 했다. 그녀는 적극적으로 우리와 같이 여러 가지 활동을 해서 내가 계속 세상과 연결되어 있게 만들었다. 우리는 눈사람을 만들고 공놀이를 하고 줄넘기를 하고 스케이트나 썰매를 타러 가곤 했다. 좀더 자란 뒤에는 함께 그림을 그려 내가 미술에 관심을 갖게 해 주었다. 자폐아는 집에서나 학교에서나 조직적인 일과에 따라 생활하도록 하는 게 좋다. 나는 언제나 같은 시간에 식사를 했고 바른 식사 예절도 배웠다. 가정교사 선생님은 예의 바르게 행동하도록 가르쳐 주었으며, 머리에 박히도록 안전 수칙을 되풀이해 일러주었다. 길을 건너기 전에는 길 양쪽을 살피라고 배웠다. 길 건너는 법은 모든 아이들이 다 배워야 하지만 특히 자폐아에게는 기계적으로 주입해 주어야 할 필요가 있다. 한두 번 경고하는 것으로는 소용이 없을 것이다.

나는 초등학교에 딸린 일반 유치원에 입학했다. 한 반에 열둘에서 열네 명의 아이들이 있고, 아이들의 행동을 통제하기 위해 단호하지만 공정하게 한계를 둘 줄 아는 노련한 선생님이 있었다. 내가 유치원에 입학하기 전날 엄마는 그 반에 가서 다른 아이들에게 나를 도와줘야 한다는 사실을 설명했다. 그래서 놀림감이 되지 않을 수 있었고, 학습 환경도 더 좋아질 수 있었다. 나는 그 학교의 좋은 선생님들 덕을 많이 봤다. 선생님들은 옛날 방식으로 조직적으로 학급을 운영했고, 재미있는 실습을 할 기회도 많이 주었다.

칠판에 태양계를 그리고, 과학 박물관에 견학을 가서 태양계에 대해 배운 것이 아직도 생생히 기억난다. 과학 박물관에도 가고 3, 4학년 때는 교실에서 실험을 하고 한 덕에 과학이라는 학문이 가깝게 여겨졌다. 우유병, 고무막, 빨대로 기압계를 만들어 보니 기압이라는 개념도 쉽게 이해할 수 있었다. 빨대를 고무막에 테이프로 붙이고 고무막으로 우유병 입구를 쌌다. 기압이 달라짐에 따라 고무막이 위 아래로 움직여 빨대가 오르내리는 게 눈에 보였다.

선생님들은 나의 창의성도 길러 주었다. 5학년 때 나는 학교 연극에 쓰일 의상을 만드는 일을 맡았다. 나는 그림 그리기와 만들기에 재주가 있었는데, 가족과 선생님들 모두 내가 미술적 재능을 기를 수 있게 격려해 주고 칭찬해 주었다.

초등학교에 입학했을 때 나는 자폐증이 아니라 뇌 손상이라는 병명을 달고 있었다. 선생님들은 내 상태에 대해 알고 있었고, 특수 교육에 관한 전문적인 훈련을 받지 못했음에도 불구하고 기꺼이 나를 맡아 주었다. 유치원에 들어가기 전 2년 동안 집중 교육을 받은 덕에 일반학교에 다닐 수 있었던 것이다. 그때는 말을 완전히 할 수 있었고, 심한 자폐 증상들은 대부분 사라진 다음이었다. 교육 프로그램이 성공적이면 자폐아의 자폐 증상이 많이 감소한다. 나는 다른 아이들과 같이 놀기도 했고, 짜증이 폭발하는 것도 더 잘 조절할 수 있게 되었다. 그렇지만 피곤하거나 선생님이 질문에 대답할 시간을 충분히 주지 않아 풀이 죽었을 때는 짜증이 폭발하는 등의 문제가 여전히 있었다. 나는 머릿속에서 정보를 빨리 처리하지 못하기 때문에 질문에 얼른 대답하기가 힘들었다.

여덟 살이 되어서도 내가 책을 잘 읽지 못하자 어머니는 새로운 방법을 시도했다. 매일 오후 학교에서 돌아오면 어머니는 나를 데리고 식탁에 앉아 책에 있는 단어를 소리 내어 읽게 시켰다. 발음 규칙을 익히고 나자 어머니가 문장을 소리 내어 읽어 주었다. 그러면 내가 한두 단어를 따라 했다. 어머니는 점점 더 긴 문장을 읽게 시켰다. 아기들이 보는 쉬운 책이 아니라 재미있는 진짜 책으로 공부했다. 나는 말을 알아들을 수 있었기 때문에 소리 내어 읽는 법도 잘 익혔다. 그렇지만 소리 내지 않고 책을 읽는 법을 익히는 데는 한참이 걸렸다. 입 밖으로 소리를 내야 머릿속에서 순서가 뒤죽박죽되지 않았다. 밤에는 혼자서 중얼중얼 이야기를 하곤 했다. 소리 내어 말하면 이야기의 순서도 생기고 더 현실감 있게 느껴졌다. 고등학교 때까지도 나는 철학적 개념을 혼자서 소리 내어 토론하곤 했다.

내가 성장하는 데 아주 큰 도움을 준 사람들은 하나같이 창의적이고 틀에 얽매이지 않은 자유로운 사람들이었다. 정신분석의나 심리학자들은 거의 도움이 되지 않았다. 그 사람들은 나의 정신을 분석해서 내 내면의 어두운 심리적 문제를 발견하는 데만 매달렸다. 한 정신과 의사는 내가 지닌 정신적 외상을 발견하기만 하면 내 병이 나을 것이라고 생각했었다. 고등학교에 소속되어 있던 심리학자는 내가 문 같은 것에 집착하는 것을 이해하고 그걸 이용해 학업을 더 열심히 할 수 있도록 격려한 게 아니라, 오히려 그것에 집착하지 못하게 막았다.

    과학 선생님인 칼록 선생님이 고등학교 시절 나의 가장 중요한

스승이다. 내가 정규 고등학교에서 쫓겨나자 부모님은 정서 장애를 지닌 영재들을 위한 기숙학교에 나를 입학시켰다. 나는 열두 살 때 웨슬러 지능지수 검사에서 134를 기록했지만 공부에 완전히 흥미를 잃어 성적은 형편이 없었다. 학교의 다른 선생님들이나 전문가들은 내가 이상한 것에 관심을 갖지 못하게 하고 나를 정상으로 만들려고 노력했지만, 칼록 선생님은 내 관심 분야를 이용해서 내가 학교 공부를 열심히 할 수 있도록 도와주었다. 문 같은 시각적 상징에 대해 이야기하자 선생님은 철학책을 갖다 주며 격려해 주었다.

또 심리학자와 의사들은 압착기를 없애 버리고 싶어했지만 칼록 선생님은 내 편을 들어 주었고 한 걸음 더 나아가 내가 바른 길에 관심과 열정을 쏟을 수 있게 이끌어 주었다. 선생님은 압착기가 왜 나를 편안하게 해 주는지 알고 싶으면 과학 공부를 해보라고 말해 주었다. 열심히 공부해서 대학에 들어갈 수 있게 되면 왜 압력이 편안한 느낌을 주는지 알 수 있게 될 거라는 것이었다. 괴상한 장치를 빼앗아 가는 대신, 내가 공부하고 좋은 성적을 받아 대학에 갈 수 있도록 자극하기 위한 도구로 사용한 것이다.

칼록 선생님은 또 《심리학 초록 *Psychological Abstracts*》이나 《의학 색인 *Index Medicus*》 같은 학술 색인에 대해서도 가르쳐 주었다. 진짜 과학자들은 세계대백과사전을 참조하지 않는다는 걸 그때 알았다. 나는 색인을 통해서 전 세계의 학술 문헌을 만날 수 있었다. 그때는 전산화된 학술 색인이 없던 1960년대 중반이었다. 공공 도서관에 복사기조차 없을 때였다. 나는 색인의 내용을 직접 손으로 공책에 베껴 썼다. 그러니 학술 문헌을 검색하는 일만 해도 상당한 작업이었다. 칼록 선생님은 나를 도서관에 데려가서 색인 찾는 법을 가르쳐 주었고, 과학자가 되는 길의 첫 발걸음을 떼게 해 주었다. 이게 바로 진짜 과학자들이 보는 책이었던 것이다.

나는 칼록 선생님의 교육 덕을 많이 봤다. 이후에 불안 증상으로 힘겨워졌을 때는 도서관에 가서 어떤 약이 나한테 필요한지 직접 찾을 수 있었다. 의학 색인에서 답을 찾아낸 것이다.

자폐아는 무언가에 고착(fixation) 증상을 보이는 일이 많고, 그 대상도 다양하다. 일부 교사들은 이런 고착을 막으려는 실수를 저지르기도 하는데, 막을 것이 아니라 그걸 확장해서 건설적 행동으로 나아가도록 이끌어 주어야 한다. 예를 들어 아이가 배에 열중한다면 배를 이용해서 읽기와 셈하기를 가르치는 것이다. 배에 관한 책을 읽어 주고, 배의 속도를 계산하는 산수 문제를 푸는 식으로. 고착은 강력한 동기를 부여해 줄 수 있다. 레오 카너는 고착을 직업 영역으로 돌리면 자폐인이 성공할 수 있게 된다고 말하였다. 카너가 맡았던 환자 중에서 가장 성공적인 케이스는 은행 창구 직원이 된 사람이다. 그는 농촌에서 자랐는데 그의 가족은 그가 숫자에 대해 보이는 고착을 어떻게 이끌어야 할지를 알았다. 그가 들에서 일하게 하기 위해 추수를 하면서 이랑 수를 세게 한 것이다.

카너 박사는 또 자폐인들의 고착 증상이 이들이 사회생활을 하고 친구를 사귀는 방법으로 쓰일 수도 있음에 주목했다. 오늘날 자폐인들 중에는 컴퓨터에 매혹되는 사람이나 프로그래밍에 재능을 보이는 사람이 많다. 컴퓨터에 관심을 가지면 컴퓨터를 통해 다른 사람과 교제할 수 있다. 이런 사람들에게는 인터넷이 아주 훌륭한 수단이 된다. 눈을 맞추기가 어렵다거나 동작이 어색하다거나 하는 문제가 인터넷으로는 드러나지 않으며, 타이핑한 문자로 메시지를 주고받으면 대면 접촉에서 있을 수 있는 여러 가지 문제를 피할 수 있다. 지금까지 나온 발명품 중에서는 아마 인터넷이 자폐인의 사회적 삶을 개선하는 데 가장 훌륭한 역할을 한 도구일 것이다. 톰 매킨은 대학에 다닐 때 컴퓨터가 자기한테는 신의 선물과도 같았다고 말한다. 정상적으로 말하려고 애쓰는 데 온갖 주의를 집중하면서 대화할 필요가 없으니 말이다.

교사는 자폐아가 재능을 계발할 수 있도록 도와주어야 한다. 내가 보기에 교사들은 장애만 지나치게 강조하고 그들의 능력을 발전시키는 데는 너무 무관심한 것 같다. 예를 들자면 자폐아들 가운데는 어릴 적에 미술적 재능이 나타나는 경우가 많다. 모임에서 부모나 교사가 아주 어린 자폐아가 그린 놀랄 만큼 빼어난 그림을 보여 주는 경우가 많다. 자폐아는 일곱 살 정도의 아주 어린 나이에 3차원 투시도법으로 그림을 그리기도 한다. 언젠가 어떤 학교를 방문했을 때 그곳에서 스무 살 된 한 자폐인이 노트에다가 아주 멋진 공항을 그리는 것을 봤다. 그런데 그가 재능을 계발하도록 도와주는 사람이 아무도 없었다. 도면 그리기와 컴퓨터 그래픽 교육을 받으면 정말 좋을 텐데 말이다.

톰 매킨은 대학 시절 컴퓨터 프로그래밍 시간에 프로그램을 짜는 더 나은 방법을 찾아냈다는 이유로 낙제를 맞고 무척 좌절했다고 한다. 아마 그 교수는 톰의 직설적인 태도에 모욕감을 느꼈던 것 같다. 때로 무례할 정도로 직설적인 것이 자폐증의 특징이라는 것을 이해하지 못했던 것이리라. 톰은 칠판으로 걸어 나가 교수가 쓴 예제를 지우고 고쳐 놓곤 했다고 한다.《곧 빛이 있으리니》라는 제목의 책에서 톰은 이렇게 말하고 있다. "이런 식으로 하면 코드 너덧 줄은 줄일 수 있었다. 교수가 주장한 방식대로 프로그램을 짜 가지고는 아마 프로그래머로 일자리를 구하지 못할 것이다." 톰은 그 과목에서 낙제를 하고 나서 좌절했고 혼란스러움을 느꼈다. 좀 더 창의적인 교수였다면 그에게 더 흥미롭고 어려운 프로그래밍 과제를 내주었을 것이다.

자폐인 성인이나 청소년에게는 장점을 살리고 관심 분야를 탐구할 기회가 주어져야 한다. 자폐인이 컴퓨터 프로그래밍, 엔진 수리, 그래픽 아트 같은 분야에서 재능을 개발할 수 있도록 격려해 줄 필요가 있다. (컴퓨터 프로그래밍은 사회적인 비정상성이 쉽게 용납되는 분야라 더욱 좋다.) 자폐인한테는 또 세상 돌아가는 방식을 설명해 줄 조언자도 필요하다. 나는 많은 자폐인들에게 그들의 사고방식이 다른 사람들과 다르다는 것을 설명해 줌으로써 도움을 주려고 노력했다. 다른 사람들과 사고 과정이 다르다는 것을 알고 나면, 왜 어떻게 이런 일이 일어나는지 이해하기가 한층 쉬워진다. 비디오카메라나 테이프 레코더 같은 것을 이용하는 것도 사회적 상호 작용을 가르치는 데 도움이 된다. 내가 옛날에 했던 강의를 녹화해 둔 비디오를 보면 이상한 어조로 말을 한다든지 하는 잘못된 점이 눈에 띈다. 자폐인에게 사회적으로 세련된 행동을 가르친다는 것은 배우에게 연기하는 법을 가르치는 것과 마찬가지다. 동작 하나하나를 미리 계획해야 한다. 칼록 선생님이 나에게 과학을 가르쳐 준 것 이상으로 큰 도움을 준 것이 바로 이런 점이었다. 선생님은 내가 반 친구들에게 놀림을 받고 풀죽어 있을 때 몇 시간이고 곁에서 기운을 북돋아 주었다. 칼록 선생님의 과학실은 나에게는 이해할 수 없는 세계로부터의 피난처와도 같았다.

나는 뭔가에 관심을 갖게 되면 그것에 끝도 없이 매달린다. 똑같은 얘기를 몇 번이고 반복해서 계속하는 것이다. 좋아하는 노래를 끝도 없이 반복해서 듣는 것과 비슷하다. 청소년들이 종종 그런 행동을 하지만 그걸 이상하다고 생각하는 사람은 없을 것이다. 그렇지만 자폐인은 대부분의 사람들이 이해할 수 없을 정도까지 되풀이하곤 한다. 한 예로 내가 문 상징에 계속 매달리고 반복하는 것이 이상하게 느껴져 그러지 못하게 하려는 사람도 많았다. 다행히 칼록 선생님 같은 분이 계셔서 이런 고착을 적절한 길로 이끌어 갈 수 있었다.

대학과 대학원 생활

내가 대학 생활을 시작하기 전에 어머니는 내 문제를 학교 사무국에 알렸다. 대학교는 내가 졸업한 고등학교와 가까워서 주말에는 칼록 선생님을 뵈러 갈 수가 있었다. 대학 생활을 잘 할 수 있었던 것은 그 덕분이었다. 칼록 선생님은 내가 대학에 적응하는 동안 나를 격려해 주고 용기를 북돋아 주었다. 선생님이 없었다면 아마 해내지 못했을 것이다.

대학 수업에는 두 가지 종류가 있었다. 생물학, 역사, 영어 등

쉬운 것, 그리고 수학과 불어 등 불가능한 것 이렇게 두 가지. 수학 선생님인 디온 선생님은 매일 수업이 끝나고 몇 시간씩 나를 따로 가르쳤다. 거의 매일 나는 디온 선생님 연구실에 가서 그날 배운 내용을 복습했다. 나는 불어를 패스하기 위해서도 개인 지도를 받았다. 정신적인 면에서는 부학장 부인인 이스트브룩 여사에게 많은 도움을 받았다. 그녀도 자유분방한 타입의 사람으로, 나에게 큰 도움을 주었다. 그녀는 머리 모양은 제멋대로고 치마 속에는 방한용 내복을 입었다. 외롭거나 울적할 때면 나는 그녀의 집을 찾았고, 그녀는 늘 절박한 심정의 나를 격려해 주고 용기를 북돋아 줬다.

대학은 혼란스러운 곳이었다. 나는 시각적 유추를 통해 대학 사회의 규칙을 이해하려고 애썼다. 대학에서는 새로운 유비 관계를 만들어 내어, 고등 기숙학교 때 문제를 일으키지 않기 위해 알아낸 간단한 규칙을 확장했다. 고등학교 때는 신중한 관찰과 추론을 통해 어떤 규칙은 반드시 지켜야 하고, 어떤 규칙은 융통성이 있는지 빨리 익혔었다. 나는 간단한 규칙 분류 체계를 만들어 내어 그걸 '조직 내의 금기'라는 이름으로 불렀다. 조직 내의 금기로 지정된 규칙은 아주 중요한 규칙으로, 그걸 위반하면 특권을 박탈당하거나 제적당한다. 예를 들어 학생들이 흡연을 하거나 성관계를 가지면 심각한 문제로 간주된다. 이 두 가지 행동을 하지 않는다는 확신을 줄 수 있으면, 사소한 규칙 몇 개를 위반하더라도 별 문제가 없다. 나는 흡연과 성관계를 조직 내의 금기로 지정했다. 학교 관리인이 내가 숲으로 가서 성관계를 갖지 않으리란 걸 확실히 믿고 있다면, 허락 없이 숲으로 가도 처벌을 받지 않을 것이다. 혼자 소풍을 가겠다고 특별 허가를 받으려고 하면 허가해 주지 않을 테지만, 허락 없이 가더라도 가지 못하게 막는 사람은 없다는 것도 알게 되었다. 교사나 사감들은 흡연과 성관계에 훨씬 더 많이 신경을 썼으므로 이것만 피하면 문제가 되지 않으리란 걸 알 수 있었다.

자폐인에게는 규칙이 무척이나 중요하다. 자폐인은 무엇을 어떻게 하느냐에 집중하기 때문이다. 나는 언제나 규칙을 진지하게 생각해서 선생님들의 신뢰를 얻었다. 나를 믿어 준 사람들이 항상 큰 도움이 되었다. 그렇지만 대부분의 사람들은 자폐인이 규칙을 어떻게 이해하는지 잘 파악하지 못한다. 나는 사회적 직관이라는 것이 없기 때문에 컴퓨터 프로그램처럼 순전히 논리에 따라 행동을 조절한다. 논리적 중요성에 따라 규칙을 구분한다. 복잡한 알고리듬으로 이루어진 의사 결정 트리 같은 게 있어서, 사회적 판단을 내릴 때마다 이성과 논리적 의사 결정 과정을 거친다. 정서에 따라 움직이는 게 아니라 순전히 계산에 따라 행동하는 것이다.

복잡한 의사 결정 과정을 익히기는 쉽지 않다. 나는 엄격한 도덕 교육을 받고 자랐기 때문에 어릴 때부터 물건을 훔치거나 거짓말을 하거나 다른 사람을 다치게 하는 것은 나쁘다는 것을 알았다. 자라면서 어떤 규칙은 깨뜨려도 되고 어떤 것은 안 되는지를 관찰했다. 나는 잘못된 행동을 '아주 나쁨', '조직 내의 금기', '위반이지만 나쁘지는 않음'의 세 종류로 나누어, 어떤 규칙을 위반해도 좋은지를 판단하는 프로그램을 만들었다. 아주 나쁨으로 분류된 규칙은 절대 위반해서는 안 된다. 절도, 기물 파손, 상해 등이 이 범주에 속하는 것으로 쉽게 구분할 수 있다. '위반이지만 나쁘지는 않음'

에 해당하는 규칙들은 위반해도 별 영향이 없다. 예를 들면 고속도로에서 약간 속도 위반을 한다거나 불법 주차를 하는 것 등을 들 수 있다. '조직 내의 금기'는 논리적인 연관 관계가 없어 보이는 심한 처벌이 뒤따르는 규칙을 가리킨다. 이 시스템을 이용해서 나는 새로운 상황에 맞닥뜨릴 때마다 적절히 대처할 수 있었다.

브레친 숙모 또한 나에게 중요한 조언자가 되어 주었다. 그녀는 너그러운 사람으로, 내가 가축 관련 일을 하도록 격려해 준 분이다. 나는 그녀의 목장에 놀러 갔다가 애리조나에 푹 빠져 버렸다. 또 목장에서 가축용 슈트를 보고 매료되어 지금 내가 하고 있는 일을 시작하게 되었다. 나는 대학원 진학을 위해 다시 애리조나로 돌아갔다.

나는 '여러 다른 형태의 가축 슈트가 있는 사육장에서의 소의 행동'이라는 주제로 동물학 석사 논문을 쓰고 싶었다. 그러나 애리조나 주립대의 지도 교수는 압착 슈트가 학술적 연구 주제로는 부적절하다고 생각했다. 1974년경에는 농장에서 사육되는 가축을 대상으로 하는 동물 행동학 연구가 아주 드물었다. 이번에도 나는 내 집착을 포기하지 않았다. 아무리 교수가 바보 같다고 생각하더라도 슈트 내에서의 가축 행동을 연구하고야 말겠다고 결심했다. 그래서 새로운 지도 교수를 찾았다. 동물학과의 교수들 대부분은 내 아이디어가 어리석다고 생각했다. 나는 포기하지 않았고, 다행히도 새로 두 명의 교수를 찾아냈다. 건축과 과장인 포스터 버튼 박사와 산업 디자인과 마이크 닐슨 교수가 흥미를 보였다. 두 사람과 함께 나는 연구 방법을 결정했다. 보수적인 동물학 교수들한테는 우습게만 보이던 아이디어가 시공과 설계 분야 전문가들에게는 아주 그럴듯하게 보였던 것이다.

석사 논문에는 사물이 작동하는 방식에 대한 내 모든 생각과 집착을 다 담았다. 나는 여러 다른 압착 슈트 디자인이 가축의 행동, 다칠 가능성, 작업 효율성에 미치는 영향을 확인하고 싶었다. 소의 종류, 압착 슈트의 디자인, 소의 크기 등을 변수로 삼았다. 그리고 소가 멈칫거리고 압착 슈트에 들어가지 않으려고 하는 일이 얼마나 잦은지, 처리 속도는 어떤지, 미끄러운 표면이나 목을 조를 수 있는 머리 고정대 등 가축을 다치게 할 수 있는 요인이 무엇인지 측정했다. 소를 관찰하기 위해 나는 데이터 시트를 들고 슈트 옆에 서서, 소에 낙인이 찍히고 백신 접종이 이루어지는 동안 소 한 마리 한 마리가 보이는 행동을 기록했다.

그러고 나서 그 결과를 공대에 있는 컴퓨터 본체에서 분석하기 위해 IBM 펀치 카드에 구멍을 내어 기록해야 했다. 내가 애리조나 주립대에 다닐 때는 작은 데스크톱 컴퓨터라는 것이 없었다. 각각의 소에 대한 데이터를 각기 다른 카드에 기록해야 했기 때문에, 5000개의 IBM 카드에 키펀치로 구멍을 뚫었는데, 정말 지겨운 일이었다. 나는 공대생들이 오기 전에 일을 하기 위해서 여섯 시쯤 키펀치 실험실에 가서 방광이 터질 지경이 될 때까지 카드에 구멍을 뚫었다. 화장실에 가려고 자리를 비우면 어느새 다른 학생이 키펀치 기계를 차지하고 있곤 했기 때문이다. 나는 키펀치 기계와 카드 분류기 전문가가 되었다. 분류기가 고장 나면 내가 수리를 했고, 그 동안 공대생들은 멍하니 구경만 하고 있었다. 가끔은 공대생들이 카드 분류를 할 수 있도록 내가 기계를 고쳐 주기도 했는데, 그래야 내 일도 빨리 할 수가 있었기 때문이다. 나는 카드더미를 항상 내 소들이라고 불렀다. 각각의 카드를 실제 소라고 상상하면 통계 분석을 위해 각각을 어떻게 구분할 것인지 더 쉽게 파악할 수 있다. 예를 들면 카드들을 소의 크기에 따라 구분하여, 소의 크기가 효율성에 영향을 미치는지 여부를 확인할 수 있다. 카드 분류기를 돌리는 것은 '소 분류하기'라고 불렀다.

연구 결과는 장비의 디자인이 작업에 영향을 미친다는 사실을 보여 주었다. 압착 슈트의 종류에 따라 소가 다치는 빈도도 달랐고, 또 소의 종류에 따라서도 사고 빈도가 달랐다. 또 가축을 다루는 가장 효과적인 속도가 어느 정도인지 가늠하기 위한 연구도 했다. 너무 빨리 작업을 진행시키면 가축이 다치거나 접종이 제대로 이루어지지 않을 가능성이 높다. 예방접종 등의 절차를 수행하는 데 얼마나 많은 시간이 필요한가를 내가 20년 전에 알아냈었는데, 이 수치는 오늘날까지도 유효하다. 그보다 더 빨리 가축을 다루면서 제대로 작업하기란 불가능하다.

자폐인의 일과 직장 생활

어떤 면에서 보면 내가 소를 잘 이해할 수 있게 된 것은 자폐증 덕이다. 무엇보다도 나 스스로 압착기를 사용해 보지 않았다면 그것이 소에게 어떤 영향을 주는가에도 생각이 미치지 못했을 것이다. 나의 경우는 운이 좋았던 것이, 동물을 이해하고 시각적으로 사고

하다 보니 자폐증적 특징이 장애가 되지 않는 만족할 만한 직업을 가질 수 있게 된 것이다. 그렇지만 전국을 다니며 여러 모임에서 만나 본 자폐인들 중에는 학위가 있으면서도 직업을 구하지 못하는 경우가 허다했다. 그들은 조직화된 학교 생활은 아주 훌륭하게 해냈으면서도 일자리는 찾지 못한 것이었다. 시작부터가 문제였다. 직설적인 태도, 어색한 말투, 독특한 버릇 등 때문에 면접 과정에서 탈락하는 경우가 많았다.

20년 전에만 해도 나는 내가 얼마나 이상스럽게 보이는지를 몰랐다. 어느 날 한 친구가 나는 항상 몸을 구부정하게 구부리고 손을 비틀고 있으며 목소리가 지나치게 크고 조절이 안 된다고 말해 주었다. 나는 학교에 입학할 때도 그랬고, 어딜 들어가든 뒷문으로 들어가야 했다. 다행스럽게도 얼마 동안 생계를 유지할 돈이 있어서 프리랜서로 천천히 일을 시작할 수가 있었다. 한번은 미국 농업공학회 회의에 참석하여 두 명의 기술자를 만났었는데 내가 좋은 인상을 주지 못했다는 것을 알 수 있었다. 두 사람이 나를 무시하고 나와 의견을 나누려고 들지 않았기 때문이다. 그 사람들은 나를 이상한 사람이라고 생각하는 것 같았다. 그러나 내가 존 웨인 레드리버 사육장에서 설계한 침액 탱크 설계도를 꺼내자 태도가 달라졌다. "당신이 그린 거예요?"

기술을 갈고닦기만 하면 자폐인이 정말 잘 할 수 있는 분야가 있다. 예를 들면 컴퓨터 프로그래밍, 제도, 광고 미술, 만화, 자동차 수리, 소형 엔진 수리 등이다. 자폐인들이 정말 잘 못 하는 일은 자기를 광고해 일자리를 얻어내는 일이다. 구직 과정에서 인사 부서의 사람들이 아니라 다른 컴퓨터 프로그래머나 제도공 등에게 면접을 보면 고용될 가능성이 훨씬 높다. 마찬가지로 포트폴리오를 제시하면 자폐인을 고용하기를 불안해하는 고용주를 더 쉽게 설득할 수 있을 것이다. 내가 아는 자폐인들 가운데는 엘리베이터 수리, 자전거 수리, 컴퓨터 프로그래밍, 그래픽 아트, 건축 설계, 실험실 병리학 등의 분야에서 아주 잘하고 있는 사람들이 있다. 이런 직업들 대부분은 자폐인들이 가지고 있는 시각화 능력을 이용하는 분야이다. 예를 들자면 뛰어난 기계공은 머릿속으로 엔진을 가동시켜서 어떤 문제가 있는지 알아낸다. 서번트 같은 기억력을 지닌 자폐인은 도서관에서 목록을 작성하거나 책을 분류하는 등의 일을 하면 아주 잘 해낼 것이다. 피아노 조율도 잘 맞는 일인데, 자폐인들 대부분이 정확한 음감을 갖고 있기 때문이다.

축산 업계에서 인정을 받는 데 결정적인 계기가 된 첫 발자국을 내딛은 순간이 기억난다. 나는 〈애리조나 농목민*Arizona Farmer Ranch-man*〉이란 잡지에 글을 실을 수 있으면, 거기서부터 시작할 수 있으리란 걸 알았다. 로데오 경기장에서 나는 그 잡지 발행인한테 다가가 압착 슈트에 대한 글에 관심이 있는지 물었다. 그는 그렇다고 했고, 그 다음 주에 나는 '대형 수문에 대한 논란'이라는 글을 잡지사에 보냈다. 여러 형태의 슈트의 장점과 단점을 논한 글이었다. 몇 주 뒤 잡지사에서 전화가 왔다. 사육장에서 일하는 내 모습을 사진으로 찍고 싶다는 것이었다. 나는 내 귀를 의심했다. 대담하고 뻔뻔스럽게 덤빈 덕에 처음으로 돈을 벌 수 있었다. 그때가 1972년이었는데, 그때부터 석사 논문을 준비하면서 그 잡지에 정기적으로 글을 기고했다.

　글을 쓰다가 커랠 인더스트리라는 사육 설비 건조(建造) 회사에서 가축 슈트를 설계하는 일을 맡게 되었다. 그때까지도 나는 시각적-상징적 세계에 살고 있었기 때문에 축산 업계에 진출하는 것을 의미하는 구체적인 상징이 필요했다. 나는 초록색 작업복을 입고 옷깃에 군인들이 다는 계급장처럼 소 모양 핀을 꽂았다. 동으로 된 핀을 꽂아 일등병부터 시작했고, 업계에서 인정을 받아감에 따라 나를 진급시켜 은핀, 금핀으로 바꾸어 달았다. 다른 사람들이 내 작업복을 우스꽝스럽게 생각한다는 사실은 조금도 염두에 두지 않았다.

　커랠 인더스트리의 작업 감독인 에밀 위니스키는 내 재능을 알아주었고 옷 입는 것이나 행동하는 방식도 지도해 주었다. 자기 비서와 함께 쇼핑을 가서 적당한 옷을 사도록 도와주었고 몸치장하는 법도 배우게 했다. 지금은 남들처럼 서부식 셔츠를 입지만, 소 계급장으로 나 자신에게 상을 주는 것만은 계속하고 있어서 옷깃에는 은색 소핀 두 개를 달고 다닌다.

　당시에는 에밀이 내가 옷 입는 방식이나 몸치장하는 데 간섭하는 게 기분이 나빴다. 하지만 지금 생각해 보면 무척 고마운 일이다. 그가 내 책상 위에 방취제 한 병을 던지며 내 겨드랑이에서 냄새가 난다고 말했던 때를 생각하면 지금도 얼굴이 화끈거린다. 자폐인들에게는 옷 입는 법이나 몸치장하는 법을 가르쳐 줘야만 안다. 자폐인들은 조이거나 빳빳한 옷을 입으면 일에 집중할 수가 없으며, 화장품 중에도 알레르기 반응을 유발하는 것이 많다. 그래서 예민한 피부를 자극하지 않는 편안하면서도 세련된 옷을 찾아야 하고, 향수가 들어 있지 않은 방취제나 화장품(나는 향수에 심한 알레르기 반응을 일으킨다)을 구해야 한다. 자폐인 남성들은 피부가 과민해서 면도날을 강력 연마기처럼 느끼기 때문에 면도도 문제다. 전기 면도기가 그래도 견디기 쉬운 편이다.

커랠 인더스트리에서 일할 때 나는 일주일에 한 차례씩 스위프트 정육 공장을 방문했다. 거기에서 관리인 톰 로러를 만났는데 그는 나의 직업 세계에서 가장 중요한 조언자 중 한 사람이 되었다. 처음에 톰이 해 준 일은 다른 게 아니라 내가 옆에 있는 걸 참아 준 것이다. 나는 여전히 말이 너무 많았지만, 문제를 해결할 아이디어를 내놓곤 했기 때문에 톰은 나를 참아 주었다. 이를테면 나는 문 가장자리에 플라스틱 우유 호스를 덧대어 소가 부딪혀 멍들지 않게 하는 방법 등을 생각해 냈다. 점차로 지배인 놉 고스코위츠와 십장도 나에게 관심을 갖게 되었다. 놉은 자기 딸에게 조언하듯이 나한테 조언을 하는 거라고 여러 차례 말하곤 했다.

 1년 후 스위프트사와 커랠 인더스트리가 새 가축용 램프를 짓는 계약을 맺었다. 이 프로젝트를 진행하면서 나는 기술적으로 옳은 것이 사회적으로도 옳은 것만은 아니란 걸 알게 되었다. 용접을 성의 없이 하길래 기술자들에게 뭐라고 했는데 너무 직설적으로 말한 탓에 기술자들이 화가 났다. 공장 기술자인 할리 윙클맨이 적절한 충고를 해 주었다. "저 사람들한테 미안하다고 해요. 사소한 상처가 엄청나게 곪기 전에." 그는 나를 식당으로 데려가 사과하게 했고, 부드럽고 기술적으로 다른 사람을 나무라는 법도 가르쳐 주었다.

1년 뒤에 나는 공장에서 또 한 차례 분란을 일으켰다. 스위프트사 사장이 나한테 화를 냈는데 톰이 나를 변호해 주었다. 나는 순진하게도 공장에서 일하는 사람은 누구나 회사를 최우선으로 여길 것이라고 생각했다. 사장에게 다른 스위프트 공장에서 장비 설치가 잘못되어 간다는 사실을 지적하는 편지를 써 보냈는데, 사장은 그 편지를 보고 언짢아했다. 자기 방식의 오류를 지적하는 것이 달갑지 않았던 것이다. 이 일로 나는 다른 사람들 행동의 1차적 동기는 회사의 이익이 아니라는 것을 알게 되었다. 상황이 아주 곤란하게 되었을 때, 톰이 이렇게 말해 준 것이 잊히질 않는다. "무슨 일이 일어나든 끝까지 버텨야 해."

나는 커랠 인더스트리의 일을 그만두었고 〈애리조나 농목민〉에 계속 글을 실으며 프리랜서로 설계 일을 시작했다. 프리랜서로 일했기 때문에 정규직에서 있을 수 있는 사회적 문제를 많이 피할 수 있었다. 일을 시작해서 설계를 하고, 사람들 사이에서 곤란한 일이 벌어지기 전에 빠져나올 수 있었던 것이다. 지금도 나는 사람들과의 사이에 어떤 문제의 기미가 있더라도 잘 알아차리지 못한다. 동물들이 문제를 겪고 있을 때는 한참 멀리에서도 알 수 있으면서 말이다.

그러는 동안 〈애리조나 농목민〉의 경영자가 바뀌었는데, 그가 나를 이상하게 생각하고 해고하려고 한다는 사실을 나는 전혀 눈치채지 못했다. 한 동료가 그가 나를 싫어한다는 사실을 귀띔해 주었다. 친구 수전은 위험 신호를 감지하고 나서 내가 쓴 글을 전부 모아 포트폴리오를 만들게 도와주었다. 새 경영자는 내가 좋은 글을 얼마나 많이 썼는지 보고는 나를 해고하지 않고 오히려 급료를 올려 주었다. 이 일을 통해 고용주 마음에 들려면 완결된 프로젝트의 도면이나 사진 등의 포트폴리오를 준비해야 한다는 사실을 알게 되었다. 또 고용주와 이야기할 때는 주제를 기술적인 부분에만 한정시키고, 함께 일하는 사람들에 대한 가십이나 사적인 이야기 등을 피하여야 사회성에 관한 문제를 피할 수 있다는 것도 알게 되었다.

자폐인을 고용하는 사람은 자폐인의 한계에 대해서도 알아야 한다. 자폐인은 일에 대한 집중도가 아주 높고, 적당한 환경을 조성해 주면 직업 영역에서 아주 뛰어난 성취를 보일 것이다. 그렇지만 그들이 감당하기 어려운 사회적 상황을 피할 수 있도록 막아 주어야 한다. 설계 회사에서 여러 해 동안 일을 잘 해 온 한 자폐인이 승진해서 고객을 상대하는 일을 맡게 된 후 해고 당한 일이 있었다. 또 한 사람은 연구실에서 일했는데 동료들과 같이 술을 마시고 직장을 잃었다. 고용주들은 다른 고용인들에게도 자폐증에 대한 교육을 시켜서 자폐인이 그들이 감당할 수 없는 사회적 상황에 놓이지 않도록 해 주어야 할 것이다.

칼록 선생님이나 톰 로러 같은 사람도 있지만 우리 삶을 더욱 고달프게 만드는 사람들도 있다. 한번은 스코츠데일 방목장으로 차를 몰고 가 작업장으로 가는 문으로 다가갔는데, 론이라는 남자가 문에 손을 올려놓고 여자는 출입금지라고 말했다. 1970년대 초반에는 사육장에서 일하는 여자가 없었다. 요새는 사육장에서 일하는 여자도 많고, 소를 다루고 진찰하는 등의 일에서는 가축을 부드럽게 대하는 여자를 남자보다 더 선호하는 경향이 있다. 그렇지만 그때는 내가 여자라는 사실과 자폐인이라는 사실 중 어떤 것이 더 큰 장애인지 알 수 없을 정도였다.

남자들의 세계에 들어가는 것만 해도 무척 힘들었다. 정육 공장 설비 설계 일을 시작했을 때 나는 내 차에 황소 고환을 달았고 '역겨운' 시찰을 계속해서 나가야 했다. 애리조나 주립대 안의 목장에서 일할 때는 여자 화장실이 없어 남자 화장실에서 옷을 갈아입어야 했다. 어떤 공장에서는 사람들이 나를 세 차례나 피 웅덩이로 데려갔다. 세 번째로 피 웅덩이 위를 걷게 되었을 때 나는 발을 굴러서 공장 관리자에게 온통 피를 튀겼다. 그는 내가 설비를 가동할 줄 안다는 사실을 알고부터는 함부로 대하지 않았다. 오늘날 사람들이 성희롱이라고 부르는 것은 내가 겪은 것에 비하면 아무것도 아니다.

론은 이런 사실을 전혀 모를 테지만, 그는 가축 작업장으로 가는 길을 막아섬으로써 울타리에 달린 조그맣고 별 것 아닌 나무문을 내 상징의 신전에서 특별한 지위를 가진 상징적 문으로 만들어 놓았다. 막아 놓은 문과 관련된 어떤 사건이라도 나에게는 신이 마련해 놓은 원대한 계획의 일부처럼 느껴진다. 시각적 상징의 세계 덕에 나는 계속 앞으로 나아갈 수 있었다. 닫힌 문은 정복해야 할 대상이 되었다. 나는 말 그대로 순전한 의지로 가득한 황소처럼 돌진했다. 아무것도 나를 막을 수 없었다.

6

약물 치료도 도움이 된다

약물 치료와 새로운 치료법

열네 살 때 사춘기가 시작되고, 신경 발작도 함께 시작되었다. 내 상태는, 중요한 면접을 보러 갈 때나 대중 앞에서 연설하기 직전에 느끼는 것과 같은 무대 공포증이 종일 지속되는 상태였다. 아무런 이유 없이 늘 불안했다. 많은 자폐인들이 사춘기와 함께 이런 증상이 심해지는 것을 경험한다. 불안감이 사라지고 나면 한 차례의 대장염이나 심한 두통이 찾아왔다. 신경계가 끊임없이 스트레스를 받고 있었다. 나는 겁에 질린 한 마리 동물과 같았고, 아주 사소한 일에도 공포를 느꼈다.

그후 20년 동안 이런 패닉 상태를 유발하는 심리적 원인이 무엇인지 찾으려고 애썼다. 지금은 자폐증으로 인한 신경계의 과각성 때문이라는 것을 안다. 사소한 동요가 강렬한 반응을 일으키는 것이다. 나는, 예기치 않은 일이 발생하면 놀라서 즉각 방어 태세로 돌입하는 아주 예민한 소나 말과도 같았다. 자라면서 불안 증세는 점점 심해졌고, 아주 사소한 스트레스만 받아도 대장염이나 패닉이 시작됐다. 서른 살이 되자 결국 몸이 망가져 스트레스에 의한 건강 문제가 심각하게 나타나기 시작했다. 시간이 흐르면서 증상이 심해진 것은 조울증 환자나 다른 자폐인들과 유사했다.

어릴 때는 불안감이 고착 경향을 심하게 했고, 동기를 부여하는 역할도 했다. 신경계가 과민하지 않았다면 동물 복지 문제에 관심을 갖게 되거나 일을 시작하지도 못했을 것이다. 어느 순간엔가 불안감에 맞닥뜨렸을 때 내가 선택할 수 있는 방법이 두 가지가 있다는 것을 깨닫게 되었다. 맞불을 놓아 대항하거나, 아니면 집 밖으로 나가지 않고 쇼핑센터에 가는 것도 무서워하는 광장공포증 환자가 되는 것. 고등학교 때나 대학교 때에는 패닉이 찾아오는 것을 다음 문 앞으로 다가가 인생의 다음 단계를 시작할 때가 되었다는 계시로 받아들였다. 공포감을 직접 마주하면 패닉 상태를 극복할 수 있을 것이라고 생각했다. 약한 정도의 불안감이 찾아올 때는 몇 장이고 일기를 써 댔지만, 심한 경우에는 온몸이 마비될 지경이었고 다른 사람들 앞에서 패닉에 빠질까 봐 집 밖에 나가기가 싫었다.

20대 후반이 되자 심한 불안감이 점점 더 자주 찾아왔다. 제트엔진이 나를 앞으로 나아가게 밀어주는 게 아니라 폭발해 버릴 지경이었다. 불안감이 점점 심해지는 심리적 원인이 무엇인지 찾으려고 절박하게 매달린 탓에 내 시각적 정신은 지나치게 혹사당하고 있었다. 심지어 불안감의 여러 증상을 각각 특별한 의미가 있는 것으로 분류하기도 했다. 범발성(汎發性) 불안감이 불안감에 의한 대장염보다 심리학적으로 더 퇴행적이라고 생각했는데, 대장염으로 아플 때는 불안하거나 공포에 휩싸이지 않았기 때문이다. 몇 달 동안 장염이 계속될 때는 새로운 것에 대한 두려움도 사라졌다. 신경계의 과각성 상태가 여러 다른 형태로 드러나는 것이라고 생각했다. 시각적 상징으로 이루어진 머릿속의 지도에 따라, 불안감이 가장 심할 때는 집 밖에 나가지도 못했지만, 대장염이 계속되는 동안에는 겁이 없어져 세상을 정복하러 나서곤 했다.

불안하면 할수록 고착이 심해져 불안감의 제트 엔진이 나를 갈가리 찢어 놓았다. 시각적 상징도 더 이상 효과가 없어져 의학 쪽으로 눈을 돌렸다. 마을의 의사란 의사는 다 찾아가 보았지만 불안감과 함께 찾아오는 두통의 물리적 요인을 밝혀낼 수가 없었다. 뇌 촬영도 해보았지만 역시 원인을 알 수가 없었다. 의학으로 알아낼 수가 없었기 때문에 나는 그저 하루하루를 어떻게든 버텨 나가려고 애썼다. 직업적으로는 상당히 잘 해 나가고 있었고, 미국 농업 컨설턴트 협회에서 최초의 여성 위원으로 선출되기도 했다. 그렇지만 거의 제 구실을 하지 못하고 있었다. 아무 이유도 없이 완전한 공포에 사로잡혀 땀에 흠뻑 젖은 채 집에 돌아왔던 어느 끔찍한 날이 떠오른다. 쿵쾅거리는 가슴으로 소파에 앉아 이런 생각을 했다. "이 불안감이 언젠가 사라지기는 할까?" 그때 누군가가 매일 오후마다 차분히 쉬는 시간을 가져 보라고 조언해 주었다. 그래서 나는 매일 한 시간씩, 오후 네 시부터 다섯 시까지 〈스타 트렉〉을 봤다. 그렇게 하자 불안감이 상당히 가라앉았다.

서른네 살 때 눈꺼풀에 생긴 종양을 제거하는 수술을 하게 됐다. 그 과정에서 생긴 감염 때문에 전에 경험해 보지 못한 극심하고 폭발적인 발작이 나타났다. 한밤중에 가슴이 쿵쾅거려 잠에서 깨곤 했다. 나의 고착 대상도 갑자기 바뀌어 가축과 인생의 의미를 찾는 것으로부터 눈이 멀지 않을까 하는 공포로 바뀌었다. 일주일 동안 나는 매일 밤 3시에 잠에서 깼고 앞이 보이지 않게 되는 악몽에 시달렸다. 두통, 대장염, 불안감 대신 눈이 머는 것에 대한 공포에 압도되었다. 시각적 사고를 하는 사람에게 눈이 먼다는 것은 죽음보다도 더한 비극이다. 신경 쇠약으로 무너지지 않으려면 뭔가 극단적인 조처를 취해야 한다는 생각이 들었다. 그때, 사춘기 이후로 평생 안고 살아온 불안 증상을 극복하게 해 줄 생화학 치료를 알게 되었다.

생화학 치료를 알게 되다

눈 수술을 하기 여섯 달 전에 나는 〈현대 심리학 *Psychology Today*〉 1981년 2월호에서 '생물학적 정신의학의 미래'라는 기사를 읽었다. 항우울제를 이용해 불안감을 치료하는 방법이 나와 있었다. 칼록 선생님이 가르쳐 준 자료 검색 기술을 이용해 나는 하버드 의대 데이빗 쉬한(David Sheehan) 박사와 동료들이 쓴 학술 논문을 찾아냈다. '공포증, 히스테리, 심기증(心氣症)을 동반한 내생적(內生的) 불안증 치료'라는 거창하고 인상적인 제목이 붙어 있고, 〈일반 정신의학 문서 *Archives of General Psychiatry*〉 1980년 1월호에 발표된 것이었다. 이 논문은 이미프라민(상표명 토프라닐)과 페넬진(상표명 나르딜)을 사용해 불안감을 치료한 사례에 관한 연구였다. 증상 목록을 읽어 내려가며 성배(聖杯)라도 발견한 것 같은 기분이 들었다. 쉬한 박사의 환자 중 90퍼센트가 "공포와 패닉이 찾아오고", "아무 이유 없이 겁에 질리며", "초조해하거나 동요"했다. 70퍼센트는 심장이 두근거리거나 가슴이 답답했다. 스물일곱 가지나 되는 증상이 나열되어 있었는데 내 증상과 여러 개가 일치했다.

그 논문에 나온 약이 내 문제에 대한 해답이 될 수 있을 거라고 생각하기는 했지만 나는 약 먹는 것을 미루었다. 약물 치료라는 것이 어쩐지 내키지 않았다. 그렇지만 눈 수술 후에 상황이 너무 나빠져서 결국은 굴복하고 말았다. 나는 철해 놓았던 기사문을 꺼내어 몇 번이고 다시 읽어 보았다. 그 연구에 참여한 환자들도 나처럼 베일리엄이나 리브리엄 같은 진정제로는 효과를 보지 못했다. 나는 증상 목록에 내 증상을 표시한 다음 그걸 들고 의사를 찾아가 매일 토프라닐 50밀리그램을 복용할 수 있게 해 달라고 했다. 효과는 아주 빠르고 확실했다. 이틀 만에 훨씬 나아졌다.

나는 생존 본능이 특히 강하다. 그러지 않았다면 버티지 못했을 것이다. 생존 본능과 과학에 대한 흥미 덕분에 항우울제나 압착기 같은 치료 방법을 찾아낼 수 있었던 것이다. 전문 교육 덕도 있었다. 심리학과 동물학 학위를 받기 위해 수의학과 생리학 과목을 많이 들었다. 복잡한 의학 논문을 마치 소설 읽듯이 읽었고, 도서관 자료 검색 훈련을 통해 도서관에서 해답을 찾아야 한다는 사실도 알았다.

이제 내 몸은 더 이상 과각성 상태가 아니다. 약을 먹기 전에는 마치 존재하지 않는 적으로부터 언제라도 도망칠 준비를 하고 있는 듯이 생리적으로 항상 각성된 상태였다. 자폐인이 아니라도 우울증이나 불안증을 겪는 사람들은 생물학적으로 신경계가 늘 도망칠 준비를 하고 있는 상태다. 대부분의 사람들에게는 아무 일도 아닌 일상생활의 사소한 스트레스가 이런 사람들한테는 불안 발작을 일으킬 수 있다. 연구 결과에 따르면 토프라닐 등의 항우울제가 효과가 있는 이유는 이 약의 영향이 스트레스에 대한 적응 반응과 유사하기 때문이다. 나는 토프라닐을 3년 동안 복용하고 디지프라민(노프라민)으로 바꾸었다. 디지프라민은 토프라닐과 화학적으로 유사한 약제인데, 효과는 좀더 좋고 부작용은 적다.

　이 약을 먹기 시작하면서 나는 나 자신을 완전히 다른 시각에서 바라보게 되었다. 일기를 쓰는 것도 그만두었고, 공포로 제정신을 잃는 일이 없어지자 일도 훨씬 더 잘 되어 갔다. 정교한 시각적 상징의 세계를 만들어 내는 것도 그만두었다. 더 이상 시각적 상징의 세계에 의존해 끊임없는 불안감을 설명하려고 애쓸 필요가 없어졌기 때문이다. 예전의 일기를 읽어 보면 그때의 열정이 그립다는 생각도 들지만, 다시 그때로 돌아가고 싶은 생각은 추호도 없다. 약물 치료를 시작하기 전에는 불안감 때문에 고착이 더 심해졌다. 신기하게도 약을 먹기 전에 가졌던 고착이 내 정서에 깊이 각인되어 있다. 약물 치료 전에 했던 프로젝트는 그 이후의 것보다 훨씬 더 많은 감정을 불러일으킨다.

　토프라닐을 복용하기 시작한 지 석 달 후에 신경 발작이 다시 일어났지만 전처럼 심하지는 않았다. 나는 신경 발작이 주기적으로 찾아오는 것이라고 생각하고 토프라닐 복용량을 늘리고 싶은 생각을 억눌렀다. 경험을 통해 발작이 결국에는 수그러들 것이라는 것, 봄 가을에 특히 심하다는 것을 알았기 때문이다. 첫 번째 재발은 정육 공장에서 새로운 설비를 시동하던 중에 일어났다. 스트레스 때문에 재발한 것이었다. 나는 버텨 냈고, 결국 발작은 사라졌다. 불안증이 재발해도 마음을 굳게 먹고 복용량을 더 늘리지 않으려고 애썼다. 어쨌든 그 동안 50밀리그램으로 상당히 잘 버텨 왔다. 항우울제를 복용한 지 13년이 되었고, 이제 나는 생화학 치료의 신봉자가 되어 있다.

약물을 복용하는 것은 구식 자동차 엔진에서 공회전 조정나사[공회전시 엔진 회전 속도(RPM)를 조절하는 나사—옮긴이]를 조여 주는 것과 같다. 토프라닐을 먹기 전에 내 '엔진'은 내내 쉬지 않고 돌아가고 있었다. RPM이 너무 높아 무너져 내릴 지경이었던 것이다. 그러나 시속 200마일로 달리던 내 신경계가 지금은 시속 55마일로 달리고 있다. 지금도 주기적으로 신경 발작이 일어나기는 하지만 시속 55마일에서 90마일로 상승하는 정도지, 전처럼 150마일에서 200마일로 올라가지는 않는다. 약을 복용하기 전에는 압착기와 격렬한 운동으로 불안감을 진정시키곤 했지만, 나이가 들면 들수록 신경계를 조절하기가 힘들어졌다. 결국 압착기를 사용해서 신경을 안정시키려고 해보았자 침을 뱉어 용광로 불을 끄려고 하는 것이나 다름 없는 지경에 이르렀다. 그 시점에 약을 통해 살 길을 찾은 것이다.

약을 먹기 전의 상태를 되돌아보면, 몇 달 동안 불안감이 상당히 가라앉아 있다가 갑자기 패닉 발작이 찾아와 대사 스위치를 확 올려놓곤 했었다. 신경이 시속 75마일의 견딜 만한 속도로 달리다가 갑자기 200마일로 미칠 듯이 올라가는 것이다. 그러고 나면 다시 75마일로 내려가기까지 몇 달이 걸렸다. 산업용 송풍기의 스위치를 눌러 속도를 바꾸는 것과 비슷하다. 신경계가 상쾌한 산들바람 강도에서 갑자기 허리케인 강도로 확 올라가곤 했던 것이다. 지금은 산들바람 수준을 늘 유지한다.

패닉과 불안증은 자폐인이든 정상인이든 누구한테나 올 수 있는데, 고기능 자폐인 성인 중 절반 가량이 심한 불안증과 패닉 증상을 겪는다. 자폐인 수학자인 린지 퍼킨스는 다른 사람과 이야기하려고 하면 메스껍고 정신이 나갈 것 같다고 한다. 컬럼비아 대학의 잭 고먼 박사와 동료들은 '고조'라는 현상을 설명했다. 불안감이 급작스럽게 증가하는 것도 이렇게 설명할 수 있는데, 고조란 감정 중추가 있는 대뇌 변연계의 뉴런에 자극이 반복되어 뉴런에 영향을 미쳐 민감도가 증가하게 되는 것이다. 벽난로에서 커다란 통나무 밑에 불쏘시개를 넣고 불을 지피는 것과 비슷하다. 작은 불쏘시개용 나무에 붙인 불이 큰 통나무에 도무지 옮겨 붙을 것 같지 않다가 어느 순간 갑자기 확 하고 불이 붙는다. 내 신경계에 고조가 일어났을 때는 촉발 방아쇠[아주 약한 압력에도 반응하도록 만들어진 방아쇠—옮긴이]에 손을 올려놓고 있는 것과 같았다. 조그만 스트레스만 받아도 엄청난 공포 반응을 일으켰다.

    약물을 복용하고 나서 증상이 곧 완화되긴 했지만 내 행동이 달라지기까지는 좀더 시간이 걸렸다. 사람들이 금세 알아챌 수 있는 뚜렷한 변화도 있었지만, 여러 해에 걸쳐 서서히 나아진 부분도 있었다. 내 강의를 오랜 기간에 걸쳐 들은 사람들은 강의가 좀더 부드럽고 자연스러워지는 걸 느낄 수 있었다고 한다. 약을 먹기 시작한 뒤에, 7년 만에 만난 한 친구는 이제는 내가 등을 구부리지 않고 똑바로 펴고 걷는다고 말해 주었다. 절뚝거리듯 걷지도 않고 전혀 다른 사람이 된 것 같다고 그녀는 말했다. 내가 이따금 몸을 구부리고 걷는다는 사실은 알았지만, 말할 때 호흡을 조절하려는 것처럼 들리고, 계속 우물우물 말을 먹는다는 사실은 몰랐다. 그러나 지금은 눈도 더 잘 맞추고 눈길을 피하지도 않는다. 사람들은 나와 이야기할 때 전보다 더 친근한 느낌이 든다고 말한다.

 1992년 여름, 커다란 섬유성 종양을 제거하기 위해 자궁 절제 수술을 받았다. 그때 생화학 물질이 내 몸에 미치는 영향이 얼마나 큰지 또 한 번 절감했다. 난소를 제거하자 몸 안의 에스트로겐 수치가 크게 낮아졌다. 에스트로겐이 줄어들자 신경이 예민해지고 관절이 쑤시기 시작했다. 압착기를 써도 편안하게 달래 주는 효과를 느낄 수가 없어서 나는 공포에 질렸다. 압착기가 아무런 영향을 주지 못하게 된 것이다. 다정한 감정과 다른 사람에 대한 공감도 사라져, 나는 고장난 컴퓨터 같은 사람이 되어 버리고 말았다. 나는 에스트로겐 보충제를 조금씩 먹기 시작했다. 1년 동안은 괜찮았으나 예전에 약물 치료를 시작하기 전과 같은 불안증과 대장염이 다시 찾아왔다. 거의 10년 동안 대장염을 잊고 살았었는데, 전에 느꼈던 것과 같은 과각성 상태의 패닉이 다시 시작된 것이다. 한밤중에 개 짖는 소리만 들려도 심장이 쿵쾅쿵쾅 뛰었다.

 토프라닐을 복용하기 전을 생각해 보니, 에스트로겐 수치가 가장 낮은 생리 기간에는 과민증이 거의 없었다는 사실이 떠올랐다. 그래서 에스트로겐을 너무 많이 복용해서 그렇다는 사실을 깨달았다. 에스트로겐 복용을 중단하자 불안 발작이 사라졌다. 지금은 당뇨병 환자가 인슐린 복용량을 조절하듯이 에스트로겐 복용량을 미세하게 조절한다. 다정한 공감의 감정을 가질 수 있을 정도로 에스트로겐을 복용하되, 지나치게 먹어서 신경계가 과민해져 불안 발작이 일어나지 않게 조절하는 것이다. 사춘기 때 패닉 발작이 일어나기 시작한 것도 에스트로겐 때문에 신경계가 예민해졌기 때문이었다고 생각한다. 내 신경계 상태에 원인을 설명할 수 없는 주기가 나타난 것도 에스트로겐 수치의 자연적인 변동 때문이 아니었을까 생각한다. 몇 달 동안은 난소에서 에스트로겐이 좀더 나오고, 그에 따라 엄청난 신경 발작이 일어났던 것이다. 지금은 세밀하게 에스트로겐 섭취량을 조절하기 때문에 신경 증상 주기도 사라졌다. 한쪽 난소는 아직도 부분적으로 기능하기 때문에 복용해야 하는 에스트로겐 양이 때에 따라 달라진다.

    내 몸 안의 생화학 물질을 조절한다고 해서 내가 완전히 다른 사람이 된 것은 아니지만, 내가 어떤 존재인가에 대한 생각은 어느 정도 달라졌다. 자동차를 튜닝하듯이 내 감정을 약물로 조절할 수 있다니 말이다. 어쨌든 해결책이 있다는 사실, 그리고 과민한 신경계가 나를 무너뜨리기 전에 약물로 더 나은 삶을 찾을 수 있게 되었다는 사실에 깊이 감사한다. 내가 겪은 문제들 대부분은, 기말 고사 성적이나 직장에서 해고되는 등의 외적 스트레스에 의한 것이 아니었다. 나는 타고난 신경계가 지속적인 공포와 불안 상태에서 작동하는 사람들 중 하나인 것이다. 아동 학대나 비행기 추락 사고, 전쟁 등으로 아주 심한 정신적 외상을 겪은 경우가 아니라면 이런 상태가 되는 사람은 거의 없다. 전에는 누구나 늘 이렇게 불안한 줄 알았는데, 나 말고 대부분의 사람들은 지속적인 불안 발작을 겪지 않는다는 것을 알게 되어 무척 뜻밖이었다.

자폐증의 약물 치료

요즘에는 자폐인에게 도움이 되는 새로운 치료약들이 많이 나와 있다. 약물 치료는 특히 사춘기 이후에 나타나는 문제에 아주 유용하다. 안타까운 점은 전문가들 중에 제대로 처방하는 법을 아는 사람이 많지 않다는 사실이다. 자폐증 관련 모임에서, 간질 증상이 있는 자폐인에게 약을 잘못 주면 대발작을 일으킬 수 있다거나 의사들이 말을 잠재울 수 있을 정도의 신경 이완제를 처방해서 사람들을 산송장으로 만들고 있다는 등의 끔찍한 이야기를 수도 없이 들었다. 부모들한테 심각한 부작용에 대한 이야기도 들었다. 한 자폐인은 항우울제를 과다하게 복용한 나머지 광포해져 방을 완전히 아수라장으로 부숴 놓았다고 한다. 또 어떤 사람은 여섯 가지 다른 약물을 섞어서 먹은 탓에 하루 종일 잠에서 깨어나지 못했다고 한다.

약물을 적절히 사용하는 것이 자폐증 치료 프로그램의 중요한 부분이기는 하지만 그것이 교육이나 사회화 프로그램을 대신할 수는 없다는 점에 유념해야 한다. 약물이 불안증을 감소시켜 줄 수는 있지만 좋은 선생님처럼 힘이 되어 줄 수는 없다. 강력한 약제를 너무 많이 먹어서 화학적 구속복을 입은 것처럼 행동이 부자유스러운 자폐인도 있다. 좋은 약물 치료법이란 적당한 양을 투여해서 뚜렷하고 분명한 효과가 나타나게끔 하는 것이다. 또 효과가 있는 약은 지속하고 효과가 없는 약은 과감하게 끊어야 한다. 자폐증 증상이 무척이나 다양하기 때문에 어떤 사람한테는 효과가 있는 약이 다른 사람한테는 무용지물일 수 있다.

클로미프라민(아나프라닐)이나 플루오세틴(프로작) 같은 새로 개발된 항우울제가 자폐증에 효과적일 수 있다는 연구 결과가 나와 있다. 이게 내가 먹는 약보다 더 효과가 좋은 경우도 많다. 이 약제에는 많은 자폐인들이 겪고 있는 강박증이나 비정상적 사고 등의 증상을 줄여 주는 효과가 추가되었다. 아나프라닐은 노프라민이나 토프라닐과 화학적으로 가까운데 뇌 내의 세로토닌 수치를 높여 주는 효과도 있다. 세로토닌은 신경계를 안정시키는 물질이다. 뇌전도에 이상이 있는 사람은 아나프라닐, 토프라닐, 노프라민을 쓸 때 아주 주의해야 한다. 뇌를 민감하게 해서 간질 발작을 유발할 수 있기 때문이다. 간질 증상이 있는 사람에게는 프로작 같은 다른 항우울제가 더 안전하다. 처방약을 복용하기 전에 자폐증용 약제에 대해 잘 아는 의사와 반드시 상담해야 한다.

보스턴의 자폐증 전문가 폴 하디(Paul Hardy) 박사나 하버드 의대 존 레이티(John Ratey) 박사 모두 자폐인은 항우울제를 쓸 때 자폐인이 아닌 사람보다 적은 분량을 복용해야 하는 경우가 많다고 말한다. 자폐증에 효과가 있는 복용량은 우울증 치료에 쓰이는 양보다 훨씬 적을 때가 많아, 〈의사의 탁상용 참조서*Physicians' Desk*

Reference〉에서 권하는 양은 너무 과다할 수 있다. 정상 복용량만큼이 필요한 경우도 있지만 정상치의 4분의 1이나 3분의 1 정도만 필요한 경우도 있다. 지나치게 많은 양을 복용하면 불안감, 불면증, 공격성, 흥분 등이 나타난다. 아주 적은 양을 투약하기 시작해서 조금씩 양을 늘려 가며 적정한 분량을 찾아내야 한다. 복용량은 가능한 한 최소로 한다. 필요 이상으로 올리면 극도의 공격성, 간질 발작, 그리고 일부에서는 조증(躁症) 정신 질환을 일으키는 등 파괴적인 결과를 초래할 수 있다. 복용량을 늘린 다음에 공격성, 불면증, 불안증이 나타난다면 즉시 양을 줄여야 한다. 과용의 징후로 제일 처음 나타나는 증상은 대개 불면증이다.

어떤 항우울제든지 이렇게 모순적인 결과를 불러올 수 있다. 뇌에서 두 가지 서로 다른 생화학적 경로를 따라 작용하기 때문이다. 한 경로는 우울증에서 벗어나도록 자극하고, 다른 쪽에서는 불안감을 진정시킨다. 적정한 복용량을 찾아내려면 미묘한 균형점을 포착해 내야 하는데, 많은 자폐인이 자기가 느끼는 섬세한 몸의 반응을 잘 표현하지 못하는 것이 문제다.

최근에 미국 자폐인회 모임에 갔다가 프로작으로 좋은 효과를 본 네 사람과 이야기를 할 기회가 있었다. 프로작은 부당하게 악명이 높지만, 이 약이 일으킨 문제 대부분은 과용에서 비롯된 것이다. 커피를 스무 잔 마신 것 같은 기분이 든다면 복용량이 너무 많은 것이다. 바로 복용량을 줄이면 심각한 문제가 발생하기 전에 막을 수 있다. 캐시 리스너-그랜트는 언어 구사력이 뛰어나고 머리가 좋은 자폐인인데 프로작 덕에 훨씬 살기가 좋아졌다고 한다. 프로작의 영향으로 비정상적 강박적 사고도 사라졌다. 그녀는 다른 항우울제로는 효과를 보지 못했었다. 아침에 20밀리그램을 복용했을 때 가장 효과적이었다고 한다. 두 명의 10대 소년은 프로작 40밀리그램으로 효과를 보고 있었다. 적정한 복용량이 아주 적은 경우도 있다. 스물여섯 살의 저기능 자폐인 한 사람은 일주일에 두 차례, 20밀리그램짜리 캡슐을 두 개 먹고 사회생활에 더 잘 적응할 수 있게 되었다. 프로작은 대사가 천천히 진행되기 때문에 적은 양을 처방하려면 이틀에 한 번 20밀리그램짜리 캡슐을 한 개씩 주면 된다. 하디 박사는 이 방법으로 많은 환자들이 효과를 보았다고 말한다. 토프라닐이나 아나프라닐 같은 약은 몸에서 빨리 빠져나가기 때문에 이틀에 한 개씩을 처방할 수가 없다. 자폐인이나 의사들의 말에 따르면 파록세틴(파실), 플루복사민(루복스), 서트랄린(졸로프트) 등의 신약도 효과적이다.

나는 10년 넘게 하루도 빠지지 않고 노프라민을 복용해 왔다. 조울증 환자가 리튬 복용을 한동안 중단했다가 다시 먹었더니 아무런 효과도 볼 수 없었다는 글을 어디에선가 읽은 뒤, 하루라도 약을 끊기가 두려워졌다. 텍사스 의대의 앨런 C. 스완 박사는 이런 현상이 일어나는 사람도 있고 아닌 사람도 있다고 말한다. 그렇지만 어떤 사람이 약물에 내성을 갖게 될지 예측할 수 있는 방법은 없다. 다른 지역을 여행하다가, 환자가 아나프라닐과 토프라닐 복용을 중단했다가 다시 먹기 시작하자 효과가 없어진 경우를 두 건 보았다. 첫 번째 경우는 대학을 성공적으로 졸업했으나 강박증에서 벗어나지 못해 힘들어하던 자폐인 여성이었다. 아나프라닐을 복용한 다음부터 그녀는 강박증에서 벗어날 수 있었다. 그러자 의사가 약을 끊게 했고, 증상이 다시 생겼을 때 그 약을 다시 복용했지만 더 이상 아무 효과도 없었다. 또 다른 경우는 뇌간에 손상을 입은 여성으로 빛, 소리, 접촉에 과민해졌는데, 토프라닐을 복용하자 민감성이 확연히 줄어들었다. 약을 끊었다가 다시 복용하자 약효가 사라졌다. 그러나 이런 문제는 삼환계[세 개의 고리가 연결된 모양의 분자 구조를 가진 물질—옮긴이] 항우울제 등에만 국한된 것이고, 그것도 언제나 그런 것은 아니다. 다른 약물은 끊었다가 다시 복용해도 효과가 떨어지지 않는 경우가 많다.

자폐증 치료제에 대해서는 알려지지 않은 부분이 많다. 나는 항우울제를 10년 넘게 일정량 투여해서 효과를 본 사람 중 하나다. 그러나 다른 경우를 보면, 몇 달 동안 약물 치료가 잘 되다가, 불안감이나 행동 문제가 재발하여 복용량을 올리자 심각한 부작용이 나타난 경우도 많았다. 복용량을 그대로 유지한다면 이런 재발 증상은 시간이 흐름에 따라 저절로 가라앉을 것이다.

내가 내 문제에 학술적으로 접근할 수 없었더라면 나를 구해줄 약물을 발견하지도 못했을 것이다. 자폐증은 증상이 워낙 다양하기 때문에 자폐증의 약물 치료에 대해서는 잘못된 정보가 너무나 많다. 예를 들어 뇌전도에 이상이 있는 자폐인이 간질 발작을 유발할 수 있는 항우울제를 복용하는 것은 무척 위험하다. 이런 사람들은 부스피론(부스파), 클로니딘(카타프레스)이나 인데랄(프로프라놀롤 하이드로클로라이드) 같은 베타 수용체 차단제가 도움이 될 수 있다. 부스파는 진정제고, 베타 수용체 차단제와 클로니딘은 혈압약이다. 레이티 박사는 베타 차단제가 공격성을 크게 감소시킨다고 말한다. 콜로라도에 사는 고기능 자폐인인 디 랜드리는 베타 수용체 차단제를 복용하자 불안감과 감각 과부하가 줄어들었다고 말했다. 그녀는 몇 년 동안 그 약을 복용하면서 효과를 보고 있었다. 내가 만나 본 두 명의 말을 하지 못하는 십대 자폐인들은 베타 수용체 차단제 덕에 격리 수용될 운명에서 벗어날 수 있었다. 이 아이들은 사춘기가 되자 공격성이 나타나 집 벽에 구멍을 뚫기 시작했다. 그러나 베타 수용체 차단제 덕에 계속 집에서 살 수 있게 되었다. 레이티 박사는 부스파로도 성공한 경우가 있다고 말해주었다. 부스파를 투약할 때는 최저 복용량 원칙을 준수해야 한다. 베타 수용체 차단제를 쓸 때는 정상 혈압을 유지하는 범위에서 투여해야 한다. 복용량을 아주 천천히 증가시켜 혈압이 지나치게 떨어지지 않게 주의한다. 매일 혈압을 체크해서 지나치게 낮아지지 않았는지 확인한다.

　클로니딘도 감각 과민성을 줄이는 데 효과적인 혈압약 중 하나다. 연구 결과와 자폐인들의 경험 모두 이 약이 자폐 아동과 성인의 행동과 사회적 상호 작용을 개선하는 효과가 있음을 보여 준다. 국제 자폐인 연구소의 버나드 림랜드(Bernard Rimland) 박사는, 부모들을 대상으로 한 설문 조사를 통해 클로니딘이 전반적인 행동 개선에 가장 큰 효과를 보였다는 것을 확인했다. 118개 사례 중 51퍼센트에서 효과가 있었다. 클로니딘 패치를 쓰려면 반으로 잘라서 써야 한다. 한 부모는 아이에게 잘라서 붙여 준 패치가 물에 젖어서 위험할 정도로 많은 양이 투여된 적이 있었다고 했다.

　레이티 박사는 다이어제팜(베일리엄)과 알프라졸람(자낙스) 등의 진정제는 될 수 있으면 피하라고 한다. 장기적 치료에는 적당하지 않다는 것이다. 메틸페니데이트(리탈린)는 자폐인에게 안 좋은 영향을 미치는 경우가 대부분이지만, 효과를 본 사람도 더러 있다. 디 랜드리는 리탈린을 복용함으로써 감각 지각이 안정되었다고 했다. 천연 물질인 멜라토닌은 자폐인의 수면을 도울 수 있다. 림랜드 박사가 1994년 부모들을 대상으로 한 조사에서는 97개 자폐증 사례 중 58퍼센트에서 칼슘 보충제의 도움을 받았다는 결과가 나왔다.

그렇지만 사람마다 모두 다르다. 부모, 전문가, 자폐인들과 이야기를 나누어 보면 불안감, 공포증, 강박증을 다스리려면 약물 치료가 필요한 자폐인이 있는 반면, 증상이 약한 사람은 운동 등 약물 외의 치료 방법으로 극복할 수 있다는 것을 알 수 있다. 무슨 약이든 위험 부담이 따른다. 약물 치료를 결심할 때는 약으로 얻을 수 있는 이득과 위험을 잘 견주어 보아야 할 것이다.

간질과 유사한 상태

일부 자폐 증상은 간질과 유사한 원인으로 인해 일어날 수 있다. 뇌파 검사로는 잘 감지되지 않는 아주 작은 발작이 일어나 감각 교란, 자해 행동, 공격성 폭발 등을 야기하는 것이다. 이런 경우, 뇌의 전기적 활동을 정상화하는 물질을 투약하면 자폐 증상이 줄어들고 아이가 말을 알아듣는 능력도 나아질 수 있다.

분노가 갑자기 폭발하는 원인이 전두엽의 간질 때문인 경우도 간혹 있다. 짜증이나 공격성이 괜히 느닷없이 나타날 때는 이 경우가 아닌지 의심해 보고 항경련제를 사용해야 한다. 뇌파 검사 결과 정상이 나왔더라도 전두엽 간질이 있을 수 있다. 검사실 내에서 발작이 일어나지 않는 한 뇌파는 정상으로 나올 것이기 때문이다.

림랜드 박사는 이런 환자 중 일부에게는 비타민 B6와 마그네슘이나 디메틸글리신(DMG)이 효과가 있다고 말한다. 프랑스에서는 이런 영양 보충제에 입원 상태인 자폐증 환자의 행동을 개선하고 뇌의 전기적 활동을 정상화하는 효과가 있다는 연구가 나왔었다. 특히 갑자기 분노를 폭발시키거나 한 순간 웃다가 다음 순간 우는 등 간질과 유사한 증상을 보이는 사람들에게 효과적이었다. 정상적으로 언어가 발달하다가 어느 순간에 말을 하고 말을 알아듣는 능력을 잃어버린 어린아이들에게도 유효했다.

장애가 심한, 말을 하지 못하는 아이들의 경우, 초기에 항경련제를 투약하면 말을 알아듣지 못하게 만드는 청각 처리 문제가 줄어들어 언어 발달에 도움이 될 수 있다. 비타민 B6나 마그네슘 보충으로 언어 능력이 향상된 일부 사례를 부모들로부터 들을 수 있다. 새로 개발된 간질약도 전망이 밝아 연구해 볼 만하다. 펠바메이트(펠바톨)라는 새로운 간질약이 최근에 미국 식약청(FDA)에서 허가를 받았다. 이 약으로 장애가 심한 아이 두 명이 좋은 결과를 보았다. 한 아이는 말을 알아듣지 못했고, 다른 아이는 무척 공격적이고 통제가 불가능할 정도로 충동적이었다. 첫 번째 아이는 펠바톨 투약 후 말을 되찾았고, 두 번째 아이는 행동이 눈에 띄게 좋아졌다. 그렇지만 이 약은 재생 불량성 빈혈을 유발할 위험이 있기 때문에 아주 신중하게 사용해야 한다. 치명적일 수 있는 합병증을 막으려면 수시로 혈액 검사를 해볼 필요가 있다.

스웨덴의 유명한 연구자 크리스토퍼 길버그는 에소석시마이드(자론틴)라는 간질약이 심한 자폐 증상을 사라지게 하고 다시 말을 할 수 있게 했다고 보고했다. 시카고 머시 병원의 앤드리어스 플리오플리스 박사는 항경련제 발프로익산(데파킨)을 먹고 3~5세의 자폐아 세 명의 자폐 증상이 감소했다고 밝혔다. 이 아이들은 발작 증상은 없었으나 뇌파에 약간의 이상이 있었다. 이런 치료 방법은 어린아이들한테 특히 효과가 좋다. 청각 처리 과정을 개선시켜 아이가 말을 정확히 들을 수 있게 해 주기 때문에, 뇌의 언어 습득 능력이 가장 활발한 시기에 투약하면 언어 발달을 도울 수 있다.

항경련제가 어떤 형태의 자폐증에 가장 효과적일지 찾아내기 위해서는 세밀한 연구가 절실히 필요하다. 내 생각에는 18~24개월 즈음까지 정상적으로 발달하는 것처럼 보이다가 그 이후에 언어적 사회적 상호 작용을 잃은 자폐아에게 가장 도움이 될 것 같다. 이 아이들은 간질성 발작이나 신경 검사에서 쉽게 발견되는 비정상을 가지고 있을 가능성이 높다. 신경계를 검사해 보면, 말을 할 줄 아는 자폐아보다 이런 아이들한테 중앙 신경계 이상 징후가 더 많이 발견된다. 그렇지만 신경 검사에서 정상으로 나온 아이들도 항경련제로 효과를 볼 수 있다.

검사에서 감지되지 않는 비정상성도 있을 수 있다. 내 경우는 정상적으로 언어가 발달한 기간이 없었다. 안타까운 사실은 현재의 진단 체계는 여러 종류의 자폐증을 하나로 취급하여 진단하고 있다는 점이다. 약물 치료의 관점에서 보면 그것은 사과와 오렌지를 뒤

섞어 놓는 것이나 다름없다.

세 살 이후에 언어를 잃으면 이런 장애는 자폐증이라기보다는 후천성 실어증 붕괴성 장애 혹은 랜도-클레프너 증후군으로 분류된다. 랜도-클레프너 증후군을 겪는 한 아이는 자기 귀에 이상이 있어서 뇌가 제대로 작동하지 않는다고 자기 엄마에게 말했다. 아이는 귓속의 웅웅거리는 소리 때문에 말을 알아듣지 못했다. 전형적인 랜도-클레프너 증후군을 가진 아이들은 자폐 증상을 보이며, 말을 완전히 잃지는 않더라도 몇몇 명사와 동사만으로 이루어진 불완전한 언어를 구사하게 된다. 또 어조가 단조롭다.

이스라엘의 핀처스 러만 박사는 코르티코스테로이드 치료로도 언어 능력이 좋아질 수 있다는 사실을 발견했다. 프레드니손을 투약했는데, 이 약은 부작용이 심각하기 때문에 심한 자폐아의 경우에, 그리고 확실하고 현저한 효과가 있을 때에만 사용해야 한다. 러만 박사는 증상이 처음 나타났을 때 치료해야 약효가 가장 크게 나타난다고 말한다. 간질 증상으로 뇌가 많이 망가지면 망가질수록 아이가 언어를 회복하기가 점점 어려워지는 것이다. 이 분야도 더 많은 연구가 필요하다. 말을 잃는 것이 신경계의 미성숙 때문일 수도 있기 때문에 이런 스테로이드성 약물은 단기간만 투여해야 할 것이다.

자해 행동 치료

자폐인 가운데 일부는 머리를 부딪치거나 자기 몸을 물어뜯는 등 자해 행동을 한다. 이런 자학 행위를 막는 데 쓰이는 날트렉손(트렉산)이라는 약에 대한 연구가 많이 이루어졌다. 이 약은 원래 헤로인 과용 치료제로, 엔도르핀 같은 뇌에서 만들어지는 마약 물질의 활동을 막는다. 머리를 부딪치거나 자기 몸을 물거나 눈을 때리는 등 자폐인의 심한 자학 행동을 막는 데도 이 약이 효과적이라는 사실이 여러 연구를 통해 밝혀졌다. 로드 아일랜드의 에마 펜들턴 브래들리 병원의 롤랜드 바렛과 동료들의 연구에서, 날트렉손을 단기간 투약했을 때 주기적 자해 행위가 사라지는 것이 확인되었다.

날트렉손을 처음 투여했을 때는, 환자가 마취 물질이 더 분비되게 하려고 하기 때문에 자해 행위가 일시적으로 증가할 수 있다. 이 약은 자기 가슴을 물어뜯는 말에게도 같은 효과를 가져온다. 물어뜯는 행동이 일시적으로 심해지다가, 그렇게 해도 엔도르핀 분비가 이루어지지 않는다는 것을 깨달으면서 사라지게 된다.

동물이나 사람이나 마사지, 피부를 브러시로 문지르기, 강한 압력을 가하기 등의 감각 통합 방법을 통해서도 약물을 쓰지 않고 자해 행위를 줄일 수 있는 경우가 있다. 자해 행동의 대상이 되는 신체 부위에 진동 마사지기를 대어 주는 것도 효과가 있다. 감각 통합 방법과 더불어 날트렉손을 짧은 기간 동안 투여하면 문제가 재발하는 것을 막을 수 있다.

애리조나 피닉스의 작업요법사 로나 킹은 자해 행동을 하는 아이는 통증을 느끼지 못하는 것처럼 보인다는 사실을 발견했다. 그녀는 자해 행위를 줄이기 위해 아이를 무거운 매트로 돌돌 말고 그네에 태우는 등 감각 통합 방법을 사용해 보았다. 그러자 자해 행동이 줄어들면서 통증을 느끼는 능력이 되돌아왔다. 로나는 자해 행위가 있은 직후에 바로 감각 통합 방법을 적용하면 절대로 안 된다는 점을 강조한다. 그러면 자해 행위에 대한 보상으로 받아들일 수가 있기 때문이다. 매일 정해진 시간에 실시해서 자해 행위 자체와 연계되지 않도록 해야 한다.

볼링 그린 대학의 잭 팽셉이 날트렉손이 자폐아의 사회성 향상에 도움이 된다는 사실을 발견했으나, 정확한 복용량을 찾아내는 게 관건이다. 이 약이 미국에서 많이 쓰이지 않는 이유는 가격이 워낙 비싸기 때문이다. 헤로인 과용 치료를 위해 1회분씩 판매되기 때문이다. 그나마 알코올 중독 치료를 위해 새로운 형태로 발매되는 약이 좀더 저렴하다.

자해 방지를 위해 프로작도 쓰인다. 모임에서 만난 한 남자는 프로작과 트립토판(우유, 고기, 열대 과일 등에 들어 있는 천연 물질로 체내 세로토닌 농도를 높이고 프로작의 효과를 배가한다)을 함께 복용하기 시작하고 나서 자해 행위를 완전히 멈출 수 있었다고 한다. 두 물질을 함께 사용할 때는 세로토닌 과잉이 오지 않도록 극히 주의해야 한다. 안타깝게도 트립토판 보조제는 미국에서 구할 수 없다. 오염된 원료로 만들어진 트립토판 제제를 먹고 사망한 사람이 있어 FDA에서 금지시켰기 때문이다. FDA는 대체 치료제를 지나치게 규제하는 경향이 있다. 트립토판 시판을 금지해서 자폐인들은 피해를 보는 것이다. FDA는 멜라토닌, DMG, 비타민 B6, 마그네슘 등 자폐인에게 유용한 다른 보조제도 금지하려 하고 있다.

마찬가지로 전문가들 중에도 이른바 자연 치료법이라는 것에 대해 부정적인 시각을 지닌 이들이 많다. 이 방법이 실험실 환경 연구에서 뚜렷한 효과를 보이지 않았기 때문이다. 그러나 그 이유는 자폐증이 여러 가지 서로 다른 생화학적 비정상과 관련된 다양한 형태의 광범위한 이상이기 때문이라고 보는 것이 옳을 것이다. 트립토판 같은 보조제는 어떤 자폐인에게는 효과가 있지만 또 다른 사람에게는 아무런 영향이 없을 수 있다. 어떤 보조제는 겨우 10퍼센트 정도의 자폐인에게만 효과가 있다. 그렇지만 그 10퍼센트의 사람들에게는 무척이나 유용한 약제인 것이다.

신경 이완제

논란의 여지가 있는 실험적 치료 방법을 소개한다고 나를 비난할 전문가들도 있을 것이다. 그렇지만 항경련제로 실험을 해보는 것이, 일부 의사가 사탕 나눠 주듯 내주는 신경 이완제를 과용하는 것보다는 훨씬 덜 위험하다. 일부 시설에서는 할로페리돌(할돌)이나 사이오리다진(멜라릴) 같은 약을 처방하여 자폐인을 산송장이나 다름없이 만들고 있다.

신경 이완제는 신경계에 미치는 독성이 무척 강해서, 많은 양을 계속 복용하면 십중팔구 신경계에 이상이 오고 파킨슨병과 유사한 지연성 운동 이상(tardive dyskinesia)을 가져올 수 있다. 신경 이완제는 정신분열증 환자의 환각 증상을 치료하기 위한 것이다. 정신분열증 환자가 할돌을 복용하면 완전히 통제를 벗어난 삶에서 벗어나 비교적 정상적인 삶을 영위할 수 있게 된다. 그러니 심각한 부작용의 위험도 감수할 만한 것이다.

　자폐인 중에는 투렛 증후군도 함께 가지고 있는 사람들이 있는데, 투렛 증후군이란 의도하지 않은 움직임을 반복한다거나(틱), 하루에 여러 차례 자기도 모르게 짧은 단어를 말하는 현상이다. 이런 사람들에게는 미량의 할돌이 유효하다. 투렛 증후군에는 할돌과 카타프레스라는 두 가지 약제가 효과가 있다. 그렇지만 투렛 증후군을 갖고 있지 않은 자폐인에게는 할돌을 쓰지 않는 것이 좋다. 투렛 증후군이 의심되거나 가계(家系)에 투렛 증후군이 나타난 역사가 있는 경우에는 리탈린을 피해야 하는데, 리탈린이 투렛 증후군을 악화시킬 수 있기 때문이다.

　자폐증 같은 복잡한 이상에 대해서는 획기적인 치료 방법이니 완전한 실패니 하는 주장이 항상 있기 마련이다. 자폐인에게 가장 필요하고 중요한 의사는, 여러 가지 약을 시도해 보고 영향을 신중하게 관찰하고 효과가 없으면 다른 방법을 시도해 보려고 하는, 지식과 함께 열린 마음을 갖춘 사람이어야 한다. 온갖 가지 좋다는 약은 모두 함께 섞어서 사용하다가 갑자기 약물 치료를 멈추는 것은 반드시 피해야 한다. 한참 복용해 온 약을 중단하려면 복용량을 서서히 줄여야 한다. 어떤 약을 갑자기 끊으면 심각한 결과를 초래할 수 있다. 또 어떤 약들은 함께 먹으면 이상한 상호 작용을 일으킨다. 자폐아를 둔 두 부모가 프로작을 카바마제핀(테그레톨)이라는 항경련제와 함께 쓰자 아이가 너무 졸려서 제대로 움직이지 못했다고 한다. 프로작은 일반적으로 흥분제로 쓰이는데 말이다. 자폐인에게 같은 종류에 속하는 두세 가지의 약을 함께 주는 것은 아무 의미가 없다. 그렇지만 베타 수용체 차단제, 항경련제, 신경 이완제, 삼환성 항우울제, 세로토닌 재흡수 차단제, 항우울제 등 서로 다른 부류에 속하는 약을 세 가지까지 함께 복용하는 것은 효과적인 치료가 될 수 있다. 지금까지 나는 지나치게 많은 양의 약물을 복용하는 자폐인을 너무나 많이 보아 왔다. 매일 여러 시간 동안 자폐인을 살필 수 있는 부모나 교사가 약물 치료가 효과적인지 아닌지를 판단해야 한다. 영리하고 언어를 구사할 수 있는 환자라면 자기가 복용하는 약물의 효과를 평가하는 데 적극적인 역할을 해야 하겠지만 말이다.

또, 많은 의사들이 알레르기와 음식 과민증도 자폐 증상에 영향을 미친다는 주장을 무시하고 있다. 그렇지만 알레르기 등이 심하면 자폐 증상이 악화될 수 있다. 수백 명의 부모로부터 우유, 밀, 옥수수, 초콜릿, 토마토 등을 아이의 식단에서 뺐더니 행동이 크게 좋아졌다는 말을 들을 수 있었다. 그런다고 병이 낫는 것은 아니지만 어쨌든 증상이 나아진 것이다. 알레르기 반응을 일으킬 가능성이 높은 식품은 어린아이의 식사에서 주요 부분을 구성하는 식품이기도 하다. 나쁜 행동을 증가시키는 음식이 아이가 좋아하는 음식인 경우도 많아, 아이가 금지된 음식을 간절히 원할 수도 있다. 알레르기 판별에 쓰이는 표준 피부 스크래치 검사는 정확하지 않을 때가 많고, 음식물 알레르기는 잘 판별이 안 될 수 있다. 알레르기를 확인하는 한 가지 방법은, 알레르기를 가장 많이 유발하는 식품인 우유와 곡물 글루텐을 아이의 식단에서 일정 기간 동안 빼 보는 것이다. 그렇지만 우유나 유제품을 빼려면 뼈가 성장하고 신경이 제대로 기능할 수 있도록 칼슘을 보충해 줘야 한다.

부모나 교사들은 미국 자폐인회 등의 단체에 가입해서 치료에 대한 최신 정보를 얻는 게 좋겠다. 이들 단체는 소식지 등을 통해 전문가들보다 더 빠르게 새로운 치료 방법에 대한 정보를 제공해 준다. 자폐증에 관해서는 치료 방법이 유행을 타기도 하고, 성급한 주장도 많다. 치료법이 발달하면서 여러 가지 도움을 얻을 수 있게 되긴 하였으나 부러진 다리를 붙여 주듯 한 순간에 자폐증을 고쳐 줄 기적의 치료법이란 없다.

많은 부모들이 절박한 심정이 되어 여러 병원을 전전하며 끝없이 검사를 받느라 수천 달러를 쓰고 고생도 많이 한다. 뇌종양, 간질, 갑상선 이상, 뇌수종, 진단 불가능한 케톤 요증 등의 대사 장애 등 몇 가지 기본적 검사만 하면 된다. 그 이상의 검사는 돈 낭비다. 차라리 그 돈을 아이가 두세 살 전에 좋은 교육 프로그램에 들어갈 수 있도록 쓰는 게 낫다. 이 책에서 설명한 약들은 모두 의사의 처방이 있어야 구할 수 있는 것들이다. 앞서 말했듯이 자폐증에 대한 지식을 갖춘, 그리고 치료 방법에 대해 열린 마음을 가진 의사가 절실하다. 내가 부모들에게 하고 싶은 말은 간단하다. 40여 년 전에 한 좋은 의사 선생님이 우리 어머니에게 해 준 말인데, 의사, 약, 당신 자신, 그리고 무엇보다도 당신 아이에 대해, 당신의 본능을 믿으라는 것이다.

7

타인과 상호 작용하기

자폐증과 인간 관계

자폐인들 가운데는 텔레비전 드라마 〈스타 트렉〉의 팬이 많다. 나는 〈스타트렉〉이 처음 방영되었을 때부터 팬이었다. 대학 다닐 때는 〈스타 트렉〉이 내 사고에도 큰 영향을 미칠 정도였다. 원래 〈스타 트렉〉 시리즈는 각 에피소드마다 교훈이 있다. 인물들은 행성 연합 연방에서 하달한 일련의 확고한 도덕적 원칙을 준수한다. 나는 논리적인 스포크 씨와 나 자신을 동일시했는데, 그의 사고방식을 완전히 이해할 수 있었기 때문이다.

그 시리즈 중에서 내가 납득할 수 있는 방식으로 논리와 감정의 갈등을 묘사한 한 에피소드가 특히 생생히 기억난다. 괴물이 바위로 우주 왕복선을 부수려고 한다. 그 와중에 동료 한 명이 죽었다. 논리적인 스포크 씨는 괴물이 우주선을 망가뜨리기 전에 빨리 이륙해서 탈출하자고 하고, 다른 사람들은 죽은 동료의 시신을 가져오기 전에는 떠날 수 없다고 한다. 우주선이 산산 조각날 상황에서 시체를 구한다는 게 스포크에게는 아무런 의미가 없다. 그렇지만 다른 사람들은 동료에 대한 애정 때문에 어떻게든 시체를 수습해 제대로 된 장례를 치러 주고 싶어한다.

보통 사람들은 아무렇지도 않게 하는 사회적 상호 작용이 자폐인에게는 엄청나게 힘든 일일 수 있다. 어릴 때 나는 어떻게 행동해야 할지 이끌어 줄 본능을 타고 나지 못한 동물과 같았다. 시행 착오를 통해 배우는 수밖에 다른 방법이 없었다. 나는 늘 다른 사람들의 행동을 관찰하고, 어떻게 행동하는 게 가장 좋은지 파악하고 그렇게 행동하려고 애썼지만 그래도 항상 어딘가 어색했다. 어떤 사회적 행동이든 곰곰이 생각해 보지 않으면 납득이 가지 않았다. 다른 학생들은 비틀즈에 열광했지만 나는 그들의 반응을 ISP(흥미로운 사회적 현상)라고 불렀다. 나는 원주민의 생활상을 파악하려고 애쓰는 인류학자 같았다. 함께 참여하고 싶어도 어떻게 해야 하는지를 몰랐던 것이다.

고등학교 때 일기장에는 이렇게 적혀 있다. "언제나 차갑고 냉정한 관찰자이기만 해서는 안 된다. 같이 어울려야 한다." 그렇지만 지금도 나는 관찰자의 입장에서 사고한다. 내가 다른 사람과 뭔가 다르다는 것을 안 지는 2년도 채 안 되었다. 클래식 음악을 듣고 머릿속에서 이미지를 떠올리는 테스트를 받았는데, 내가 떠올린 이미지는 다른 사람의 것과 비슷하기는 했지만 언제나 관찰자의 입장이었다. 예를 들면 반짝이는 수면 위에 배가 떠가는 이미지를 연상시키는 음악을 들었을 때, 나는 엽서 그림 같은 것을 떠올렸지만 다른 사람들은 대부분 자기가 보트를 타고 있는 모습을 상상했다.

평생 나는 관찰자였고, 나 자신을 외부에서 지켜보는 사람으로 느꼈다. 고등학교 때도 사교 활동에 참여하지를 못했다. 일단, 무슨 옷을 입는지가 왜 그렇게 중요한지 이해가 가지 않았다. 게다가 과학실에 가면 훨씬 더 재미있는 것이 많고 생각할 것도 많았으니 말이다. 나에게는 옷보다는 공학이나 실험 심리학이 훨씬 흥미로웠다. 다른 학생들은 액세서리 등에 관한 아무 내용 없는 이야기를 몇 시간이고 서서 떠들어 댔다. 그런 이야기를 해서 얻는 게 대체 뭐지? 나는 도무지 거기 낄 수가 없었다. 사람들 사이에서 함께 어울릴 수는 없었지만 스키나 승마 등 같은 취미를 가진 친구는 몇 있었다. 항상 내가 어떤 사람인지가 아니라 무엇을 하는지에 따라 친구를 사귀게 되었다.

지금까지도 인간관계에 대해서 완전히 이해하지는 못했다. 예전에 내가 고등학교 때 쓰던 용어로 말하자면, 나는 지금도 성관계가 가장 중대한 '조직 내의 금기'라고 생각한다. 많은 사람들이 그것 때문에 명예와 직장을 잃곤 하니 말이다. 책을 통해서나 모임에서 만난 사람들과의 대화를 통해 들은 이야기들을 종합해 보면 인간관계를 잘 꾸려 가는 자폐인들은 독신 생활을 택거나 비슷한 장애를 가진 사람과 결혼한 경우가 많다. 잘 꾸려 간다는 말은 보람 있고 만족스러운 삶을 살아갈 수 있다는 뜻이다. 자폐인끼리 결혼하거나 자폐인이 장애인이나 다른 특이한 배우자를 만났을 때 결혼 생활이 좀더 잘 유지된다. 육체적인 매력 때문이라기보다는 비슷한 관심사가 있기 때문에 두 사람은 가까워질 수가 있다. 또 두 사람의 지성이 비슷한 파장으로 작용하기 때문에 서로에게 끌린다.

나는 내가 감당하기에 벅찬 복잡한 사회적 상황을 피하기 위해 결혼을 하지 않았다. 대부분의 자폐인들은 기본적인 사회적 행위를 이해하지 못할 뿐 아니라, 육체적인 접근도 문제가 된다. 자폐인 모임에 온 여성들 중에서 데이트를 하다가 강간을 당했다는 여성을 여럿 보았다. 성적 흥미를 표현하는 상대방의 미묘한 암시를 이해하지 못했기 때문에 일어난 일이었다. 또 자폐인 남성들은 데이트는 하고 싶은데 상대 여성에게 어떻게 말을 걸어야 하는지를 모른다. 그런 모습을 보면 〈스타 트렉〉에 나오는 안드로이드 데이터가 생각난다. 한 에피소드에서 데이터가 데이트를 시도했는데, 처참한 실패로 끝나고 말았다. 데이터는 로맨틱한 분위기를 조성한답시고 과학적 용어를 사용해 상대 여성을 칭찬한다. 능력이 뛰어난 자폐인들도 이런 문제에서는 자유롭지 못하다.

《국경에서 온 소식》의 저자 폴 맥도넬은 데이트 경험을 이야기하며 이렇게 말한다. "내가 그녀를 강박적으로 너무 자주 보려고 하기 전에는 우리 사이가 잘 되어 갔다." 상대 여성은 그냥 친구 사이로 지내고 싶어했는데 폴은 자기와 점점 더 많은 시간을 보내도록 강요했던 것이다. 폴은 여자친구가 자기와 늘 함께 있고 싶어하지는 않는다는 것을 깨닫지 못했다. 사고가 경직된 자폐인은 데이트하기가 한층 더 어렵다. 적절한 행동이 뭔지를 모른다. 한 젊은이는 어떤 아가씨한테 관심을 갖게 되자 자기 정체를 감추려고 미식축구 헬멧을 쓰고 그녀의 집을 찾아갔다. 그리고 창문으로 그녀의 방을 들여다보아도 괜찮다고 생각했다. 상상력 없는 시각적 사고 속에서, 자기 정체를 감추었으니 창문 밖에 서서 안을 들여다보아도 모를 것이라고 생각한 것이다.

사무적 관계는 기계적인 절차들을 익히면 할 수 있지만, 데이트하기는 훨씬 어렵다. 데이트하는 데 필요한 사회적 기술보다 아파트를 세내고 일을 하는 등에 필요한 사회적 기술을 익히는 것이 나한테는 훨씬 쉬웠다. 복잡한 사회적 상호 작용을 어떻게 할지 이끌어 줄 감정적 단서를 잘 포착하지 못하기 때문이다. 한 번은 강의를 하고 난 뒤 한 자폐인 젊은이한테서 매우 부적절한 연애 편지를 받았다. 초등학교 3학년짜리 아이들이나 주고받을 만한 편지였다. 그는 내가 그걸 진지한 프러포즈로 받아들이길 기대했고, 내가 편지를 무시하자 무척이나 실망했다. 나는 답장을 쓰지 않았는데, 이런 편지에 답장을 쓰면 그런 행동을 오히려 부추기게 된다는 것을 경험을 통해 알고 있었기 때문이다. 누군가 그에게 방금 만난 사람에게 프러포즈하는 건 부적절하다는 사실을 가르쳐 주어야 할 것이다. 나처럼 그도 마치 글을 배우듯이 사회적 상호 작용의 규칙을 배우고 익혀야 할 것이다. 나는 특히, 서로 이성이 아닌 감정으로 반응하는 가족 관계에 대해서, 번역자 역할을 해 줄 수 있는 친구들과 한참 토론을 해야 할 때가 많다. 논리가 아닌 복잡한 감정에 의해 이루어지는 사회적 행동을 이해하려면 다른 사람의 도움을 받아야만 한다.

한스 아스퍼거는, 정상적인 아이는 본능을 통해 사회적 기술을 무의식적으로 익힌다고 말했다. 그렇지만 자폐인은 "지성을 통해 사회적 적응 과정을 배워 나가야 한다." 앞 장에서 이야기한 스물일곱 살인 자폐인 대학원생 짐도 비슷한 이야기를 했다. 그는, 자폐인은 자연스럽게 의사소통을 할 수 있게 해 주는 기본적 본능을 갖추지 못했다고 말한다. 자폐아는 학교에서 학문을 배우듯 체계적으로 사회적 기술을 습득해 나가야 한다.

짐 싱클레어는 자기 생각을 이런 말로 요약했다. "사회적 상호 작용이란, 보통 사람들은 일부러 배우지 않아도 아는 것들로 이루어져 있다." 그 자신도 타인과 적절히 상호 작용하는 방법을 알기 위해 다른 사람들에게 꼬치꼬치 물어야 했다. 그는 새로 알게 된 사람마다 "각각 다른 번역 코드"를 만들어 냈다. 이와 비슷하게 토니 W.는, 다른 사람이 어떻게 느끼는지에 대해 알고는 있었지만 자기 자신은 그런 감정을 느끼지 않는다고 말했다. 도나 윌리엄스는 정상적으로 행동하기 위해 감정을 흉내 내곤 했지만 그것은 컴퓨터에서 파일을 불러오는 것과 비슷한 순전히 기계적인 과정이었다고 한다.

나는 미묘한 감정적 단서를 포착해 내지 못한다. 어떤 동작, 어떤 표정이 무얼 의미하는지 시행 착오를 통해 배워야 했다. 처음 일을 시작했을 때는 첫 연락을 취해야 할 때 주로 전화를 썼다. 복잡한 사회적 신호를 파악하느라 애쓸 필요가 없어, 전화로 대화하는 것이 훨씬 편했기 때문이다. 그렇게 해서 현관 안으로 첫발을 들여놓을 수 있었다. 전화로 연락을 취한 다음, 고객에게 프로젝트 제안서와 내가 전에 한 작업 사진이 담긴 팸플릿을 보냈다. 그러면 어설픈 내 모습을 보이지 않고 내 자격 조건을 충분히 보여 줄 수 있게 된다. 그 일을 하도록 채용되기 전에는 나를 직접 드러내지 않을 수 있는 것이다. 나는 또 전화로 애리조나 목축업자협회 연간지에 광고를 게재할 광고주를 모집하는 일도 잘 한다. 무조건 큰 회사에 전화를 걸어 홍보부를 바꿔 달라고 한다. 나는 상대방의 직위나 사회적 지위 같은 것에 기가 죽지 않는다. 다른 자폐인들도 사회적 신호들을 파악할 필요가 적기 때문에 대면 접촉보다는 전화를 통해 친구를 사귀는 것이 쉽다고 말한다.

자폐인한테는 거짓말하는 것도 무척 힘들다. 거짓말을 하는 데는 복잡한 감정이 연관되기 때문이다. 아무리 사소한 선의의 거짓말이어도 순간적으로 극도로 긴장한다. 아주 사소한 악의 없는 거짓말을 하려고 할 때도 수차례 머릿속에서 예행 연습을 해본다. 상대방이 물을 수 있는 여러 다른 질문과 상황에 대한 비디오 시뮬레이션을 돌려 보는 것이다. 그랬는데도 상대방이 예상치 못한 질문을 던지면 당황하여 허둥대게 된다. 가능한 모든 응답을 충분히 연습해 보지 않고 상대방과 이야기를 하면서 즉흥적으로 거짓말을 하기란 정말로 어렵다. 상대방이 정말 속고 있는지 판단하기 위해, 미묘한 반응을 재빨리 해석해 내야 하기 때문에 거짓말을 해야 할 때는 극도로 긴장하고 불안해진다.

자폐인은 거짓말을 할 수 없다고 말하는 전문가들도 있다. 이 사람들은 유타 프리스의 자폐증 개념을 따르는 것이다. 프리스의 개념은 자폐인은 '마음 이론'을 갖추지 못했다는 것으로, 즉 자폐인은 다른 사람이 무슨 생각을 하는지 파악할 수 없다는 뜻이다. 인지적 결함이 심한 자폐인이 다른 사람의 관점에서 상황을 볼 수 없다는 것은 사실이다. 그렇지만 나는 시각화 기술과 논리를 이용해 문제를 해결하고 다른 사람이 어떻게 반응할지를 추측했고 거짓의 개

넘도 잘 이해했다.

나는 어릴 때 술래잡기를 하고 놀았는데, 웃옷에 낙엽을 채워 나무에 걸어 놓아 술래를 속여 엉뚱한 방향으로 보내는 방법을 배웠다. 또 고등학교 때는 판지로 만든 접시 안에 손전등을 넣어 다른 여자아이 방 창문 앞에 걸어 놓아 전교생이 비행접시를 보았다고 믿게 만들었다. 그 아이가 그것에 대해 물었을 때 나는, 공사중인 기숙사 지붕에서 단열재 조각이 떨어지는 걸 보았을 거라고 말해 주었다.

나는 내가 자리를 비운 동안 접시가 나타난 것을 아이들이 연결지어 생각하지 않도록 단열재가 떨어진 것 등을 포함해 온갖 설명을 다 준비해 미리 연습해 보았다. 내 장난은 성공적이었다. 이틀 후 전교생 대부분이 정말 비행접시가 나타났다고 믿게 되었다. 뭐라고 이야기를 할지 상상 속에서 전부 연습해 보았기 때문에 속이기가 아주 쉬웠다.

나는 이런 종류의 장난을 무척 좋아한다. 내가 자신 있는, 구체적 상상력을 요구하는 장난이기 때문이다. 해커가 컴퓨터에 침투하는 것과 비슷한 도전심이 생긴다. 실제로 나는 해커와 나를 동일시할 때가 많다. 내가 지금 열네 살이라면 아마 내가 해낼 수 있는지 확인하고 싶은 생각에서 여기저기 컴퓨터에 침투하고 있을 것이다. 그렇지만 악의가 있는 사기는 한 번도 쳐 본 적이 없다. 내가 이런 장난을 치는 게 어떤 면에서는 깊이 있는 인간 관계에 대한 대용물일 수도 있다는 생각이 든다. 상호 작용하지 않고도 다른 사람의 세계에 침투할 수 있는 것이다.

사회적 관계의 기술

자폐인은 다른 사람에게 이용당하는 경우도 많다. 폴 맥도넬은 친구라고 생각했던 사람한테 배신당한 뼈아픈 경험을 들려준다. 그 사람 때문에 돈도 뺏기고 차도 망가졌다고 한다. 문제가 발생할 징후를 알아차리지 못했기 때문이다. 비행접시 장난이나 웃옷에 낙엽을 집어넣는 것 같은 장난을 칠 때는 속임수의 개념을 이해하기 쉽지만 어떤 사람이 부정직한가 아닌가를 파악하기란 훨씬 힘들다. 대학 다닐 때 나는 친구인 척하는 학생들한테 배신을 당한 적이 있다. 그 아이들에게 마음속 깊이 감추어 둔 생각을 털어놓았는데, 그들은 바로 파티에 가서 그 이야기를 떠벌이며 웃고 있었던 것이다.

나는 과거의 경험이나 텔레비전, 영화, 신문 등에서 본 것에 대한 기억을 오랜 기간에 걸쳐 엄청난 분량으로 축적해 놓았고, 이걸 이용해 철저히 논리적으로 행동한다. 그래서 자폐증으로 인해 일어날 수 있는 사회적인 낭패나 곤경을 피할 수 있다. 경험을 통해 어떤 행동이 다른 사람을 화나게 하는지를 알게 된 것이다. 젊었을 때는 축척된 데이터가 충분치 않았기 때문에 이런 식으로 논리적으로 내린 결정이 잘못되었을 때가 많았다. 지금은 기억 속에 정보가 더 많이 축적되어 있기 때문에 사회적 행동도 많이 좋아졌다. 시각화 기술을 사용하여 나는 나 자신을 거리를 두고 관찰한다. 이걸 나는 '숨어 있는 작은 과학자'라고 부른다. 작은 새가 된 것처럼 높은 곳에서 내 행동을 관찰하는 것이다. 다른 자폐인들 중에서도 이와 비슷한 생각을 하는 사람들이 있다. 아스퍼거 박사는 자폐아는 스스로를 끊임없이 관찰한다고 했다. 자기 자신을 관심의 대상으로 바라보는 것이다. 션 배런은 《이 안에 아이가 있어요》라는 책에서 사회적 실수를 파악하기 위해 자기 자신과 대화를 나눈다고 말하였다. 자기를 둘로 나눠서 서로 대화를 하게 하는 것이다.

안토니오 다마지오는 발작으로 갑자기 감정을 잃은 사람들은 재정적, 사회적인 결정을 내릴 때 큰 실수를 하는 경우가 많다고 말한다. 이런 환자들은 사고는 완전히 정상이고, 가설적 상황에 대해 질문을 던지면 정상적으로 대답한다. 그렇지만 감정적 신호 없이 빠르게 결정을 내려야 하는 상황이 생기면 형편없는 결정을 내리고 마는 것이다. 갑자기 자폐인이 되는 것과 비슷한 일일 것이다. 이런 환자들이 잘 대처하지 못하는 상황을 나는 잘 다룰 수 있다. 애초부터 감정적인 신호에 의존하지 않았기 때문이다. 47세가 된 지금은 방대한 데이터를 가지고 있다. 그렇지만 이렇게 방대한 경험의 도서관을 만들고 적절한 행동 양식을 배우는 데는 긴 세월이 걸렸다. 최근까지만 해도 보통 사람들은 감정적 신호에 크게 의존한다는 사실을 몰랐다.

여러 다른 상황에서 각각 어떻게 행동해야 할지 기계적 절차를 익히는 데 여러 해가 걸렸다. 지금은 비디오테이프를 저장해 놓은 기억의 시디롬을 고속으로 검색해서 빨리빨리 결정을 내릴 수 있게 되었다. 언어적 사고보다 시각적 사고를 할 때 이렇게 하기가 더 쉽다. 그리고 앞에서 말했듯이 나는 문제가 발생할 수 있는 상황은 최대한 피한다. 어릴 때 이미 나는 내가 사회적인 신호를 파악하질 못한다는 사실을 깨달았다. 부모님이 이혼하려고 했을 때 여동생은 두 분 사이의 긴장감을 느꼈지만 나는 아무것도 느끼질 못했다. 부모님은 우리 앞에서는 크게 다투는 일이 없었다. 감정적 충돌의 징후를 보고 여동생은 크게 스트레스를 받았지만 나는 전혀 느끼지 못했다. 부모님이 서로에게 노골적으로 뚜렷하게 화를 내지 않았기 때문에 두 분이 헤어지실 거라는 게 나로서는 전혀 납득이 가지 않았다.

주의(注意) 이동에 관한 생리적 문제 때문에 사회적 상호 작용이 더 힘들어지기도 한다. 자폐인은 청각 자극과 시각 자극 사이에서 주의를 이동하는 데 다른 사람보다 시간이 많이 걸린다. 그렇기 때문에 빠르게 변화하는 복잡한 사회 작용을 따라가기가 한층 힘들다. 자폐인인 잭이 다음과 같이 말한 것도 일부는 그런 까닭일 것이다. "사람들과 이야기를 너무 많이 하다 보면 불안하고 불편해집니다." 비디오테이프가 사회적 기술을 익히는 데 많은 도움이 된다. 나는 내가 강의하는 모습을 담은 테이프를 보고 강의 기술을 많이 개선했다. 비디오테이프를 보고 청중이 지루해한다는 신호인 종이가 부스럭거리는 소리 등 쉽게 계량화할 수 있는 신호를 파악할 수 있게 되었다. 조금씩 조금씩 나아지는 아주 느린 과정이었다. 일순간에 이루어지는 비약적 전진 같은 것은 없다.

사회적 상호 작용 방법을 알아내는 것은 기술적 문제를 해결하는 것과는 비교할 수 없을 정도로 어렵다. 시각적 기억에 가축 침액 탱크나 울타리 디자인에 대한 지식을 프로그래밍하는 것은 상대적으로 쉬운 일이다. 최근에 어떤 강의를 들은 일이 있는데, 강의에서 한 사회과학자가 사람은 컴퓨터와 다른 방식으로 사고한다고 말했다. 그날 저녁 파티에서 나는 그 과학자에게 내 사고 패턴은 컴퓨터와 비슷해서 내 사고 과정을 단계별로 설명할 수 있다고 말했다. 그러자 그녀가, 자기는 자기 감정과 사고가 어떻게 연관되어 있는지 설명할 수가 없다고 말했다. 나는 그 말을 듣고 상당히 놀랐다. 그녀는 무엇인가에 대해 생각할 때는 사실적 정보와 그와 관련된 감정이 이음매 없이 하나로 합쳐져 떠오른다고 했다. 감정에 의해 사실이 왜곡되는 일이 왜 일어나는지가 마침내 납득이 되었다. 내 머릿속에서는 두 가지를 언제나 분리할 수 있다. 나는 아주 화가 났을 때에도 사실을 계속 검토해서 논리적 결정을 내릴 수가 있다.

여러 해에 걸쳐 나는 재치와 수완을 점점 발달시켰다. 허락이 있기 전에는 나를 고용한 사람을 비판해서는 안 된다는 사실도 배웠다. 경험을 통해, 이용당하거나 피해를 볼 수 있는 상황을 피하는 법을 익혔다. 수완을 익히기 위해 나는 〈월스트리트 저널*Wall Street Journal*〉 등의 인쇄물에서 사업적 거래나 국제적 협상에 관한 글을 읽었다. 그리고 그것을 모델로 사용했다.

내 삶에 부족한 점이 있다는 것은 알지만, 나는 몰두할 수 있는 흥미로운 직업을 가지고 있다. 바쁘게 일하다 보면 내가 갖지 못한 것에 대해 생각하지 않게 된다. 자폐인 성인의 사회적 삶에 대해 부모나 전문가들이 지나치게 염려하는 경우가 많다. 나는 일을 통해 사회적 접촉을 한다. 재능을 개발하면 같은 관심사를 가진 사람들과 자연스럽게 접촉하게 될 것이다.

예를 들면 나는 20년 남짓 짐 울과 함께 일했다. 짐은 내가 설계한 설비 중 스무 개 이상을 제작했고, 나의 가장 가까운 친구다.

설비 제작이 그의 삶이다. 그는 집 뒷마당의 조그만 헛간에서 사업을 시작했는데, 지금은 애리조나 수송부와 광산회사 등을 위해 대형 설비를 가설하는 대규모 회사를 이끌고 있다. 우리는 계약에 대해 이야기하는 걸 좋아한다. 내 삶에서 가장 즐거웠던 순간은 설비 가설 프로젝트에 참여해 일할 때였다. 나는 구체적인 결과물을 생산하는 사람과 나 자신을 결부시킬 때가 많다. 내가 그린 도면이 강철과 콘크리트로 바뀌는 것을 보면 신이 난다. 시설 노동자들은 사무실에서 일하는 멍청한 사람들에 대해 불평하는 걸 좋아한다. 그들이 설비나 가설에 대해 아무것도 모르는 '양복쟁이들'에 대해 투덜거릴 때 나도 동감하고 어울릴 수 있다. 지금까지 많은 노동자, 그리고 여러 사업주들과 함께 일해 보았는데, 하나같이 다 불평하길 좋아하고 무용담을 들려주듯 힘들었던 작업 이야기를 하는 것도 좋아한다. 나는 이 사람들하고 어울리는 데는 아무 문제가 없고 자연스럽게 그들 중 하나가 된다. 내가 시설 노동자나 기술자들과 잘 어울리는 것은 이들 중 시각적 사고를 하는 사람이 많기 때문이기도 하다.

자폐인이 아닌 친구들 중에는 다른 사람들과의 관계에 자기가 살아가는 이유가 있다고 생각하는 친구들이 많다. 그렇지만 나는 사람이 아니라 내 일과 어떤 장소들에 대해 깊은 애착을 갖는다. 작년에 짐과 함께 스코츠데일 사육장으로 차를 몰고 갔었는데, 사육장은 문을 닫은 상태였고, 일부가 부서져 있었다. 기둥 몇 개, 사료 제분기 탱크 몇 개, 그리고 버려지고 망가진 사무실만 남아 있었다. 가축 우리는 고철로 팔려 나가고 없었다. 그걸 보고 무척이나 속이상했고, 괜히 온 게 아닌가 하는 생각이 들었다. 관리인 사무실의 유리창이 깨져 있고, 나무 창틀은 비를 맞아 뒤틀려 있었다. 남아 있는 기둥 중에는 울타리에 있는 문 옆에 서 있는 기둥도 있었는데, 그 문이 바로 20년 전에 목장 감독이 나를 막아 세웠던 그 문이다.

스위프트 공장이 천천히 망가져 가는 걸 보고 거기가 문을 닫게 될 거라고 생각하자 기분이 정말 좋지 않았다. 톰 로러나 놉 고 스코위츠 등과 맺었던 관계가 내가 지금까지 가졌던 가장 친밀한 관계였고, 스위프트 공장은 또 내가 삶에 대한 가장 깊은 고민에 빠졌던 곳이기도 하다. 그곳이 문을 닫은 일이 내게는 다른 어떤 기억보다도 더 괴롭다. 이 이야기를 적고 있는 지금도 눈물이 난다.

나의 정체감도 그 공장과 연관되어 있다. 고등학교 때는 내 방에 있는 물건이 내 정체감이었다. 그래서 여름에 기숙사를 떠날 때에도 벽에 붙은 장식을 떼어내 가져가고 싶지가 않았다. 그러면 나 자신의 일부를 잃는 것 같은 기분이 들었기 때문이다. 기숙사에는 나의 특별 장소인 다락방이 있어 그곳으로 올라가 생각에 잠기곤 했다. 내가 잘 살고 있다고 스스로 생각하기 위해서는 '망대'라고 불렸던 그 특별 장소에 반드시 가야만 했다. 그런데 기숙사 증축 공사가 끝나고 나자 그곳에 들어갈 수 없게 되었다. 문이 잠겨 버린 것이다. 이 일로 내가 너무 힘들어하자 교장 선생님이 나에게 열쇠를 주었다.

브레친 숙모가 죽었을 때도 무척이나 괴로웠지만, 숙모의 목장이 팔리게 되었다는 사실을 알았을 때 한층 더 마음이 흔들렸다. 그 장소를 잃는다는 사실이 나를 비탄에 잠기게 한 것이다. 한스 아스퍼거는 자폐인들은 장소에 강한 애착을 가진다는 점을 지적했다. 자폐아는 정상아보다 향수병을 극복하는 데 시간이 더 오래 걸린다. 자폐인은 집에 있는 물건이나 집에서 하던 일상적 절차에 대해 정서적 유대를 느끼기 때문이다. 그것은 사람에 대해 강한 정서적 애착을 느끼지 않기 때문일 것이다. 스포크 씨는 아마 이해할 것이다.

8

가축 시설을 설계하다

동물과의 유대

미국에서 사육되는 소, 돼지 가운데 3분의 1은 내가 설계한 시설에서 다뤄진다. 나는 처음 일을 시작한 이래로 줄곧 가축을 좀더 잘 다룰 수 있게 하는 시스템을 만드는 데 매달려 왔다. 내 설계의 원칙은 동물의 타고난 행동 패턴을 이용해 설비 내에서 가축이 자발적으로 움직이도록 만드는 것이다. 가축이 머뭇거리고 통로 안으로 들어가지 않으려고 하면, 왜 겁을 먹었는지, 왜 움직이지 않으려 하는지 알아내야 한다. 그러나 사람들은 동물의 행동을 이해하려고 하는 대신 강제력을 사용해 문제를 해결하려고 한다. 내가 소와 가까워진 것은 압착기를 사용해 불안감을 가라앉힐 수 있다는 것을 처음 발견한 때로 거슬러 올라간다. 그 이후로 줄곧 동물의 시선으로 세상을 바라보게 되었다.

소가 자기가 도살당할 것을 아는지 묻는 사람이 많다. 오랜 동안 여러 정육 공장에서 관찰한 바로는, 소를 겁에 질리게 하는 것은 대개 죽음과는 무관한 것들이다. 소는 통로 울타리에 매달려 있는 조그만 사슬 같은 사소한 것 때문에 멈칫거리고 움직이지 않으려고 하는 때가 많다. 그런 경우 선두 소는 멈춰 서서 사슬이 움직이는 것을 바라보며 그 움직임에 따라 머리를 위아래로 주억거릴 것이다. 도살을 두려워하는 게 아니라 조그만 사슬이 흔들거리는 게 무서운 것이다.

그런데 사람들은 이렇게 간단한 사실을 알아차리지 못한다. 소가 통로 안으로 들어가지 않으려 하거나 우리에서 나오지 않으려고 할 때 무작정 소를 찌르고 쑤셔서 흥분시키기 일쑤다. 일단 소가 흥분해 버리면 애초에 무엇 때문에 그랬는지 판단할 수가 없다. 이렇게 되면 소들은 방어 모드로 들어가 머리를 무리 가운데로 밀어 넣으며 흥분 상태로 빙빙 돈다. 소떼는 아주 사소한 것 때문에도 통로 안으로 들어가지 않으려 할 수 있다. 한번은 소떼가 공장 안으로 들어가려고 줄 서 있는 입구에 플라스틱 주스 병 하나가 떨어지는 바람에 정육 공장이 난장판이 된 일이 있었다. 소들은 흰 플라스틱 병을 넘어가지 않으려 했다. 시각적 대조를 이루는 사물은 무엇이라도 소의 관심을 끈다. 소들은 콘크리트 바닥 위에 있는 하수구나 물 웅덩이의 표면이 반짝이는 것도 무서워한다. 위쪽에 달린 등을 없애 바닥이나 벽에 빛이 반사되지 않게 하면 소나 돼지를 이동시키기가 쉬워질 때가 있다. 반대로 조명이 어두운 것도 문제가 된다. 소나 돼지는 어두운 곳으로는 들어가지 않으려 하기 때문에, 등을 달아 통로 입구를 밝히면 더 쉽게 들어가게 할 수 있다. 동물들도 사람처럼 자기 앞길을 훤히 보고 싶어한다.

나 자신을 소의 입장에 놓는다는 것은, 소가죽을 쓴 사람이 되는 게 아니라 정말로 소가 되어야 하는 것이다. 나는 시각적 사고 기술을 이용해 주어진 상황에서 그 동물이 무얼 보고 들을지 모의실험을 해본다. 소의 몸 안으로 들어가 소가 무얼 경험하는지 상상한다. 고도의 버추얼 리얼리티 시스템(virtual reality system)이라고 할 수 있다. 하지만 부드러움이나 다정함 같은 공감의 감정도 느끼기 때문에 내 시뮬레이션은 기계적인 컴퓨터 모델 이상이다. 그 공식에 소의 행동 패턴과 본능에 대한 모든 학문적 지식을 더한다. 그리고 나도 소의 행동 규칙에 따라 움직인다. 또 소가 감각기관을 통해 경험하는 세상은 어떨지 상상해야 한다.

소의 시계(視界)는 파노라마처럼 넓다. 피식 동물이기 때문에 위험의 징후가 없는지 항상 경계를 늦추지 않고 살피기 위해서다. 이와 비슷하게, 자폐인 중에도 위험한 포식자로 가득한 세계에 던져진 겁에 질린 동물처럼 행동하는 사람들이 있다. 이들은 끝없는 공포 속에서 살며, 일상의 작은 변화를 두려워하고 주변의 사물이 달라지면 불안해한다. 변화에 대한 이러한 두려움은 다른 사람들에게서는 이미 퇴화되거나 깊이 감춰진 아주 오래된 방어기제가 작동하기 때문일 것이다.

동물의 왕국에서는 공포가 보편적인 감정이다. 공포가 포식자를 피하게끔 하는 강한 동기를 제공하기 때문이다. 자폐인에게도 공포가 지배적인 감정이다. 테레즈 졸리프는 주변 모든 것을 똑같이 유지하려고 노력하여 극심한 공포에서 상당히 벗어날 수 있었다고 말한다. 토니 W.는 자기는 몽상과 공포의 세계에 살고 있고, 모든 것이 두렵다고 말한다. 나도 항우울제를 복용하기 전에는 일상 생활에 아주 사소한 변화만 있어도 공포 반응을 일으켰다. 한때는 서머타임 등과 같은 아주 사소한 변화 때문에도 완전히 공포에 질려 버리기도 했다. 이런 강렬한 공포가 발생하는 것은, 정상인한테는 사소한 자극일 뿐인 것에 대해서도 신경을 과민하게 만드는 신경계의 결함 때문일 것이다.

소나 양 같은 피식 동물은 살아남으려면 항상 주변을 경계하고 있다가 포식자가 나타나면 바로 달아나야 한다. 소와 양은 청각이 고도로 예민하고, 후각도 잘 발달해 있으며, 눈이 머리 양쪽에 달려 있어 풀을 뜯으며 주위를 살필 수 있다. 또 높고 날카로운 소리에 민감해서 사람이 들을 수 있는 범위 바깥의 소리도 듣는다.

이들 동물에게는 낮은 소리보다 높은 소리가 더 거슬린다. 텍사스 미국농림부 소속 연구자인 톰 캠프는 실외용 전화기에서 커다란 벨소리가 울릴 때 송아지의 심장 박동이 분당 50번에서 70번까지 갑자기 증가한다는 것을 발견했다. 소를 불안하게 하는 그 소리가 청각이 과도하게 예민한 많은 자폐아들이 못 견뎌 하는 소리와 같은 종류의 소리라는 것은 아마 나 말고는 누구도 알아차리기 힘들 것이다. 그 소리와 비슷한, 트럭이 갑자기 멈춰 서면서 나는 끼익하는 타이어 소리가 난다면 송아지나 소들이 크게 놀랄 것이다. 이런 소리가 나면 소는 바로 귀를 눕히고 소리가 나는 곳으로부터 피하기 위해 뒷걸음질을 친다. 소처럼 자폐인도 감각이 고도로 예민하고 언제나 경계 태세다.

나는 요새도 밤에 휘파람 소리를 들으면 가슴이 쿵쾅거린다.

8 가축 시설을 설계하다

높은 소리가 특히 괴롭다. 높고 빠르게 반복되는 소리는 신경계를 자극한다. 독일의 P. B. 맥코넬과 J. R. 베일리스는 조련사들이 개에게 물어오기 같은 훈련을 시킬 때 높고 주기적인 소리를 이용해 개를 자극한다는 사실을 알아냈다. 말한테 "워워" 하는 것처럼, 행동을 멈추게 하려면 낮은 소리를 낸다. 높은 음을 들려주는 게 길든 동물한테는 활동을 촉진시키는 효과가 있지만, 야생 동물이나 자폐아는 강한 공포 반응을 보인다.

일반적으로 알려진 것과 달리 소 등의 가축은 색깔을 구분할 수 있다. 그렇지만 이런 동물의 시각 시스템은 색깔보다는 낯선 움직임을 구분하는 데 맞춰져 있다. 소의 시계는 사람 머리 양 옆에 광각 렌즈를 단 것하고 비슷하다. 소는 시계가 360도나 되어 엉덩이 뒤쪽의 약간의 사각지대만 빼고는 자기 주위를 전부 볼 수 있다. 그렇지만 시계가 넓은 대신 시계에서 원근감이 있는 범위는 아주 좁다. 원근을 파악하려면 멈춰 서서 머리를 낮추어야 한다. 사자, 개, 고양이, 호랑이 능 포식 동물은 눈이 머리 앞쪽에 달려 있어 원근감이 좋다. 거리를 정확하게 가늠해야 점프하여 먹잇감을 덮칠 수 있기 때문이다. 머리 앞쪽에 눈이 있으면 두 눈을 함께 써 앞쪽 멀리까지 볼 수 있지만, 양 옆에 눈이 있으면 주변 환경을 살피고 경계할 수 있는 장점이 있다.

옛날 미국 서부에서 대규모로 소떼몰이를 할 때, 뭔가 하나 새로운 것이 나타나면 소들이 우르르 달아나 버리곤 했었다. 바람에 모자가 날리거나 말이 뛰어오르거나 하면 도망치고자 하는 본능이 발동했다. 한편 소를 새로운 것에 대해 무감하게 만들 수도 있다.

예를 들면 필리핀에서는 송아지들이 태어났을 때부터 고속도로 옆에서 풀을 뜯게 한다. 그러면 송아지는 고속도로에서 나는 소리나 광경이 위험하지 않다는 것을 알게 된다. 이렇게 길들여 굴레를 씌워 놓은 소들은 무슨 일이 일어나도 놀라지 않는다.

필리핀 소에 비해 미국 농장에 사는 소들에게는 놀랄 만한 일이 훨씬 적다. 그래서 울타리에 걸어 놓은 웃옷이나 모자를 보고도 뒷걸음질 치고 가까이 가지 않으려고 한다. 그러나 익숙한 사육장 우리 안에 있을 때는 울타리에 모자나 옷이 걸려 있으면 처음에는 무서워하다가 시간이 조금 지나면 호기심을 보인다. 소는 돌아서서 웃옷을 가만히 지켜보다가 조심스럽게 접근한다. 옷이 움직이지 않으면 다가가서 핥는다. 옷이 바람에 펄럭거리면 겁을 먹고 가까이 다가가지 않을 것이다. 야생 상태에서 급작스런 움직임은 곧 위험을 뜻한다. 숲 속에 사자가 숨어 있거나 육식 동물을 피해 다른 동물이 달아나는 것일 수도 있다.

낯선 것에 대해 소가 보이는 반응은 자폐아가 사소한 환경의 변화에 대해 보이는 반응과 유사하다. 자폐아는 낯설어 보이는 것은 무엇이든 좋아하지 않는다. 가구 밖으로 삐죽 나온 실조각, 양탄자의 주름, 책꽂이에 비뚤게 꽂혀 있는 책 등. 비뚤게 꽂혀 있는 책을 보면 똑바로 꽂아 놓을 때도 있고, 그냥 겁을 먹을 때도 있다.

자폐아들이 보이는 공포 반응은 통로에 종이컵이 떨어져 있거나 울타리에 모자가 걸려 있을 때 소들이 보이는 반응과 비슷하다. 자폐아는 정상인은 무시해 버리는 사소한 차이도 알아차린다. 잠재되어 있던 원시적 방어 본능이 표면으로 나타난 것이 아닐까? 야생 상태에서, 나뭇가지가 부러져 있거나 흙이 파헤쳐져 있는 것은 근방에서 포식 동물이 사냥을 했다는 표지일 수 있다. 경고의 뜻인 이런 변화들을 가장 민감하게 포착해 내는 동물일수록 사자를 피해 살아남을 수 있는 것이다.

소나 사슴, 영양 등의 동물은 즉각적인 위협은 되지 않지만 위험할 가능성이 있는 것이 나타나면 돌아서서 마주 본다. 목장 안의 소는 사람이 다가가면 돌아서 마주 보고, 아프리카 평원의 영양도 사자를 마주 보고 따라가기도 한다. 눈에 보이는 사자가 보이지 않는 사자보다 훨씬 덜 위험하기 때문이다. 영양은 사자를 따라가되 항상 안전거리를 유지해, 여차하면 달아날 수 있도록 대비한다. 이 거리를 영양의 도망 범위라고 한다.

소를 방목해 기르는 경우에는 도망 범위 원칙을 이용해 소떼를 효율적으로 빨리 몰 수 있다. 도망 범위의 크기는 소가 얼마나 길이 들었느냐에 따라 다르다. 길들은 젖소는 도망 범위가 없어서 쓰다듬어 달라고 사람에게 다가간다. 서부 목장에서 기르는 육우는 완전히 길이 들어 있지 않기 때문에 사람이 너무 가까이 다가가면 도망간다. 도망 범위의 크기는 약 1.5미터에서 30.5미터 이상까지 차이가 날 수 있다. 소가 흥분하면 차분할 때보다 더 먼 거리를 유지하려고 할 것이다. H. 헤디거(H. Hedigar)는 《동물원과 서커스단의 동물 심리와 행동 *The Psychology and Behavior of Animals in Zoos and Circuses*》이라는 책에서, 동물을 길들인다는 것은 사람과 동물 사이의 도망 거리를 인공적으로 없애는 것을 가리킨다고 한다.

소떼 전체의 도망 범위 가장자리를 따라 움직이면 소떼를 차분하고 질서 있게 몰기 쉽다. 그러나 도망 범위 안으로 깊이 들어가면 소들이 겁에 질리고, 우리 구석에 몰리면 위협이 되는 사람과의 거리를 확보하기 위해 울타리를 뛰어넘으려고 할 것이다.

치료 전문가들은 자폐아는 줄을 서서 기다릴 때 다른 사람과 너무 가까워지는 걸 참지 못한다는 것을 관찰해 냈다. 자폐아는 다른 아이가 자기 영역을 침범하면 긴장한다. 다른 아이가 어쩌다 몸을 부딪치면 자폐아는 겁에 질린 동물처럼 공포를 느끼고 물러선다. 예상치 못한 가벼운 접촉은 공포를 불러일으키고, 강한 접촉은 소떼가 서로 몸을 밀착해 압력을 가하는 것처럼 불안감을 진정시킨다.

내가 동물 다루는 일을 잘 해 나갈 수 있었던 까닭은 동물의 행동과 자폐 행동의 유사성을 파악할 수 있다는 단순한 사실에서 상당 부분 기인한다. 소나 자폐인은 둘 다 경직된 습관에 따라 생활하는 경우가 많다. 일상에 사소한 변화가 생기면 자폐인은 짜증을 낸다. 나는 변화가 생기면 무척이나 불안해지곤 했다. 목동들은 소떼를 새 목장에 옮길 때는 처음부터 목장 전체에서 풀을 뜯도록 만들어야 한다는 사실을 안다. 게으른 소들은 4분의 1 마일만 더 가면 풀이 더 좋은 곳이 있는데도 가지 않으려고 든다. 왜 그러는 걸까? 이것 역시 포식자를 피하려는 본능과 연관이 있다. 어떤 지역이 안전하다는 것을 알고 나면, 위험할 수도 있는 새로운 영역으로 나아가고 싶지 않은 것이다.

내가 켄 오드와 함께 콜로라도 주립대에서 한 실험은 소가 이전에 습득한 안전한 경로를 바꾸는 것을 얼마나 꺼리는지 보여 준

8 가축 시설을 설계하다

다. 소들에게 압착 슈트로 향하는 통로와 그냥 통과하게 되어 있는 통로 중 하나를 선택하게 했다. 소들은 압착 슈트에 붙들리게 되어 있는 통로를 피하는 길을 금세 익혔다. 그런데 두 통로를 서로 뒤바꾸어 놓았을 때도 소들은 압착 슈트를 피해 다른 쪽으로 가지 않았다. 압착 슈트에 붙들리는 것이 약간 불편하기는 하지만, 전에 익힌 안전한 경로를 버릴 만큼 싫은 것은 아니기 때문이다. 그렇지만 정말 고통스럽거나 싫은 일이 생기면 바로 통로를 바꿀 것이다. 콜로라도 주립대 학생인 메리 태너는 목장 착유장(搾乳場)에 문이 두 개 있는데, 대부분의 소는 착유장 입구 양쪽 중 아무 데나 들어가지만 일부의 소들은 고집스럽게 언제나 똑같은 쪽으로만 들어간다는 사실을 발견했다.

앞선 연구로, 더 불안해하고 쉽게 흥분하는 소일수록 이전에 익힌 안전한 경로를 바꾸지 않으려는 경향이 크다는 사실을 알 수 있었다. 어느 정도는 불안감을 줄이기 위해 변화에 저항하는 것일 수도 있다. 나 자신도 고등학교 때 시간표가 약간 바뀌거나 서머타임에서 표준 시간으로 돌아갈 때는 극도로 불안했었다. 나나 일부 자폐인의 신경계는 아무런 이유 없이 늘 과각성 상태에 있다. 항우울제를 복용하기 전의 내 신경계는 언제라도 적으로부터 도망갈 준비가 돼 있는 긴장 상태였다. 사소한 스트레스만 받아도 사자에게 공격당한 것과 같은 반응을 일으켰다. 이런 문제는 신경계 이상 때문이다. 지금은 약으로 신경계를 진정시켰기 때문에 일상의 사소한 변화를 수월하게 감당할 수 있다.

반쯤 길든 소에게 가장 스트레스가 되는 일 중 하나는 도망갈 수 없는 상황에서 사람이 도망 범위 안으로 깊숙이 들어오는 것이다. 완전히 길들지 않은 육우는 통로 위쪽에서 사람이 몸을 기울이고 있으면 무척 위협적으로 느낀다. 앞쪽에 사람이 있으면 뒷걸음질을 치고 통로 안으로 걸어 들어가지 않으려 할 것이다. 내가 통로를 곡면으로 설계하고, 소가 한 줄로 이동하게 하고, 바깥쪽이 보이지 않게 양쪽에 벽을 세운 것도 그런 사실을 고려해 소가 차분한 상태를 유지하게 하기 위해서다. 벽 바깥이 보이지 않게 하면 통로 밖에 있는 사람이나 움직이는 물체 때문에 놀라는 일은 없다. 통로를 곡면으로 하는 것이 직선으로 하는 것보다 유리한 점은, 소가 앞쪽에 있는 사람을 볼 수 없고, 또 자기가 원래 있던 곳으로 돌아가는 길이라고 생각하기 때문이다.

이렇게 소의 감수성을 이해했기 때문에 나는 겁에 질린 동물원 영양을 안정시킬 방법도 찾아낼 수 있었다. 다른 사람들은 영양을 길들여 수의학 처리를 하는 게 불가능하다고 생각했다. 수의학 처리를 하려면 마취제를 놓아 잠재우거나 아니면 사람이 붙들고 있어야 하기 때문에 이런 절차를 수행하는 과정은 무척 힘들 때가 많다. 그런데 나는 영양에게 특별식을 주면서 새로운 절차나 광경, 소리를 조금씩 차분하게 접하게 하면, 이런 것들을 받아들이도록 훈련시킬 수 있다는 것을 알아냈다. 나는 메건 필립스, 웬디 그레이펌, 맷 루니 등의 학생들과 함께 날라, 봉고 영양을 길들여 그들이 자발적으로 나무 상자 안에 들어가 피검사나 주사 같은 수의학 절차를 거치는 동안 얌전히 있도록 만드는 작업을 했었다. 나무 상자의 단단한 양면으로 영양에게 안정감과 안도감을 주고, 영양이 먹이를

우적우적 먹는 동안 수의사가 필요한 작업을 하도록 했다. 훈련 과정 동안, 피식 동물인 영양이 강한 공포 반응을 일으키지 않도록 신경을 써야 했다. 상자 문이 움직이는 소리나 모습, 사람이 상자로 다가와 손을 대는 것에 익숙해지도록 조심스럽게 다뤄야 했다.

그런데 영양은 상자 안으로 들어가 먹이를 먹고 피검사를 하려는 순간 박차고 나오는 약삭빠른 방법을 금세 익혔다. 그러지 못하게 하기 위해 우리는 영양이 얌전히 서서 협조할 때까지 먹이를 주지 않았다. 조련사는 겁에 질려서 발로 차는 것인지, 단순히 싫은 일을 피하려고 차는 것인지를 구분해야 한다. 꾀를 부려 발차기를 할 때는 상으로 먹이를 주는 것을 늦추면 그런 행동을 막을 수 있지만, 공포에 질려 발로 걷어차거나 몸부림을 칠 때는 그래 봐야 아무런 소용이 없다.

말을 하지 못하는 저기능 자폐인과 함께 일하는 사람들도 이와 마찬가지로, 자폐아가 짜증을 내거나 나쁜 행동을 하는 것이 공포나 고통 때문인지, 아니면 무얼 피하기 위해 하는 습득된 행동인지를 구분할 수 있어야 한다. 귀를 아프게 하는 소리 때문에 고통스럽거나 일상의 예상치 못한 변화 때문에 공포를 느껴서 그러는 것일 수도 있다. 소나 영양처럼 자폐인도 뜻밖의 것을 두려워한다. 그렇지만 때로는 관심을 끌기 위해서, 또는 어떤 일이나 학교 숙제를 하기 싫어서 짜증을 부리기도 한다.

한 연구에서, 장애가 심한 자폐인 성인에게 점심 시간이나 버스를 타기로 되어 있는 시간 15분 전에 어떤 물건을 쥐고 있게 하면 공격성이나 돌발적 행동을 크게 줄일 수 있다는 것이 밝혀졌다. 점심 전에는 숟가락을 들고 있게 했고, 버스를 타기 전에는 장난감 버스를 주었다. 촉각은 감각 혼란으로 뒤섞이지 않는 유일한 감각이기 때문에, 물건을 들고 있으면 일상의 다음 단계에 대해 마음의 준비를 할 수 있게 되는 것이다. 나도 옛날에는 그저 어른들이 어떻게 행동하나 보기 위해 엄청나게 짜증을 터뜨리곤 했었다. 주의력이 깊은 교사들은 공포 반응과 하기 싫은 일을 피하려고 계획적으로 하는 나쁜 행동을 구분할 수 있을 것이다.

인도적 도축 과정

학대가 동물을 겁에 질리게 하는 첫째 요인이다. 일꾼들의 행동을 제대로 통제하지 않으면 세계에서 제일 좋은 설비를 갖춰 놓더라도 아무런 소용이 없다. 설비 설계 일을 처음 시작했을 때 나는 순진하게도 종업원의 행동도 통제할 수 있는 완벽한 시스템을 만들어 낼 수 있을 거라고 생각했다. 그건 불가능한 일이지만, 나는 일꾼들이 부드럽게 행동하기만 하면 아주 쉽게 조작할 수 있는 설비를 만들어 냈다. 기술도 좋고 디자인도 좋아야 도살 과정을 스트레스 적게 조용히 진행할 수 있지만, 종업원들이 시스템을 정확히 가동하는 것도 중요하다. 거칠고 무신경한 사람들은 최선의 장비를 쓰더라도 동물들에게 고통을 안겨 줄 것이다.

동물이 어떻게 다루어지느냐 하는 데 있어 가장 중요한 요인이 되는 것이 관리자의 태도다. 어떤 조직이든 마찬가지일 것이다. 지난 10여 년 동안 가축 처리 공정이 크게 발달했고 관리인들도 동물의 복지에 대해 더 관심을 갖게 되었다. 그러나 아직도 개선할 것들이 많다. 누가 동물을 학대하는 걸 보면 나는 정말 괴롭다. 특히 내가 디자인한 설비 내에서 그런 일이 일어나면 더욱 그렇다. 어떤 사람들은 새로운 설비를 사들이는 게 곧 좋은 관리라고 생각하기도 한다.

나는 그 동안 관리인에 따라 동물에 대한 처우가 달라지는 모습을 죽 보아 왔다. 좋은 관리인이 떠난 후 공장이 거칠고 험악한 곳으로 바뀌는 모습도 보았다. 좋은 관리인은 종업원의 양심 역할을 해 준다. 그런데 관리인이 관심을 갖고 개입하는 게 마땅하기는 하지만 작업에 너무 깊이 개입하다 보면 무감해질 수가 있다. 현장에서 일하는 십장이 온화한 태도를 갖기를 기대하기는 어렵다. 도살장에서 늘 생활하기 때문에 동물의 고통에 대해서는 무감해질 수밖에 없다.

동물에 대한 처우를 중시하는 사람이라면 공장 관리인 정도의 직책을 맡을 때 가장 효과적으로 일할 수 있을 것이다. 또한 멀리 본부 사무실 안에 있는 사람은 도살장의 현실로부터 너무 동떨어져 있어 개입하기가 힘들다.

동물 복지에 관한 기준이 엄격한 공장은 까다로운 행동 규준을 적용한다. 한 관리인은 사육장과 공장으로 들어가는 램프를 내려다 볼 수 있는 위치에 사무실을 지었다. 일꾼들이 소를 때리거나 채찍질을 하는 걸 보면 바로 십장을 불렀다. 수천 마리의 동물을 다루는 일꾼들은 무심하고 모질어지기 쉽다. 그리고 도살을 실제로 수행하는 일은 직원들끼리 돌아가면서 하는 게 좋다. 실제 도살 과정을 완전 자동화하는 것도 종업원 복지를 위해서 좋은 일이다. 하루에 150마리까지 소를 처리하는, 아주 빠른 속도로 돌아가는 공장에서는 특히 도살 과정을 자동화하는 것이 중요하다. 매일 수천 마리의 소를 죽여야 한다면 그 사람은 무신경한 로봇 같은 사람이 될 것이다. 느린 속도로 돌아가는 공장이라면 좀더 인간적으로 작업하고, 동물 한 마리 한 마리를 존중해 준다는 사실에서 만족을 느낄 수 있겠지만, 빠른 속도로 일할 때는 쉴 새 없이 움직이는 라인의 속도를 쫓아가는 수밖에 다른 도리가 없다.

관리인은 또 처리 방법을 개선하는 데 기꺼이 시간과 수고를 투여하려는 태도를 갖춰야 한다. 예를 들어 종업원들을 교육시켜 동물의 행동을 이해하고 그들의 본능을 이용해서 동물을 다룰 수 있게 해야 한다. 종업원들은 각각의 소떼를 적절한 간격으로 이동시켜 소떼가 선두 소를 따라가게 하는 법을 익혀야 한다. 바로 앞 무리의 마지막 동물이 1열 통로 안으로 들어가는 순간 다음 무리를 들여보내야 한다. 다음 무리를 너무 빨리 몰아넣으면 소나 돼지가 갈 곳이 없어 뒤로 돌아설 것이다. 나한테는 내가 설계한 공장에서 동물들이 온당한 대접을 받고, 공장이 순조롭게 효율적으로 돌아가는 모습을 보는 것만큼 즐거운 일이 없다.

시카고 사육장은 아직도 처절한 '정글' 상태일 거라고 생각하는 사람들이 많아 종종 놀라게 된다. 사실 시카고 사육장은 이미 30년 전에 문을 닫았다. 간혹 비행기 옆 자리에 앉은 사람들과 일에 관한 이야기를 나누게 되는데, 도축장에서 아직도 대형 해머를 사용하는지 묻는 사람이 많다. 1958년에 발효된 인도적 도살 법령에 의해, 미국 정부에 고기를 납품하는 모든 정육 공장에 대형 해머 사용이 금지되었다. 1978년에는 이 법이 강화되어 주간(州間) 교역을 통해 고기를 판매하는, 연방 정부의 감독을 받는 모든 공장에 적용되었다. 인도적 도살 법령은 소, 돼지, 양, 염소 등을 도살하기 전에 순간적으로 무감각하게 만들어야 한다는 내용이다. 다만 가금류 도살이나 종교적 신념에 의한 의례적 도살에는 해당하지 않는다. 이 법에 따라 도축 전에 동물을 캡티브 볼트나 전기, 이산화탄소 가스 등으로 기절시켜 고통에 무감하게 만들어야 한다. 캡티브 볼트는 뇌에 강철 볼트를 관통시켜 순간적으로 동물을 죽이는 것이다. 총을 쏘는 것과 같은 효과다. 전기 충격은 고압 전류를 뇌로 흘려 넣어 순간적으로 의식을 잃게 하는 것이다. 사람한테 사용하는 전기 충격 요법과 같은 방식으로 작동한다. 정확하게 절차를 수행하면 순간적으로 동물이 의식을 잃는다.

사람들은 또 동물들이 피를 보고 무서워하지는 않느냐고 묻는다. 앞에서도 말했지만 농물들은 피보다 사소한 낯선 것을 보고 더 겁을 먹는다. 상대적으로 차분한 상태에서 도살된 소가 뿌린 피나 오줌은 아무런 영향을 주지 않지만, 크게 겁에 질렸던 소에서 나온 피에는 '공포의 냄새'가 배어 있는 물질이 있을 수 있다. 차분한 상태에서 도살된 소의 피가 흩뿌려져 있는 슈트 안으로는 소가 자발적으로 걸어 들어간다. 그렇지만 먼저 도살된 소가 슈트 안에서 5분 넘는 시간 동안 극도로 스트레스를 받았다면 그 다음 소는 안으로 들어가려 하지 않을 것이다.

이상적인 구속 장치

동물을 구속하는 장치를 디자인하는 사람 중에 동물이 그 장치를 어떻게 느낄까 고려하는 사람은 거의 없는 것 같다. 나로서는 이해가 가지 않지만, 모서리를 날카롭게 만들면 모서리가 몸을 파고들어 아프게 할 거라는 사실조차 생각 못 하는 기술자도 있다. 그러니까 동물을 찌르거나 짓이기는 장치를 만들어 내는 것이다. 수의학적 절차를 수행하거나 도살을 위해 소 돼지를 붙들어 주는 구속 장치 중에는 동물을 너무 세게 조이거나 불편한 자세로 붙드는 것이 많다. 내가 이 장비를 잘 디자인하는 이유 중 하나는 동물이 이 장치를 어떻게 느낄지 시각화할 수 있기 때문이다. 550킬로그램짜리 수소의 몸 안으로 들어가 그 장치를 느껴 볼 수 있는 것이다. 섬세한 사람이 조작할 때는 어떨까? 거친 사람이 조작할 때는 어떨까? 누군가 압착 슈트로 동물을 너무 세게 조이는 걸 보면 내 온몸이 아파 온다.

정육 업계에서 내가 벌인 개혁 운동 중 하나는, 소 뒷다리에 족쇄를 채워 거꾸로 들어 올리는 코셔 도살 공장의 구속 방법을 사용하지 못하게 한 것이었다. 코셔 도살에서 가장 심각한 동물 학대는 일부 공장에서 사용하는 끔찍스런 구속 방법이었다. 실제 시히타[코셔 방식으로 도살하는 것—옮긴이] 코셔 도살의 여러 방법과 별도로 다양한 구속 방법을 사용할 수 있다. 코셔 도살은 완전히 의식이 있는 동물에 행해지는 것으로, 면도날처럼 날카로운 길고 곧은 특수 칼을 사용한다. 탈무드에 나와 있는 규칙에 따라 정확하게 베면 동물이 고통을 느끼지 못한다고 한다. 탈무드에는 벨 때 멈칫거리면 안 되고, 잘린 상처가 칼날 위에서 다시 붙지 않게 해야 한다고 되어 있다. 칼날은 흠집이 전혀 없는 완벽한 상태여야 한다. 흠집이 있으면 고통을 느끼게 되기 때문이다.

15년 전, 지금은 없어진 아이오와의 스펜서 정육 공장을 방문하고 나서 악몽에 시달렸던 일은 잊히질 않는다. 종업원들은 미식축구 헬멧을 쓰고 한쪽 뒷다리에 사슬이 감겨 매달려 몸부림치는 소의 코를 집게로 집었다. 그리고 겁에 질린 소를 전기 꼬챙이로 찔러 바닥이 45도 각도로 기울어진 우리 안으로 몰아넣는다. 그러면 소가 미끄러져 넘어지기 때문에 뒷다리에 사슬을 맬 수 있다. 이 끔찍한 광경을 보면서 나는 생각했다. '문명 사회에서 이런 일이 일어나서는 안 돼.' 그날 일기에 나는 이렇게 썼다. "지옥이 있다면 그곳이 바로 지옥이다." 나는 인간적이고 부드러운 시스템을 도입해 이 공장을 지옥이 아닌 곳으로 바꾸어 놓고야 말겠다고 다짐했다.

10년 전 뉴욕 가축 보호 협회로부터 코셔 도살에 쓸, 소를 선 채로 붙잡을 수 있는 인도적인 구속 장치를 만들어 달라는 주문을 받았다. 이 협회는 미국 인도주의 단체, 미국 동물 학대 방지회, 동물 보호 기금, 매사추세츠 동물 학대 방지회, 미국 인도주의 협회 등의 주요 동물 보호 단체가 모인 컨소시엄이다. 족쇄를 채우고 거꾸로 들어 올리는 방식 말고 인도적인 구속 방법을 도입하기 위해 1970년대 초반에 설립되었다. 당시에는 큰 소의 코셔 도살용 직립 구속 장치는 있었지만 송아지나 양을 위한 장치는 없었다. 1958년 인도적 도살 법령이 통과되었을 때도 코셔 도살은 대상에서 제외됐었다. 완전히 의식이 있는 동물에 족쇄를 채워 거꾸로 매다는 것에 대한 인도적인 대안이란 존재하지 않았기 때문이다.

코네티컷 대학의 월터 가이거, 돈 킨즈먼, 랠프 프린스는 움직이는 컨베이어 벨트에 송아지가 다리를 벌리고 올라타게 하면 편안한 자세로 구속할 수 있다는 것을 보여 주었다. 송아지가 사람이 말을 타듯 배와 가슴을 대고 컨베이어 벨트를 탄다. 양옆에는 튼튼한 벽을 두어 기울어져 넘어지지 않게 붙들어 준다. 코네티컷 대학 연구자들의 이 발견이 매우 유용하기는 했으나 상업적 도축 공장에서 사용할 설비를 만들려면 여러 부분을 개선해야 했다. 나는 새로운 설비가 제대로 돌아갈 수 있도록 가축을 불편하게 할 수 있는 부분을 모두 제거했다. 예를 들어 다리 관절에 불편한 압력이 느껴지면 송아지는 몸부림을 치고 구속 장치를 벗어나려고 하는데, 눌리는 부분을 없애 주자 차분해지고 얌전히 있었다.

컨베이어 구속 장치의 장점 중 하나는, 소를 기절시키는 일반적 도살에서나 의식(儀式)적 도살에서나 소가 줄을 지어 끊임없이 들어오게 한다는 것이다. 동물들이 자기 앞에 있는 놈의 엉덩이에 머리를 대고 들어온다. 내가 관찰한 바로는 소들은 서로 몸이 닿아 있을 때 더 차분해진다. 계속 서로 몸을 대고 있기 때문에, 소들은 콜로라도 주립대 실험 목장의 압착기 안에 있을 때보다 도축 공장에 있을 때 더 차분했다. 또 관찰을 통해 소가 일렬로 걷는 데 익숙하다는 것도 알 수 있었다. 소가 있는 목장을 내려다보면 소들이 30센티미터 폭의 좁은 길을 따라 움직이는 것이 보인다. 일렬로 걷는 것은 소의 자연적 본성이다. 그래서 소가 일렬로 이동하도록 만들어 놓은 설비가 잘 돌아가는 것이다.

　소 도축이 정말 차분하고 평화롭고 인도적으로 이루어질 수 있다고 하면 많은 사람들이 반신반의한다. 그렇지만 소들이 완전히 평정을 유지한 상태에서 도축이 이루어지고, 종업원들이 매우 조심스럽게 일하는 공장도 있다. 한 대형 공장에서는 한 시간에 240마리의 소가 조용히 램프로 걸어 올라가 자발적으로 2중 레일로 되어 있는 컨베이어 벨트 구속기 안으로 들어간다. 젖을 짜러 들어가는 것과 다를 바 없다. 살찐 수소가 한 마리씩 구속 장치 입구로 들어가 할머니가 버스에 올라타듯 컨베이어 위에 올라탄다. 대부분의 소는 엉덩이를 두드려 주면 구속기 안으로 들어간다. 줄줄이 설비 안으로 들어가기 때문에 친구들과 떨어져 혼자 있게 되는 일이 없다. 이 공장의 설비는 멋지게 설치되어 있고 조명도 밝다. 제대로 도축이 진행되면 수의학적 처리를 하기 위해 슈트 안에 들어갈 때보다도 소가 스트레스나 불편을 덜 느낀다.

　나는 자폐인이라서 소가 어떻게 느낄지 더 잘 이해할 수 있었다. 한밤중에 자동차 경적이 울릴 때 심장이 마구 뛰기 시작하는 느낌이 어떤지 잘 알기 때문이다. 나는 사람보다는 피식 동물에 가까운, 극히 예민한 감각과 공포 반응을 갖고 있다. 보통 사람들은 동물을 제대로 관찰하지 못할 때가 많다. 최근에 한 도축 공장을 방문했는데, 기압력(氣壓力)으로 움직이는 문에서 나는 쉭쉭하는 바람 소리 때문에 소들이 겁에 질려 있었다. 문이 열리거나 닫힐 때마다 소들은 뒷걸음질을 치고 슈트로부터 물러섰다. 방울뱀을 보기라도 한 것처럼 행동하는 것이었다. 나는 쉭쉭거리는 소리가 날 때마다 소가 겁을 먹는다는 사실을 한눈에 알아차렸지만 다른 사람들은 전혀 모르고 있었다. 공기 소리를 없애 주는 장치를 몇 개 구입하는 것으로 문제가 간단히 해결되었다. 쉭쉭거리는 소리가 사라지자 소들이 이제 더 이상 문을 무서워하지 않았다. 그저 소의 눈으로 보기만 하면 되는 간단한 문제였던 것이다.

9

예술가와 회계사

동물 사고의 이해

서번트의 놀라운 기억력에 감탄하는 사람이 많다. 샌디에고 자폐증 연구 학회의 버나드 림랜드에 따르면 자폐인 가운데 9~10퍼센트가 서번트 능력을 가지고 있다고 한다. 어떤 자폐인은 1년 중 아무 날이나 대어도 무슨 요일인지 알아맞히는 달력 계산기 같은 능력을 가졌다. 또 어떤 자폐인은 한 번 들은 음악은 어떤 것이라도 완벽히 연주할 수 있다. 한 도시의 모든 거리 이름이나 도서관에 있는 책 제목 전부를 암기할 수 있는 자폐인도 있다. 어떤 서번트는 기본적인 산수 계산은 하지 못하면서 죽 써 놓은 숫자 중에서 소수(素數)를 바로 구분해 골라 내는 능력이 있다. 포르투갈 연구자인 한스 웰링에 따르면 수학적인 능력이 약한 서번트라도 숫자의 균형을 시각적으로 분석하는 방법을 알아 소수와 소수가 아닌 수를 쉽게 구분해 낼 수 있다고 한다.

서번트들은 대개 사교술 같은 다른 기술을 익히는 데는 터무니

없이 약하다. 한 어머니는 십대인 자기 아들이 컴퓨터 프로그래밍 기술은 비범하지만 돈의 개념은 도무지 익히지를 못한다고 말한다. 서번트는 엄청난 분량의 정보를 암기하지만 암기한 내용을 쓸모 있게 활용하는 데는 약하다. 이들의 기억력은 일반인보다 훨씬 뛰어나지만 인지 능력은 상당히 뒤떨어진다.

영화 〈레인 맨〉에 나온 자폐인 서번트가 블랙잭 게임에서 카드를 세어 라스베가스 카지노를 이긴 것도 그다지 신기할 것이 없는 일이다. 강한 시각화 능력과 집중력만 있으면 된다. 내가 지금 카드를 세지 못하는 것은 이제 충분히 열심히 집중할 수가 없어졌기 때문이다. 시각화 능력은 달라지지 않았지만 이제는 한 가지 이미지를 오랜 시간 동안 계속 머릿속에 담고 있을 수가 없다. 어떤 설비를 머릿속에서 시각화할 때, 나는 그 이미지를 영화처럼 편집한다. 땅 위에서 바라보다가 다음 순간에는 또 다른 시점에서 본다. 이제는 상상 속에서 끊어지지 않고 이어진 화면을 계속 볼 수가 없다. 카드를 셀 수 있는 서번트의 머릿속은 삼각대에 고정되어 똑같은 장면을 계속 기록하는 비디오카메라처럼 작동할 것이라고 생각한다. 그 서번트의 머릿속 카메라의 시점은 상대적으로 긴 시간 동안 한 점에 고정되어 있는 것이다. 일단 한 점에 주의가 고정되면 주의를 다른 데로 돌리기가 어렵다. 그의 머리에 비디오 플레이어를 꽂아서 시각적 이미지를 텔레비전으로 송출해 보면, 가정용 비디오카메라를 한 곳에 움직이지 않게 고정시켜 놓고 한참 동안 찍은 비디오 영상과 비슷하게 보일 것이다. 어떤 이미지를 지속적으로 유지할 수 있는 이런 능력 때문에 대다수 서번트는 행동이 경직되고 유

9 예술가와 회계사

연성이 없다.

 극단적인 형태의 자폐인 서번트의 가장 흥미로운 점은 매리언 스탬프 도킨스가 구분한 사고의 범주에 포함되지 않는다는 것이다. 옥스퍼드 대학에 재직 중인 도킨스는 동물의 사고를 연구하는 얼마 되지 않는 전문가 중 한 명이다. 그녀는 본능적 행동과 순수한 사고를 명확히 구분한다. 본능은 컴퓨터의 주 운영체제처럼 동물에게 프로그램되어 있는 행동 패턴이다. 일부 본능은 컴퓨터 하드웨어처럼 회로로 만들어져 있고, 일부 본능은 경험에 따라 달라질 수 있다. 송아지가 어미를 따라가는 것을 본능적 행동의 예라고 할 수 있다. 동물들은 또 본능에 의해 지배되지 않는 행동을 습득할 수 있다. 예를 들어 젖소는 오후 네 시가 되면 젖을 짜기 위해 줄을 서야 한다는 것을 쉽사리 익힌다. 젖 짜는 시간에 줄을 서거나 사료 트럭 뒤를 따라 달리는 것은 직접적인 자극 조건에 대해 단순 반응하는 것이다. 동물들은 또 경험에 의해 단순한 행동을 익힐 수 있다. 녹색 등이 켜졌을 때 먹이를 얻게 된다거나 빨간 불이 켜졌을 때 전기 충격을 피하려면 울타리를 뛰어넘어야 한다는 사실 등을 기억할 수 있다. 동물이 실제로 사고하는 것이냐 아니냐를 판단하려면 단순히 경험에 의한 규칙에 따라 행동할 수 없는 새로운 상황을 주고 실험해야 한다. 도킨스는 여러 연구를 검토하여 동물이 사고할 수 있으며, 이전에 익힌 정보를 이용해 새로운 상황에서 문제를 해결할 수 있다는 사실을 보여 준다. 동물은 언어를 사용하지 않는데도 일반화 능력이 있다.

 도킨스의 연구는 일반화를 하지 못하는 자폐아에게 생각하는 능력이 있다고 말할 수 있는가 하는 의문을 야기한다. 예를 들면 전형적인 카너 자폐아에게 집 앞의 도로로 뛰쳐나가면 위험하니 그러지 말라고 가르치는 것이 가능하다. 그렇지만 대개의 카너 자폐아는 이 사실을 일반화하여 다른 사람 집 앞의 도로에도 적용하지는 못한다. 다른 예로 세이프웨이 슈퍼마켓에서 초콜릿 사는 법을 배웠더라도 월그린 슈퍼마켓에서는 초콜릿을 어떻게 사야 할지 모르기도 한다. 기억 속의 그림에서 상황이 조금만 달라져도 이해하지 못하는 것이다.

도킨스의 범주에 따르면 서번트 자폐인은 진정한 사고를 하지 못한다는 결론이 된다. 나 같은 자폐인은 그녀의 기준은 충족시킬 수 있지만, 사고에 언어가 필수적이라고 주장하는 과학자들의 기준에서 보면 나도 사고 능력이 없는 것이다.

한 저명한 동물학자가 나에게 동물은 사고 능력이 없다고 말한 적이 있는데, 그때 나는 그렇다면 나에게도 사고 능력이 없다고 결론 내릴 수밖에 없다고 대답했다. 그는 이미지로 사고하는 것이 어떤 것인지 상상할 수도 없을 뿐더러, 그것을 진정한 사고라고 볼 수도 없다고 주장한다. 언어에 기반해 사고하는 사람들은 내 정신세계를 이해하지 못한다. 동물은 생각할 수 없다고 주장하는 사람들은 특히 언어적 사고에 치우치고 시각화 능력은 매우 약한 사람인 경우가 많다. 이들은 언어적, 순차적 사고 활동은 뛰어나지만 청사진이나 도면을 읽을 줄 모른다.

동물들은 이미지와 냄새, 빛, 소리 패턴의 기억으로 사고할 가능성이 높다. 나의 시각적 사고 패턴은 언어적 사고를 하는 사람보다는 동물의 사고방식과 오히려 더 유사할 것이다. 동물이 생각을 할 수 있는지 없는지를 두고 논쟁하는 것은 내가 보기에는 정말 어리석은 일이다. 동물이 생각을 한다는 것은 명백한 사실이니까 말이다. 나는 늘 머릿속으로 동물이 머릿속의 시각적 이미지에 어떻게 반응할지를 상상해 본다. 나도 머릿속에 그림이 있기 때문에 동물들도 비슷한 그림을 볼 것이라고 생각한다. 언어에 기반한 사고와 그림에 기반한 사고의 차이가 왜 예술가와 회계사가 서로를 이해하지 못하는지를 설명해 주지 않을까? 두 사람은 사과와 오렌지처럼 서로 다른 것이다.

    제인 구달, 다이앤 포시 등의 과학자가 침팬지나 고릴라 같은 영장류 동물에게 생각하는 능력이 있다는 것을 분명히 밝혔지만, 가축에게도 사고 능력이 있다는 말에 동의할 과학자는 별로 많지 않을 것이다. 그렇지만 가축과 함께 오랫동안 지내 본 사람은 소가 낯익은 물체를 새로운 장소에서 보아도 알아본다는 사실을 알 것이다. 내 경험에 비추어 보면, 소들은 시각적 이미지로 생각한다는 것을 알 수 있다. 소는 기억 속에 저장된 시각적 이미지와 지금 눈으로 보고 있는 대상을 연관 지을 수 있다. 예를 들어 콜로라도 주립대 농장에서 실험을 위해 다섯 달 동안 매달 한 번씩 소를 압착 슈트에 넣고 혈액을 채취했었다. 첫 번째 피검사 후, 대부분의 소들은 피검사를 할 때마다 저항 없이 압착 슈트 안으로 들어갔으나 몇 마리는 들어가지 않으려고 했다. 이 소들한테는 압착 슈트에서도 좋은 부분이 있고 싫은 부분이 있어, 몸을 압착하는 부분에는 기꺼이 들어가면서도 머리는 멍에 안에 넣지 않으려고 했다.

그래서 레버를 조작하는 사람이 멍에를 급하게 닫으면 멍에가 소머리에 부딪혔다. 이렇게 우연히 머리를 얻어맞은 소는 앞으로 멍에를 피할 가능성이 더 높아진다. 이 소들 대부분이 압착 슈트로 순순히 다가와 몸을 압착하는 부분 안으로 들어갔지만 머리를 맞을까 봐 멍에 앞에서 멈추어 섰다. 일부는 머리를 멍에 쪽으로 쑥 내밀었다가 기계를 조작하는 사람이 멍에를 목에 씌우기 전에 재빨리 목을 뺐다. 수영장에서 차가운 물에 발가락만 살짝 집어넣었다가 얼른 빼는 사람처럼 행동하는 것이었다.

다섯 달 동안 소가 너무 크게 자라 수동 조작 슈트 안에 들어갈 수 없게 되어, 다섯 번째와 마지막 피검사는 수압으로 작동하는 압착 슈트에서 해야 했다. 수압 슈트는 수동 압착 슈트와 색깔도 다르고 모양도 달랐다. 또 슈트 안으로 들어가는 통로와 울타리도 전혀 다르게 생겼다. 수압 압착 슈트에 가까이 가자 여러 마리가 뒷걸음질 치고 멍에에 머리를 집어넣지 않으려고 했다. 소들은 모양과 장소가 달라졌는데도 압착 슈트를 알아보았다. 압착 슈트와 멍에에 대한 지식을 일반화하여 새로운 장소에도 적용한 것이다.

내가 일한 농장에 있던 소들도 이전에 습득한 기술을 새로운 상황에 적용하는 능력이 있었다. 이것 역시 소에게 사고 능력이 있다는 증거가 된다. 텍사스 롱혼종과 같은 뿔이 긴 소는 공간 감각이 발달해 있어 고개를 돌려 가며 80센티미터 정도 좁은 폭의 짐 싣는 램프를 따라 트럭에 올라갈 수 있다. 그렇지만 좁은 슈트나 램프를 경험해 보지 못한 어린 소는 입구에 뿔을 부딪혀 안으로 들어가지 못할 것이다. 좁은 장소를 지나기 위해 머리를 돌리는 것은 본능에 의한 행동이 아니다. 경험이 많은 소는 머리를 돌리는 법을 안다. 일단 그 방법을 익히고 나면 전에 본 적이 없는 슈트 안에 들어갈 때에도 머리를 돌릴 것이다. 노련한 동물은 슈트 입구가 가까워지면 머리를 돌려 쉽게 들어간다.

어떤 사람은 새들을 대상으로 우아한 연구를 하여 새도 생각을 할 수 있다는 사실을 입증했다. 유명한 침팬지 조련사인 허브 테라스는 비둘기를 훈련시켜 여러 개의 불이 켜진 버튼을 특정 순서로 쪼아 먹이를 얻게 했다. '빨간 불은 먹이'라는 식의 경험에 의한 단순한 등식을 적용할 수는 없었다. 실험은 비둘기가 조련사로부터 힌트를 얻을 수 없게 하기 위해 밀폐된 상자 안에서 컴퓨터 조작으로 이루어졌다. (동물의 사고 능력을 가늠할 때에는 반드시 '꾀 많은 한스 효과'를 고려해야 한다. 한스는, 발을 굴러서 숫자를 센다고 해서 유명해진 말이다. 많은 사람들이 그 모습에 감탄했고, 한스가 정말로 셈을 할 줄 안다고 생각했다. 실제로 한스는 수를 셀 줄은 몰랐지만, 워낙 예민한 말이라 조련사가 보내는 포착하기 어려운 신호를 읽어냈던 것이다.) 테라스는 여러 가지 실험을 통해, 비둘기가 단추를 쪼는 순서에 관해 사전에 습득한 지식을 이용해 새로운 단추 누르기 문제도 해결할 수 있다는 사실을 보여 주었다.

아이린 페퍼버그는 많은 시간과 공을 들여 알렉스라는 아프리카산 회색 앵무새에게 말하는 법을 가르쳤다. 단순히 남의 말을 따라 하게 시킨 것이 아니라 두 사람이 서로 대화하는 것을 지켜보게 하여 말을 가르쳤다. 첫 번째 사람이 코르크 등의 물건을 들고 묻는다. "이게 뭐지?" 두 번째 사람이 코르크라고 맞게 대답하면 첫 번째 사람이 칭찬해 주고 코르크를 준다. 두 번째 사람이 틀린 답을 하면 "아냐"라고 분명하게 말해 준다. 알렉스는 이런 대화를 여러 차례 지켜보고 난 후 단어를 적절하게 사용하기 시작했다. 한 단계를 완전히 터득하고 난 다음에 다음 단계로 넘어갔다.

정확히 말하면 상으로 앵무새에게 그 물건을 주었다. 앵무새는 정확하게 말하면 갖고 싶은 물건을 얻을 수 있다는 것을 먼저 익혀야 했다. 자폐가 심한 아이들에게 언어를 가르치는 사람들도 비슷한 방법을 사용한다. 로바스 언어 교육법은 사물을 보고, 단어를 듣고, 들은 단어와 사물, 그리고 보상을 연결시키게 한다. 아이가 어떤 사물을 익히고 나면 실제 물건 대신 그림을 보여 준다. 자폐가 아주 심한 아이들은 그림과 사물을 연계시키는 것을 어려워한다.

벤저민 벡은 학술 논문들을 광범위하게 조사하여 동물이 사고를 한다는 것을 증명할 더 많은 증거를 찾아냈다. 원숭이나 침팬지가 도구를 사용할 수 있다는 것은 널리 알려진 사실인데, 벡은 이에 더해 새나 영장류가 아닌 포유류도 도구를 사용한다는 기록을 여럿 찾아냈다. 도구 사용은 동물이 사고를 할 수 있다는 또 다른 증표다. 코끼리는 뿌리가 뽑힌 나무를 전기 철조망 쪽으로 밀어 철조망을 무너뜨린다. 어떤 코끼리는 대나무 가지로 거머리를 떼어 내기도 한다. 에스키모들 사이에 전해 내려오는 이야기에는 북극곰이 얼음덩어리를 물개에게 던지는 이야기가 자주 등장한다. 나는 갈매기가 조개를 쥐고 날아올라 철로 된 보트 창고 지붕 위에 떨어뜨려 깨는 모습을 직접 봤다. 어떤 갈매기는 대합을 도로 위에 떨어뜨려 놓고 자동차가 그 위로 지나가 맛난 살이 드러나기를 기다리기도 한다. 벡의 조사는 동물이 관찰을 통해 도구 사용법을 익힐 수 있다는 것을 보여 준다. 어떤 아메리카어치가 도구를 사용해서 멀리 있는 것에 닿는 법을 익히자 같은 무리에 속해 있는 다른 다섯 마리의 어치들도 배웠다. 갈라파고스 되새는 막대를 이용해서 땅을 파는 일이 드문데, 다른 종류의 새가 이렇게 도구를 사용하는 것을 보고 그 방법을 익혔다.

내가 대학원생 신분으로 일리노이 대학 농장에서 일할 때, 우리에 있는 돼지들이 울타리를 벽에 연결하는 걸쇠를 돌려 여는 법을 알게 된 일이 있었다. 내가 걸쇠를 다시 걸어 놓자마자 돼지들이 조그만 혀로 다시 풀어 놓곤 했다. 우리 안에 있던 다섯 마리 모두가 걸쇠 푸는 법을 배웠다. 숙모가 키우던 말 한 마리는 머리를 문 밑에 집어넣어 들어 올리면 문이 경첩에서 벗겨진다는 것을 알았다. 그런가 하면 큰 목장에는 항상 탈주 전문가의 기술에 필적할 만한 기술을 갖춘 소가 한두 마리쯤 있기 마련이다. 한 번은 550킬로그램에 달하는 잡종 브라만 수소가 180센티미터 높이의 문 여섯 개를 한 번에 뛰어넘는 걸 봤다. 그야말로 붕 날았던 것이다. 말도 배워야만 문을 넘어 점프할 수 있는데, 이 거대한 브라만 소는 물 위로 솟구치는 고래처럼 가뿐하게 문을 뛰어넘은 것이다. 대부분의 소들은 우리 안에 있는 것에 만족하고 달아나려고 하지 않지만 일단 철조망 울타리를 무너뜨리는 법을 익힌 황소는 가두어 놓을 수가 없다. 기둥을 밀면 찔리지 않는다는 것을 알고 나면 철조망은 무용지물이다. 울타리를 무너뜨릴 수 있다는 사실을 소가 모를 때만 울타리가 제구실을 한다.

하와이 대학에서는 돌고래에게 수화를 가르쳤다. 처음에는 사람이 간단한 명령을 뜻하는 수신호를 보여 주었다. 돌고래가 사람을 보고 명령을 따르는 법을 익히고 난 다음에는 그 사람이 손짓을 하는 모습을 찍은 비디오테이프를 보여 주었다. 그러면 꾀 많은 한스 효과를 방지할 수 있다. 간단한 명령을 수백 가지 다른 조합으로 배열해서 돌고래가 순서를 외울 수 없게 했다. 돌고래는 실제 사람이 내리는 지시를 비디오테이프에 나오는 사람이 내리는 지시로 바꾸어도 쉽게 받아들였다. 다음 단계로, 조련사로부터 암시를 받을 가능성을 완전히 차단하기 위해, 조련사가 검은 옷을 입고 검은 커튼 앞에서 손동작을 하는 모습을 비디오로 찍었다. 돌고래한테는 검은 배경 위에 조련사의 하얀 장갑이 수신호를 하는 것밖에 보이지 않았다. 돌고래는 이 신호도 알아들을 수 있었다. 한층 더 추상화된 이미지를 이해하는 것이므로, 돌고래가 언어라는 상징적 표현을 이해하는 데 한 걸음 더 다가섰다고 할 수 있다.

나는 자폐인이고 시각적으로 사고하기 때문에 당연히 사고가 반드시 언어적이거나 순차적이어야 하는 것은 아니라고 생각한다. 나는 시각적 사고와 언어적 사고 사이에 차이가 있다는 사실을 알기 훨씬 전부터 내가 실제로 사고할 수 있다고 생각했다. 동물이나 정상인이나 자폐인이나 모두 똑같이 사고한다는 말은 아니다. 그렇지만 사고와 표현의 여러 다른 종류와 능력을 이해하면 더 깊은 연관을 파악하고 이해할 수 있게 될 것이라고 믿는다. 과학은 테니스화를 신은 할머니들[공화당을 지지하는 보수적인 여성 유권자들을 부르는 별명—옮긴이]이 이미 오래 전부터 알던 사실을 이제야 입증하려고 하는 것이다. 그것은 "우리 집 강아지는 정말로 생각할 줄 안다"는 사실이다.

새 서번트

새가 계절에 따라 이동하는 능력은 서번트 기술과 비슷한 능력에 기반한다. 서번트 기술은 기억을 이미지화하는 아주 오래된 원시적 시스템의 일부라고 볼 수 있다. 이 능력이 고도의 사고 기술에 의해 가려져 일반인에게는 드러나지 않는 것이다. 이탈리아의 플로리아노 파피 교수는 이동하고 귀소(歸巢)하는 짐승과 새의 능력에 관한 《귀소 동물 Animal Homing》이라는 중요한 책을 썼다. 전서구(傳書鳩)는 고대 로마 때부터 메시지를 전하는 데 사용되었다. 새장에 넣어 멀리 데려간 비둘기가 어떻게 자기 집을 찾아오는 걸까?

새는 지구의 자기장을 감지하는 타고난 감각과 기억을 조합해 비행한다. 몇몇 새들은 타고난 자기장 감시 시스템과 이동 본능의 근간이 되는 유전적 프로그램을 갖고 있다. 이것만으로도 새는 대체로 맞는 방위를 향해 날 수 있지만 정확히 이동하고 귀소하기 위해서는 기억에 축적되어 있는 정보가 필요하다. 어린 새는 무리의 다른 새들과 함께 이동하면서 시각적 지표와 별자리, 태양의 방위 등의 정보를 습득한다. 유럽 쇠오리 같은 종은 별자리를 구분하고 암기할 수 있다. 파피 교수는 새가 지구의 공전에 맞추어 별자리의 위치를 시각적으로 정확히 조정해 방위를 파악한다고 한다. 이런 능력은 서번트의 강한 시각적 기억력과 크게 다르지 않다.

클라라 팍스에게는 예술적 재능이 뛰어난 자폐인 딸이 있는데, 그녀의 딸은 자기 집을 그리면서 아주 정확히 별자리를 그려 넣었다고 한다. 팍스 부인은 자기 딸의 눈이 카메라와 같다고 말한다. 이 아이의 시각적 능력과 새의 항행 능력에는 유사점이 있을 수 있다. 그러나 그걸로 새의 이동을 설명할 수는 있지만, 전서구가 어떻게 한 번도 본 일이 없는 지역을 날아 집을 찾아오는지는 설명할 수 없다. 비둘기는 낯익은 지역을 날 때는 시각적 지표에 의존하지만 모르는 지역을 날 때는 냄새를 따라간다. 비둘기를 새장에서 꺼내 다른 곳으로 옮길 때 비둘기는 가는 길의 냄새를 기억했다가 그 냄새를 따라 집으로 돌아온다. 후각을 잃은 비둘기는 집을 찾지 못할 것이다. 후각이 정상인 새라도 냄새를 차단하는 통에 넣어 운반했을 경우에는 집을 찾지 못한다. 시각적 지표를 알면 냄새로 찾는 것보다 쉽게 집을 찾을 수 있는 것으로 보인다. 그렇지만 낯익은 시각적 지표가 없는 낯선 지역에 와 있을 때는 기어를 바꾸어 후각적 신호를 이용해 길을 찾는 것이다. '냄새 그림'을 이용한다고도 볼 수 있다.

자폐인 가운데 상당수의 사람들이 후각이 무척 예민하여 강한 냄새가 나면 압도되어 어쩔 줄 모른다. 이런 말을 하기는 부끄럽지만 어릴 때 나는 강아지처럼 킁킁거리며 사람들의 냄새를 맡았었다. 사람마다 다른 냄새가 나는 것이 재미있었다. 동물들은 사람보다 훨씬 예민한, 고도로 발달한 감각을 가지고 있는 경우가 많다. 블리드하운드(탐색견의 일종)는 냄새로 몇 마일이고 도망자를 쫓아갈 수 있고, 맹금류는 사람보다 시각이 훨씬 날카롭다. 청각이 예민해서 사람이 듣지 못하는 고주파 음을 듣는 동물도 많다. 자폐인도 이처럼 고도로 예민한 감각을 갖고 있다. 자폐아들은 다른 교실에서 나는 소리 때문에 수업에 집중하지 못하기도 한다. 나는 자폐인의 감각이 동물의 예민한 감각과 비슷하다는 생각을 자주 한다.

가축의 감정

대규모 돼지 농장 관리인이 나에게 아주 진지하게 이렇게 물은 적이 있다. "돼지도 감정이 있나요?" 그에게 돼지는 단순히 고기를 생산하는 무엇에 지나지 않았다. 돼지가 생각하고 학습하는 능력이 조건 반사 수준을 넘어선 것이라는 사실은 보아서 알지만, 정말로 감정도 느끼는 것일까? 새끼 돼지를 보호하는 어미 돼지의 감정이나 사자를 보고 겁에 질려 달아나는 영양의 감정이, 비슷한 상황에서 사람이 느끼는 그것과 비슷한 것일까? 겔프 대학의 이언 덩컨의 연구에서 암탉은 둥지가 있는 곳으로 가기 위해서는 아주 무거운 문도 밀어 열지만, 수탉과의 사이에는 가벼운 문이 있어도 굳이 열려고 하지 않았다. 이런 행동은 감정에 따른 것일까?

일을 처음 시작했을 때 나는 애리조나 매리코파에 있는 켈리 사육장에서 두 마리의 길든 수소와 친해졌다. 고기 포장 설비를 만드는 회사로부터 사진 작업을 맡아서 할 때였다. 광고 회사에서는 커다랗고 당당한 앵거스 수소가 푸른 애리조나의 하늘을 배경으로 서 있는 사진을 원했다. 사진을 찍으려고 나는 풀밭에 누워 소들이 나한테 다가오기를 기다렸다. 소는 사람이 엎드리거나 누워서 몸집을 작게 만들면 덜 두려워한다. 검정소 두 마리는 내가 건드려도 가만히 있었고, 늦은 오후가 되자 쓰다듬을 수도 있게 해 주었다. 처음에는 겁을 냈지만 잠시 후 만져 주는 걸 좋아하게 되었다. 턱 아래를 긁어 주자 목을 죽 뻗었다.

두 주 후에 그 사육장에 다시 가게 됐을 때, 나는 그 소들이 나를 기억하는지 궁금해졌다. 내가 우리 앞에 트럭을 세우자 검정 소 두 마리가 바로 울타리 쪽으로 달려와 쓰다듬어 달라고 머리를 쑥 내밀었다. 먹이를 준 것도 아닌데 쓰다듬어 달라고 하는 것이었다. 이 소들은 만져 주는 것 그 자체를 좋아했다.

농장에 사는 가축이나 야생동물이 사람과의 기분 좋은 접촉을 좋아한다는 사실을 확인할 수 있는 예는 그밖에도 많다. 암퇘지는 길이 들면 배를 긁어 달라고 배를 보이며 벌렁 드러눕는다. 어떤 농장의 암퇘지는 사람이 멈춰 서서 배를 문질러 주지 않고 그냥 지나가면 꽥꽥 울고 안절부절못한다. 멈춰 서서 문질러 주면 드러누워 몸을 뻗고 행복해하는 듯한 모습을 보인다. 텍사스의 자연 동물 보호 구역에 사는 코뿔소도 만져 주는 걸 좋아한다. 코뿔소 울타리 옆을 사람이 지나가면 몸을 울타리에 바싹 붙여 뒷다리와 몸통 사이의 부드러운 곳을 만져 달라고 한다. 만져 주고 오렌지를 몇 개 주면 울타리를 따라 달리며 봄날 송아지처럼 껑충껑충 뛴다. 내가 보기에는 틀림없이 행복해하는 것 같다.

객관적 자료를 필요로 하는 과학자들은 이런 일화가 동물에게 감정이 있다는 사실을 입증해 주는 건 아니라고 할 것이다. 그렇지만 과학자들이 실험용 쥐가 낯익은 사람을 구분할 수 있다는 사실을 밝혀낸 일도 있다.

행크 데이비스라는 심리학자는 실험용 쥐가 쓰다듬어 주고 돌봐 주고 먹이를 준 사람을 가깝게 느낀다는 것을 알아냈다. 테이블 위에 쥐를 올려놓고 한쪽에는 낯익은 돌보아 주던 사람이, 다른 쪽에는 낯선 사람이 있을 때, 쥐는 양쪽을 모두 살펴본 다음에 거의 언제나 낯익은 사람 쪽을 택해 움직였다. 대부분의 포유류와 조류의 새끼들은 어미와 떨어지면 극도로 불안해한다. 젖을 떼면 어미 소와 송아지 둘 다 약 24시간 동안 울부짖는다. 어떤 송아지는 목이 다 쉬어 버릴 때까지 운다.

소는 같은 우리에 살던 친구가 떠나도 운다. 특히 아주 얌전한 종인 홀스타인종 젖소에게서 자주 볼 수 있는 현상이다. 홀스타인종은 관찰자가 있어도 별로 신경을 쓰지 않기 때문에 사회적 행동을 관찰하기가 상대적으로 쉽다. 홀스타인 수소가 친구가 트럭을 타고 떠나는 걸 보고 우는 걸 본 적이 있다. 뒤에 남겨진 소들은 살찐 동료 소들이 램프를 걸어 올라가 버거랜드행 트럭에 올라타는 걸 지켜보았다. 두 마리는 트럭이 주차장을 빠져나갈 때까지 바라보았다. 한 마리는 트럭을 향해 목을 뻗고 울었고, 트럭 위에 있던 친구도 울음으로 답했다. 맘씨 좋은 사육장 관리인은 소들이 자기가 죽으리라는 걸 아는 건가 하고 걱정했다. 소들이 그걸 알 리는 없을 것이다. 다만 친구들과 헤어지는 게 싫은 것이다. 새스캐처원 대학의 조 스투키와 동료들의 연구는 소가 혼자 있는 걸 싫어한다는 사실을 확인해 주었다. 이들이 연구한 소는 눈앞에 다른 소가 있는 게 보이면 저울 위에 올라서서 더 얌전히 있었다.

동물이 스트레스와 공포에 대해 보이는 반응을 연구하면 인간과 동물의 감정이 유사하다는 더 확실한 증거를 얻을 수 있다. 쥐, 고양이, 소, 돼지, 원숭이 등 여러 동물에 대한 수백 건의 연구로, 동물이 무언가 무서운 것을 만나면 혈관 내의 코르티졸(스트레스 호르몬) 수치가 올라간다는 것을 알 수 있었다. 온몸에 아드레날린이 공급되고 심장 박동과 호흡수가 크게 증가해 싸우거나 위험으로부터 도망갈 수 있도록 준비한다. 연구를 통해 공포는 포유류와 조류가 공통으로 느끼는 보편적인 감정이라는 것을 알 수 있었다. 물론 사람도 똑같은 생리적 반응을 보인다. 거리에서 강도를 만난 사람이나 포식자에게 쫓기는 짐승이나 똑같이 아드레날린, 심장 박동수, 호흡수가 증가한다. 사람이나 동물이나 공포를 느끼면 덤비거나 도망간다.

공포는 농장 가축의 생산성에는 아주 나쁜 영향을 미친다. 오스트레일리아의 과학자 폴 헴스워스는 암퇘지가 사람 때문에 겁을 먹으면 새끼를 많이 낳지 않는다는 사실을 알아냈다. 공포의 정도는 암퇘지가 낯선 사람에게 얼마나 빨리 다가가느냐에 따라 측정했다. 각 돼지를 낯선 사람과 함께 좁은 공간에 넣었다. 일꾼들이 거칠게 다루었던 돼지는 낯선 사람에게 다가가 몸을 대기까지 더 오랜 시간이 걸렸다. 또 몸무게도 더디게 늘었다.

다정하고 부드럽게 돌보면 번식도 더 잘하고 몸무게도 늘어난다는 것을 보여 주는 연구도 있었다. 오스트레일리아의 여러 대규모 돼지 농장에서는 노동자들에게 돼지를 대하는 태도를 개선하는 교육 프로그램을 실시한다. 노동자들이 돼지의 행동에 대해 더 많이 알고, 왜 돼지가 그렇게 행동하는지에 관심을 갖게 되자 생산성이 향상되었다. 노동자들의 태도가 좋아진 농장에서는 암퇘지 한 마리당 새끼 돼지의 생산이 6퍼센트까지 증가했다. 돼지를 대하는 태도가 좋은 일꾼들은 쓰다듬기 등의 긍정적인 행동은 더 많이 하고 찰싹 때리는 등의 부정적인 행동은 덜했다. 헴스워스는 또 정기적으로 매를 맞은 돼지는 사람을 멀리하고, 계속 불안감을 느껴 스트레스 호르몬의 만성적인 증가 상태가 유지되며, 몸무게가 더디 늘었다는 것을 보여 주었다. 그리고 사람이 가까이에 있으면 뚜렷하게 위협을 느꼈다.

다른 동물에게도 불쾌한 경험이 발생할 것을 예측하는 능력이 있다. 구속 슈트에 충격을 받은 젖소는 6개월 후 같은 구속 슈트 가까이 갔을 때, 같은 슈트에서 아무런 충격 없이 구속되었던 경험이 있는 소에 비해 심장 박동수가 훨씬 빨라졌다.

해부학적, 신경학적 증거

동물이 감정을 가지고 있다는 가장 확실한 과학적 증거는 뇌 해부나 신경생리학 연구를 통해서 얻을 수 있다. 이 증거로 회의론자들도 설득할 수 있을 것이다. 나는 일리노이 대학 의대에서 사람 뇌에 대한 해부학 수업을 청강할 기회가 있었다. 소나 돼지의 뇌는 많이 해부해 보았지만 사람 뇌가 어떻게 생겼는지는 처음 보는 것이었다. 나는 뇌 가운데를 절단했을 때, 감정과 연관 있는 부분인 변연계가 돼지의 변연계와 거의 똑같이 생긴 것을 보고 깜짝 놀랐다.

단순히 해부학적 관점에서 보면, 사람 뇌와 돼지 뇌의 차이점은 피질의 크기뿐이었다. 변연계 크기는 사람 뇌나 돼지 뇌나 비슷하지만 사람의 뇌는 크고 두터운 피질로 덮여 있다. 마치 콜리플라워가 크게 자라 뇌간을 덮은 것 같은 모양이었다. 사람의 사고력이 다른 동물에 비해 뛰어난 것은 바로 뇌의 피질 때문이다. 감정 중추는 그 아래 깊이 묻혀 있다.

사람의 뇌와 개, 고양이, 소, 말 등 고등 포유류의 뇌의 가장 큰 차이는 피질의 크기다. 동물이나 사람의 뇌 모두 감정에 관한 신호를 변연계에서 전달 받지만, 사람이 정보를 처리하는 능력이 월등히 뛰어나기 때문에 감정에 대한 표현도 훨씬 복잡한 것이다. 슬픈 사람은 아름다운 시 한 편을 써낼 수 있지만, 슬픈 개는 울부짖거나 혼자 남겨 뒀을 때 문을 긁는 등의 행동밖에는 하지 못한다. 감정은 비슷하지만 감정 표현은 하늘과 땅 차이다.

사람 뇌의 화학물질을 통한 전달 시스템은 고등 포유류의 그것이나 별 차이가 없다. 신경전달물질을 통해 뇌 세포 사이에 메시지가 전달된다. 신경전달물질인 세로토닌 수치가 높은 것은 차분하고 공격성이 낮은 상태와 관련이 있다. 프로작은 세로토닌 수치를 증가시켜 사람을 편안하게 만들어 준다. 신경전달물질 중에는 그 밖에 노르에피네프린, 감마-아미노낙산(GABA), 도파민, 엔도르핀 등이 있다. GABA는 뇌에서 만들어지는 천연 신경안정제로 베일리엄과 화학적으로 유사하다. 엔도르핀은 뇌에서 만들어지는 마약이다. 엔도르핀 활동을 막는 날트렉손 등의 약은 헤로인 과용이나 알코올 남용 치료에 사용된다. 도파민과 노르에피네프린은 활동을 촉진하는 역할을 한다. 도파민 활동을 막는 약으로 정신분열증 환자의 망상과 환각을 사라지게 할 수 있다.

사람과 동물의 감정이 비슷하다는 가장 강력한 증거는, 동물에 항우울제와 진정제가 미치는 영향에 대해서 행한 연구에서 볼 수 있다. 현대 수의학에서는 사람의 불안증이나 강박증을 치료하는 데 쓰는 약을 개, 고양이, 말 등에게도 사용한다. 펜실베니아 주립대 수의대의 캐런 오버롤 박사가 최근 세미나를 열었는데 마치 미국 정신의학 협회의 발표를 듣고 있는 것 같았다.

프로작과 비슷한 작용을 하는 아나프라닐이라는 약은 말이나 개의 강박적 행동을 치료하는 데 쓰인다. 강박 이상을 가진 사람은 하루에 두 시간씩 손을 씻는 등의 행동을 보인다. 어떤 개는 지나치게 열심히 털을 손질하고 핥아서 피부가 헐기도 한다. 정량의 아나프라닐로 이런 행동을 사라지게 할 수 있다. 강박 행동 전문가로 국립 정신 건강원에서 일하는 주디스 라포포트 박사는 사람의 이런 증상은 동물에게서도 볼 수 있는 뇌의 오래된 부분에서 나타나는 것이라고 추측한다.

엔도르핀 작용을 막는 날트렉손은 자폐아나 말이 자해 행동을 하는 걸 막아 준다. 증상이 아주 심한 자폐인이 자기 자신을 때리거나 물어뜯어 자해를 하는 것처럼, 아주 예민한 종마는 마구간에 가두어 놓으면 자기 가슴을 물어뜯는 경우가 있다. 매사추세츠 터프츠 수의학교의 닉 도드먼 박사는 날트렉손으로 이런 행동을 멈추게 할 수 있다는 것을 발견했다. 그는 또 프로작, 베타 수용체 차단제, 부스파(부스피론), 테그레톨(카바마제핀)을 사용해 개의 공격성을 조절하는 데 성공했다. 음악가나 배우들은 공연 전, 두려움을 극복하고 마음을 안정시키기 위해 인데랄(프로프라놀롤) 같은 베타 차단제를 복용하기도 한다. 인데랄은 개에게도 공포를 줄여 주는 비슷한 효과가 있다. 리탈린(메틸페니데이트)으로 개의 과잉활동성을 치료하기도 한다. 과잉활동성을 보이는 개나 아이 모두 이 약을 복용하면 좀더 차분해진다.

사람이나 동물이나 기본적인 감정은 비슷한 신경계 메커니즘에 따라 움직이며, 사람과 동물의 감정은 표현의 복잡성에 있어서만 차이가 날 뿐이라고 생각한다. 감정은 맹수로부터 달아나거나 갓 태어난 새끼를 보호하고자 하는 강력한 동기를 제공해 준다. 그렇기 때문에 감정은 동물이 야생에서 생존하는 데 도움을 준다. 짝짓기 의식과 같은 동물의 고정된 행동 패턴을 본능이라고 부르지만 이것 역시 감정에 의해 촉발된다. 또 공포라는 감정 때문에 동물은 포식자로부터 안전한, 외떨어진 곳에 보금자리를 튼다. 그렇지만 배고픈 동물에게는 공포가 1차적인 감정이 되지 못한다. 굶주림과 공포가 함께 강력한 동인으로 작용하는 것이다.

피식 동물처럼 자폐인도 공포를 1차적인 감정으로 경험한다. 내가 내 삶을 시각적 상징 세계 속에서 그릴 때에는 다른 대부분의 사람들은 나처럼 끊임없이 공포에 이끌려 가지 않는다는 사실을 몰랐다. 공포가 고착 증상을 강화했고, 내 삶은 오직 공포를 줄이려는 노력을 중심으로 돌아갔다. 나는 내 삶의 의미를 이해할 수만 있으면 공포가 사라질 것이라고 생각했기 때문에 시각적 상징 속으로 점점 더 깊이 파고들었다. 어느 정도였냐 하면 내가 하는 모든 행동이 나의 시각적 지도상에서는 상징적 의미를 지닌다고 생각할 정도였다. 삶의 위대한 철학적 질문을 지적으로 이해할 수 있게 되면 불안감이 사라질 것이라고 믿었던 것이다. 내 감정은 원초적이고 단순했지만 시각적 상징 세계의 상징은 고도로 복잡했다.

나는 복잡하고 정교한 감정 대신 시각적, 이성적 복잡성을 지니고 있었다. 나는 모든 것에 의문을 품고 논리, 과학, 이성에서 해답을 찾았다. 시각적 사고를 하기 때문에 세계를 오직 시각적 관점에서만 이해했다. 생화학 물질의 힘을 알게 되기 전까지는 공포를 떨쳐 버리기 위해 갖은 애를 다 썼다.

사람이나 동물이나 유전적으로 타고난 기질이 있다. 겁이 많은 동물이나 자폐인은 일상에 변화가 생기거나 낯선 것이 있으면 스트레스를 받고 불안해한다. 훈련과 길들이기로 무서움을 잘 타는 기질을 어느 정도 가라앉힐 수 있지만, 잠재되어 있는 이런 기질은 언제라도 폭발할 수 있다. 신경이 예민한 유전적 기질을 티고난 황소는 자기 목장에서는 차분하고 짐작한 상태를 유지하지만 새로운 사람이나 새로운 환경을 마주하면 아주 광포해질 수 있다. 마찬가지로 자폐인도 익숙한 일상 속에서는 차분하다가 예기치 않은 일이 발생하면 분노나 공격성이 터져 나오기도 한다.

하버드 대학 제롬 케이건 박사와 동료들은 타고난 기질은 두 살 무렵의 아기에게서 처음 나타난다는 사실을 발견했다. 이들은 아이를 억제된 아이와 그렇지 않은 아이로 구분했는데, 소나 말을 차분한 무리와 쉽게 흥분하는 무리로 나누는 것과 유사하다. 이러한 기본적 기질은 아주 어릴 적에 이미 뚜렷하게 나타난다. 수줍음이 많고 억제된 아이는 다른 사람을 의식하며 조심스럽고 낯을 가린다. 억눌리지 않은 아이는 외향적이고 사교적이며 새로운 경험을 덜 두려워한다. 자라면서 학습과 사회적 영향을 받아 이런 차이는 상당 부분 가려지고 사라지게 되지만 이 스펙트럼의 양극에 있는 아이들의 차이는 계속 유지될 것이다.

케이건은 극도로 수줍음이 많고 억제된 아이는 생리학적 반응성이 높다는 것도 확인했다. 새로운 활동, 낯선 사람을 마주하면 심장 박동 수가 증가했다. 억눌리지 않은 아이에 비해 코르티졸 수치도 높았다. 케이건은 수줍음이 많은 아이는 교감 신경계가 보통보다 민감해서 빠르고 강하게 반응하므로 새로운 상황을 마주했을 때 공포를 느낄 가능성이 높다고 한다. 아주 예민하고 쉽게 흥분하는 동물과 유사하다고 볼 수 있다. 바꾸어 말하면 겁이 많기 때문에 위험을 피할 수 있는 것이다. 포식자로부터 우리 자신을 보호하는 데 쓰이던 원시적 시스템을 이 아이들은 하루 종일 가동하는 것이다. 사람이나 동물의 기질 실험 결과에서 여러 가지 유사성을 발견할 수 있는 것도 흥미롭다.

나는 시각적으로 사고하기 때문에 동물이 여러 다른 상황에서 어떻게 생각하고 느낄지를 다른 사람보다 좀더 잘 이해한다. 나 자신이 동물이 되었다고 상상하기도 어렵지 않다. 그렇지만 동물을 의인화(擬人化)하지 않고 내가 동물이 될 수 있게 된 것은, 수년 동안 여러 다른 상황에서 동물의 행동을 관찰했기 때문이다. 그리고 동물 행동에 관한 책이나 논문을 읽어 추가 정보를 머릿속에 계속 축적했다. 동물이 어떻게 사고하는지를 그려 볼 때나 설비를 설계할 때나 나는 똑같은 사고 과정을 거친다.

《인간이 모르는 개의 삶The Hidden Life of Dogs》의 저자 엘리자베스 마셜 토마스가 말하듯 개들은 개의 생각을 한다. 나는 가축들도 마찬가지라고 생각한다. 내가 가르친 학생 중 한 명이 말(馬)은 생각하는 것이 아니라 연상을 할 뿐이라고 말한 적이 있다. 연상하는 것이 사고가 아니라면 나도 생각을 할 수 없다고 결론 내릴 수밖에 없다. 시각적 이미지로 사고하고 연상을 하는 것은 언어에 기반한 선형적 사고와는 구분되는 사고의 또 다른 형태일 뿐이다. 두 가지 사고 방법에는 각각 장점도 있고 단점도 있다. 아무 예술가나 회계사를 붙들고 한 번 물어보라.

10

천재성도 비정상이다

자폐증과 천재 사이의 고리

8년 전 한 자폐증 협의회에 참석했다가 아인슈타인의 육촌 동생을 만났다. 우리는 호텔 식당에서 함께 점심을 먹었는데, 그녀는 메뉴에서 알레르기를 일으키지 않는 음식을 찾느라 무척이나 힘들어했다. 그녀는 자기한테 음악적 재능이 있는 자폐인 아이 하나와 지능이 높은 아이 하나가 있다고 이야기했다. 계속 이야기를 나누다가 그녀의 집안에 우울증, 음식 알레르기, 난독증 등이 있는 사람이 많다는 것을 알게 되었다. 그후로 나는 많은 가족들과 이야기를 나누어 보고 자폐아의 부모나 친척 중에는 지능이 뛰어난 사람이 많다는 것을 알게 됐다.

〈자폐증과 발달 장애 저널〉에 실린 수크데브 나라얀과 동료들의 글에 보면 언어 능력이 뛰어난 자폐아 부모의 지능과 교육 수준이 다른 부모들보다 높다고 씌어 있다. 노벨상 수상자 중 자폐아를 자식으로 둔 사람이 두 명이나 된다는 사실도 그리 놀랄 만한 일은 아니다. 저기능 자폐아를 둔 가족들 중에도 지적 능력이 뛰어난 부모와 친척들이 많았다. 연구 조사를 통해 저기능 자폐증과 가계 내의 지적 능력 사이의 관계가 명백히 밝혀진 것은 아니다. 자폐증에는 두 살 때쯤 고열을 앓았다거나, 조산, 취약 X 증후군 등 쉽게 진단할 수 있는 신경계 문제뿐만 아니라 여러 다른 요인이 있기 때문이다. 그렇지만 자폐인 가족들과 이야기를 나누어 보면 가계 내에 이런 지적 능력 유전이 있을 때가 많다.

우리 가족사를 보아도 연구를 통해 이미 많이 확인된 패턴 한 가지를 볼 수 있다. 〈자폐증과 발달 장애 저널〉에 실린 세 가지 다른 연구와 〈미국 유전의학 저널American Journal of Medical Genetics〉에 실린 연구 한 편이 자폐증과 가계 내의 우울증, 정서 장애의 관련성을 지적한다.

우리 외할아버지는 재능이 뛰어나고 수줍음이 많은 기술자로 비행기용 자동 조종 장치를 발명한 분이다. 40년 넘는 세월 동안 모든 비행기가 외할아버지가 만든 자동 조종 장치를 달고 날았다. 외할아버지는 전차 수리 건물 위에 있는 다락방 안에서, 대형 항공회사의 연구자들이 전부 외할아버지 이론이 잘못되었다고 하는데도 자기 이론에 끈질기게 매달려 결국 이 장치를 만들어 냈다.

외할머니와 어머니는 두 분 다 시각화 기술이 뛰어나고 머리가 좋은 분들이다. 외할머니는 시끄러운 소리에 예민했다. 외할머니는 어릴 때 슈트를 따라 쏟아지는 석탄 소리 때문에 너무나 괴로웠다고 말씀하신 적이 있다. 평생 외할머니는 주기적인 우울증으로 고생하셨는데 말년에는 토프라닐을 복용하여 많이 좋아졌다.

아버지 쪽으로는 악명 높은 '그랜딘 기질'이라는 것이 있다. 아버지는 주문한 식사가 빨리 나오지 않으면 식당을 뒤집어 놓곤 했다. 그리고 한 가지 생각에 깊이 몰두하는 경향이 있었다. 한 번은 집 옆에 있는 승마 축사를 문 닫게 하겠다는 생각에 사로잡혀, 매일매일 시 공무원들에게 편지를 쓰고 쓰레기장에 버려지는 배설물 양을 측정했다. 어린 시절을 외롭게 보낸 아버지는 약한 정도의 자폐증을 가지고 있었던 것 같다.

다행히도 내 형제 중에는 자폐가 없다. 여동생 둘과 남동생 하나가 있는데, 여동생 중 하나는 시각적으로 사고하는 타입으로 예술적 감각이 탁월해 낡은 집을 새로 꾸미는 데 뛰어난 재주가 있다. 그애는 구질구질한 낡은 집을 보면, 새롭게 단장해서 어떻게 만들지 머릿속으로 그려 보곤 했다. 학교 다닐 때는 청각 처리 기능에 약간 문제가 있어, 시끄러운 교실에서 말을 알아듣기가 힘들었던 탓에 학습 장애를 겪었다. 그 아이도 수학을 어려워했다. 다른 두 동생은 다 정상이다. 막내한테는 여러 가지 시끄러운 소리가 동시에 날 때 감각 과부하가 일어나는 경향이 있긴 했지만. 막내의 여덟 살 된 아들은 자폐 증상은 없지만 읽기를 배우는 데 어려움을 겪었고, 일부 말소리를 알아듣는 데 문제가 있었다. 다른 조카들은 정상이다.

자폐아의 부모나 친척에게서 약한 자폐 증상을 발견할 수 있는 경우는 많다. 〈자폐증과 발달 장애 저널〉에 발표된 또 다른 연구에서 G. R. 델롱(G. R. Delong)과 J. T. 드와이어(J. T. Dwyer)가 조사한 바에 따르면 고기능 자폐아를 둔 가족의 3분의 2 이상에서, 4촌 이 내 친척 중에 약한 자폐증인 아스퍼거 증후군을 지닌 사람이 있었다. 나는 협회에서 만난 수백 명 이상의 가족들과 이야기를 나누어 보았는데, 자폐아의 부모 중 다수는 시각적 사고를 하는 사람으로 컴퓨터, 미술, 음악 등에 재능이 있다는 것이 뚜렷했다. 자폐인의 가계에서는 또 불안 이상, 우울증, 공포 발작 등의 특징이 공통적으로 발견됐다. 나라얀은 자폐아의 부모, 특히 아버지 쪽에 하나의 관심사를 외곬으로 추구하는 경향이 있고, 사회성이 떨어지는 경우가 많다는 것을 확인했다. 또한 부모가 자폐인은 아니더라도 아이의 자폐적 경향의 일부를 지니고 있는 경우가 많았다. 존스 홉킨스 의대 레베카 랜더 등의 연구자들은 자폐아의 부모에게 이야기를 만들어 보게 했는데, 34퍼센트가 두서도 없고 뚜렷한 시작, 전개, 결말이 결여된 짜임새 없는 이야기를 만들어 냈다고 한다. 이런 행동은 연상적 시각적 사고의 특징이다. 조각 그림 퍼즐을 맞추는 것과 비슷하게, 특정한 순서 없이 이야기가 전개되는 것이다.

자폐증이 유전적 경향이 강하다는 사실은 충분히 입증되었다. 폴스타인과 러터의 연구에 따르면 일란성 쌍둥이 중 한 명이 자폐증일 때 다른 한쪽도 자폐증일 가능성이 36퍼센트에 이른다고 한다. 자폐증이 아니라고 하더라도 정상 쌍둥이에 비해 학습 장애 등을 겪을 가능성이 높다. 일란성 쌍둥이는 유전자 구성이 똑같은 반면, 이란성 쌍둥이는 유전적으로 전혀 다르다. 이란성 쌍둥이 중 한쪽이 자폐증일 때, 다른 한쪽은 거의 언제나 정상이다. 그렇지만 자폐증 유전은 아주 복잡하다. 한 개의 자폐증 유전자라는 것이 존재하는 게 아니기 때문이다.

로빈 클락(Robin Clark)은 〈개인적 개별적 차이*Personal Individual Differences*〉라는 학술지에, 적은 분량으로 존재할 때는 이득이 되는 유전적 성향을 지나치게 많이 물려받았을 때 오히려 자폐증이 발생한다는 글을 실었다. 예를 들면 한 가지 주제에 몰두하는 성향이 있으면 높은 집중력으로 많은 성취를 이룰 수 있지만, 그것이 지나치면 정상적인 사회적 작용을 하기 어렵다는 것이다.

자폐인은 그렇지 않은 사람에 비해 자폐증이나 학습 장애, 발달 장애를 지닌 아이를 낳을 가능성이 더 크다. 그렇지만 UCLA의 에드워드 리트보(Edward Ritvoe) 등은 가족사 연구를 통해 자폐인의 형제라고 할지라도 자폐아를 낳을 가능성이 더 높지는 않다는 것을 밝혔다. 다만 학습 장애나 약한 자폐 경향을 보이는 아이를 낳을 가능성은 더 높게 나타났다.

많은 연구자들이, 서로 영향을 미치는 유전자의 뭉치가 우울증, 난독증, 정신분열증, 조울증, 학습 장애 등 다양한 이상을 일으킬 수 있다고 생각한다. 펜실베니아 주립대의 로버트 플로민(Robert Plomin) 박사는 자폐증은 유전적 성향이 강한 정신의학적 이상의 하나라고 주장한다. 또 그는 우울증을 비롯한 여러 이상들은, 정상부터 비정상까지 이어지는 다양한 정도의 행동의 연속체를 이루고 있다고 말한다. 자폐증에도 마찬가지 원칙을 적용할 수 있다. 자폐인이라고 불리는 사람들은 정상인에게서도 발견할 수 있는 특징을 극단적 형태로 가지고 있는 것이다. 레오 카너는 아홉 명 중 네 명의 비율로, 자폐아의 부모에게서 우울증이나 불안증을 발견했다. 노스 캐롤라이나 듀크 대학의 로버트 델롱(Robert Delong)의 최근 연구는 자폐아가 있는 가족 내에서 조울증 유전이 나타날 때가 많다는 사실을 확인했다.

비범한 자폐인들

천재성도 비정상성이라고 할 수 있다. 만약 자폐증이나 조울증 등의 이상을 일으키는 유전자를 제거한다면 이 세상에는 창의적인 생각을 할 줄 모르는 따분하고 틀에 박힌 사람들만 가득할 것이다. 자폐증, 조울증, 정신분열증을 일으키는 유전자 뭉치는 적은 분량으로 존재할 때는 긍정적인 작용을 한다. 케이 레드필드 재미슨(Kay Redfield Jamison) 박사는 《불빛을 띤 Touched with Fire》이라는 책에서 조울증과 창의성의 연관 관계를 보여 주는 연구들을 개괄했다. 조울증 환자는 단순히 우울한 상태에서부터 완전한 조증과 심각하고 음울한 울증에 이르는 감정의 연속체를 경험한다. 작가들이 이런 증상을 약하게 겪을 때 명작을 써내는 경우가 많다. 그러나 이런 이상이 최고조에 달하면 제대로 된 생활을 할 수가 없다. 나이가 들면서 기분의 동요도 점점 심해지는 경향이 있어, 어니스트 헤밍웨이 같은 유명 작가가 말년에 자살을 한 원인도 그 때문일 것이다. 예술가, 시인, 작가 등이 일반인보다 조울증이나 우울증을 겪는 비율이 높다는 것도 여러 연구를 통해 확인되었다.

아이오와 대학 N. C. 앤드리어슨(N. C. Andreason)의 연구 결과를 보면 작가 중에서 80퍼센트가 일생 중 어느 시기에 감정적 이상을 겪었다는 사실을 알 수 있다. 화가, 시인, 작가 중 상당 비율의 사람들이 이런 상태를 극복하기 위해 약을 복용해야 했다. 조사 대상 작가와 화가 중 38퍼센트가 약물 치료를 받았고, 시인 가운데서는 50퍼센트가 치료를 받았다. 아이오와 대학의 연구는 또 작가의 부모 형제들 가운데 감정 이상을 겪은 사람들의 비율이 일반인에 비해 상대적으로 높다는 것을 보여 준다.

데이비스 캘리포니아 주립대 딘 시몬튼은 리더십, 카리스마, 지치지 않는 정력과 적극성 등 정치가의 자질을 이루는 요인들에 대해 연구했다. 그의 연구에 따르면 이런 특질을 가진 사람 중에는 우울증이나 알코올 중독 등의 문제를 가진 사람이 많았다. 시몬튼은 "창의적인 사람이 되려면 약간은 미쳐야 하는 것으로 보인다"고 결론을 내렸다.

수학적 재능에 대한 연구 역시 천재성과 비정상성의 연관을 확인시켜 준다. 아이오와 주립대의 카밀라 퍼슨 벤버의 논문은 수학적 재능과 천재성은 육체적 비정상성과 밀접한 관련이 있다는 증거를 제시하고 있다. 수학적 능력이 뛰어난 사람에게 상대적으로 많이 나타나는 세 가지 특징으로, 왼손잡이, 알레르기, 근시가 있다. 수학 학습 장애와 수학적 천재성 모두 왼손잡이와 관련이 있다. 언어적 논리성과 수학에 뛰어난 재능을 보이는 어린아이는 그렇지 않은 아이에 비해 알레르기가 있을 확률이 두 배나 높다. 그리고 학습 성취도가 뛰어난 학생 중에는 근시가 많다. 판에 박힌 이미지인 두꺼운 안경을 낀 꼬마 천재의 모습은 그럴 만한 근거가 있는 것이다.

모든 천재가 다 비정상이라고는 할 수 없지만, 정상인에게 특정 재능이 나타나게 하는 유전자와, 같은 연속체의 극단에 있는 비정상성을 유발하는 유전자는 동일하다고 할 수 있을 것이다. 1940년대에 이미 연구자들은 조울증을 일으키는 유전자를 없앤다면 큰 손실을 보게 될 것이라고 주장했다. 보스턴 근방 맥린 병원의 연구자들이 내린 결론이다.

세상에서 조울증으로 고통 받는 사람들을 없앤다면, 성취, 선(善), 다양한 색채, 따뜻함, 생기, 산뜻함 등을 측정할 수 없을 만큼 잃게 되고 말 것이다. 세상에는 결국 건조한 관료들과 정신분열증 환자만 남을 것이다. 같은 유전적 범주에 속하는 건강한 사람들을 버리느니 차라리 조울증 환자를 받아들이는 게 나을 것이다.

20년 후, 존 W. 로버슨은 《에드거 A. 포, 정신병적 연구 Edgar A. Poe, A Psychopathic Study》에 이렇게 적었다.

> 신경과민 기질을 뿌리 뽑고, 신경증 환자 사이의 결혼이나 알코올 중독 유전으로 인한 불안정한 신경 조직, 혹은 정신 이상이나 여러 형태의 부모의 열등한 기질 등에 의해 나타나는 과격한 성질을 억누른다면, 금욕주의자들만 가득한 세상이 될 것이다. 상상력이 없는 사람들, 열정을 모르는 사람들, 개성이 없는 두뇌, 천재성이 없는 영혼만으로 가득한 세상.

앞에서 이야기했듯이 나는 나와 다른 사람들 사이의 엄청난 차이를 깨달은 지 얼마 되지 않았다. 최근 3년에 걸쳐 나의 시각화 기술이 다른 대부분의 사람들보다 훨씬 탁월하다는 것을 충분히 이해하게 되었다. 이런 능력을 잃어야만 한다면 나는 정상인이 되고 싶지 않다. 또 나는 아직도 어린애 같기 때문에 창의적일 수 있는 것 같다. 하워드 가드너(Howard Gardner)는 《창조적 정신Creating Minds》이라는 책에서 아인슈타인, 피카소, T. S. 엘리엇 등 일곱 명의 위대한 20세기 사상가의 삶을 개략했다. 이들은 어린아이다운 자질이라는 공통분모를 갖고 있었다. 가드너는 아인슈타인은 어린아이의 개념 세계로 돌아가, 물리학의 종래의 패러다임의 제약을 받지 않을 수 있었다고 말한다. 자폐증이 뇌의 미성숙으로 인해 발생한다는 것은 흥미로운 사실이다. 여러 면에서 나는 아직도 어린아이로 남아 있는 것이다. 오늘날까지도 대인 관계의 영역에서는 내가 여전히 어린아이인 것 같은 생각이 든다.

과학자 중에는 철저히 분석적 사고를 하는 사람들도 있다. 물리학자 리처드 파인만은 시와 미술의 유효성을 부인했다. 파인만의 전기 《천재Genius》를 쓴 제임스 글릭은 이렇게 적고 있다. "그는 시나 미술이나 종교가 다른 종류의 진리에 접근할 수 있다는 사실을 인정하지 않으려 했다." 물론 시를 숭상하고, 연속체에서 창의적인 극단과 과학적인 극단 양쪽의 특징을 모두 갖는 과학자도 많다. 과학자, 예술가, 고도로 분석적인 철학자 중에 자폐 성향을 가진 사람이 있는 것처럼 말이다. 알버트 아인슈타인, 루드비히 비트겐슈타인, 빈센트 반 고흐 등은 어린 시절에 발달 장애를 보였다. 자폐증은 '성장 초기에 시작되는 이상'으로 정의되어 있어, 자폐 성향이 있다는 판정을 받으려면 더딘 언어 발달이나 이상한 행동 등의 문제가 어릴 때에 나타나야 한다.

어릴 때 아인슈타인은 이런 성향을 많이 보였다. 그는 세 살이 될 때까지 말을 하지 못했다. 한 자폐아의 어머니에게 보낸 편지에서 아인슈타인은 자기가 말을 너무 더디게 배워 부모님께 걱정을 끼쳤었다고 썼다. 버나드 패튼(Bernard Patten)이 〈학습 장애 저널Journal of Learning Disabilities〉에 실은 글에는, 아인슈타인이 일곱 살까지도 속으로 단어를 반복해서 말해야 했고, 또래 친구들과 어울리지 못했다고 되어 있다. 아주 어린 나이에 천재성이 발달하는 경우도 있지만, 아인슈타인은 어릴 때 아무런 천재성도 보이지 않았다. 그를 바보라고 생각한 사람도 많았다. 철자법 실력도 엉망이었고, 외국어도 형편없었다. 자폐 성향이 있는 아이들이 대개 그러하듯 아인슈타인도 조각 그림 퍼즐을 아주 잘했고 몇 시간씩이고 카드로 집을 지으며 놀았다. 목적한 것에 대해서는 외곬이었고, 사생활에 관련된 것 등 흥미 없는 것은 거의 기억을 하지 못했다. 《아인슈타인: 삶과 시대Einstein: The Life and Times》라는 전기를 쓴 로널드 W. 글락은 이런 기질 덕에 아인슈타인이 자기 분야에서 앞으로 나아갈 수 있었던 거라고 지적한다. 아인슈타인 자신도 이렇게 말했다. "나는 이따금 스스로에게 이렇게 묻는다. 어떻게 내가 상대성 이론을 만들어 낼 수 있었을까? 그 까닭은, 정상적인 성인이라면 공간과 시간의 문제에 대해 굳이 생각해 보려고 하지 않기 때문이 아닌가 생각한다." 아인슈타인은 집중력이 대단히 뛰어났고, 몇 시간이고 며칠이고 한 가지 문제에 몰두할 수 있었다.

《아인슈타인이 여기 살았다Einstein Lived Here》에서 에이브러

햄 파이스는 이렇게 말한다. "깊은 인간관계를 맺기 위해서는 노력이 필요한데 아인슈타인은 그저 그런 데에 공을 들이고 싶어하지 않았던 것이다." 나처럼 아인슈타인도 사색과 일에 더 애착을 느꼈다. 나는 깊은 관계라는 게 어떤 건지를 모른다. 아인슈타인은 과학에 대해 깊은 열정을 품었고, 과학이 그의 삶이었다. 그가 가르친 대학원생 중 한 명은 이렇게 말했다. "아인슈타인만큼 과학을 감각적으로 즐기는 사람을 본 적이 없다." 하워드 가드너는 아인슈타인은 사람 사이의 관계보다 사물 사이의 관계에 훨씬 더 흥미를 느꼈다고 말한다.

《천재라는 오명 The Stigma of Genius》을 집필한 전기 작가 조 L. 킨첼로, 셜리 R. 스타인버그, 데보라 J. 티핀즈는 아인슈타인의 대중적 매력과 카리스마, 그리고 외톨이로 살아간 개인적인 삶 사이의 대조에 의아해한다. 아인슈타인은 냉담한 관찰자이자 외로운 어린아이였다. 《알버트 아인슈타인의 개인적 삶 The Private Lives of Albert Einstein》에 로저 하이필드와 폴 가터는 이렇게 적었다. "아인슈타인은 자기가 과학에 전념한 것은 시선을 객관적 우주에 고정시킴으로써 개인적인 삶을 피하기 위해서였다고 말한다. 인간사의 불확정성으로부터 자유로운 현실을 발견하고자 하는 욕망이 그의 가장 중대한 작업(상대성 이론)의 토대를 이루는 것이었다." 그게 무슨 의미인지 나는 이해할 수 있다. 주말에 나는 혼자서 글을 쓰고 그림을 그린다. 그리고 주중에는 강연을 하고 사회 활동을 한다. 그렇지만 나의 사회적 삶에는 뭔가 빠진 것이 있다. 사회적으로 활동할 수는 있지만 그건 마치 연극을 하는 것과 비슷하다. 자폐아인 아이가 학교 연극에서 전혀 다른 사람인 것처럼 연기하며 배역을 아주 훌륭하게 소화해 냈다는 이야기를 들려주는 부모들이 많다. 그러나 연극이 끝나자마자 아이는 다시 외로운 자기 자신으로 되돌아간다.

아인슈타인처럼 나도 지적인 진리 추구가 삶의 원동력이다. 불안감과 공포에 쫓기면서도 인생의 의미를 찾는 것이 나한테는 중요한 지적 활동이었다. 깊은 정서적 관계는 부수적인 것이다. 나는 구체적인 결과물이 드러날 때 가장 큰 행복을 느낀다. 예를 들면 한 어머니에게 최신 교육 프로그램에 대한 정보를 주어 그녀의 자폐아 아이가 학교에서 학습을 더 잘 할 수 있도록 도와준다든가 하는 식으로, 감정보다는 구체적이고 측정 가능한 결과가 나한테는 훨씬 더 중요하다. 좋은 사람이 어떤 사람인가 하는 것에 대한 나의 개념은 내가 어떻게 느끼느냐가 아니라 내가 무슨 행동을 하느냐에 달려 있다.

아인슈타인은 약한 자폐증 혹은 아스퍼거 증후군을 가진 어른의 특징을 많이 보였다. 킨첼로 등은 아인슈타인의 강의는 산만하고 때로는 도저히 이해할 수 없었다고 말한다. 아인슈타인이 제시하는 몇몇 구체적 예와 일반적 원칙 사이의 연관 관계를 파악하지 못해 학생들이 혼란스러워할 때가 많았다. 아인슈타인의 시각적 정신 속에서는 연관 관계가 분명했지만 언어적 사고를 하는 학생들에게는 그렇지 않았던 것이다. 학생들은 또 아인슈타인이 칠판에 어떤 공리를 적던 도중에 생각의 줄기를 놓쳐 버리는 일이 종종 있었다고 말한다. 그렇게 몇 분이 지나면 아인슈타인은 몽롱한 상태에서 깨어나서 또 다른 가설을 칠판에 적곤 했다고 한다. 사고가 산만

해지는 것도, 연상적 사고를 하기 때문이다.

아인슈타인은 시각적 기술을 사용할 수 있도록 하는 학교에 다니기 전까지는 학업 성적도 형편없었다. 심리학자이자 그의 친구인 막스 베르트하이머에게 아인슈타인은 이렇게 말했다. "생각이 언어적 표현으로 떠오르지는 않아. 나는 거의 언어로는 생각하지 않네. 어떤 생각이 떠오르고, 그 다음에 그걸 언어로 표현하려고 애쓰는 거지." 상대성 이론을 만들어 낼 때 아인슈타인은 자기가 광선을 타고 있다고 상상했다고 한다. 그의 시각적 이미지는 내 것보다 추상적이어서, 그는 이미지를 수학적 공식으로 번역해 낼 수 있었다. 나의 시각적 이미지는 아주 생생하지만 나는 그것을 수학적 기호와 연결시키지 못한다. 아인슈타인의 계산 능력은 별 볼일 없었다. 계산을 틀리기도 많이 하고, 속도도 빠르지 않았다. 그의 천재성은 시각적 사고와 수학적 사고를 연관시킬 수 있었던 데 있는 것이다.

아인슈타인의 옷차림과 머리 모양은 자폐 성향이 있는 어른의 전형적인 모습 그대로다. 자폐 성향이 있는 사람은 고상한 취향이나 사회적 지위 등에는 거의 신경을 쓰지 않는다. 아인슈타인은 스위스 특허청에서 일할 때 이따금 꽃이 달린 초록색 슬리퍼를 신기도 했다고 한다. 당시는 교수들이 정장을 차려 입고 수업을 할 때였는데 아인슈타인은 정장과 넥타이를 매지 않았다. 그가 정장을 싫어한 이유가 감각 과민 때문이었을 수도 있다고 생각한다. 그는 티셔츠나 가죽 재킷 등 부드럽고 편안한 옷을 좋아했다. 머리 모양도 남성 헤어 패션의 표준과는 거리가 멀다. 길고 다듬지 않아 제멋대로 뻗친 머리는 멋스럽다고는 결코 말할 수 없는 것이었다. 외양에는 전혀 신경을 쓰지 않았던 것이다.

올리버 색스는 철학자 루드비히 비트겐슈타인이 고기능 자폐인이었을 것이라고 말하였다. 비트겐슈타인은 네 살이 될 때까지 말을 하지 못했고, 아무런 재능이 없는 바보 취급을 받았다. 그의 형제 두 명이 다 자살한 걸로 보아 그의 가계에 우울증 기질이 있을 가능성이 높다. 비트겐슈타인은 기계 다루는 능력이 뛰어나 열 살 때는 재봉틀을 직접 만들기도 했다. 학창 시절 학업 성적은 형편없었고, 넥타이나 모자는 절대로 착용하지 않았다. 그는 의례적이고 현학적인 언어를 구사했고, 동료 학생들을 독일어로 'Sie[2인칭 존칭 대명사—옮긴이]'라는 정중한 표현으로 불러, 동료 학생들과 어울리지 못하고 놀림감이 되었다. 지나치게 격식을 갖춘 언어 구사는 고기능 자폐인의 특징이기도 하다.

빈센트 반 고흐의 작품에는 격정과 천재성이 번득이지만, 아동기와 청년기에 고흐는 자폐 증상을 보였다. 아인슈타인과 비트겐슈타인처럼 반 고흐도 특별한 재주가 없었다. 전기 작가들은 어린 시절의 고흐를 초연하고 괴팍한 사람으로 묘사한다. 고흐는 짜증을 잘 부렸고 혼자 들판에 나가기를 좋아했다. 그는 스물일곱 살이 될 때까지 예술적 재능을 발견하지 못했다. 그림을 그리기 시작하기 전의 고흐는 아스퍼거 증후군을 가진 성인에게서 나타나는 특징 중 여럿을 보였다. 일단 옷차림이 단정치 못했고, 무뚝뚝했다. 《위대한 비정상 Great Abnormals》이라는 책에서 버논 W. 그랜트가 고흐의 목소리와 특징을 묘사했는데 이것 역시 자폐인의 모습과 비슷하다. "그의 말투에서는 늘 긴장감이 묻어나고 목소리는 신경질적이고 거칠었다. 완전한 자아 함몰 상태에서 말을 했으며 상대방이 불편해하는지 흥미 있어 하는지는 전혀 고려하지 않았다." 반 고흐는 의미 있게 살고 싶어 했고, 그것이 그가 미술 공부를 시작한 동기 중 하나가 되었다. 그의 초기 작품들은 주로 그가 자신과 동일시하던 노동자를 소재로 한 것이었다. 그랜트의 말에 따르면 반 고흐는 영원한 어린아이였고 다른 사람의 필요와 감정에 반응하는 데는 소질이 없었다. 추상적인 의미에서는 인류를 사랑했을 수 있으나 실제 사람을 대할 때에는 "너무 자기 자신에 갇혀 있어 다른 사람을 참아 주질 못했다."

정신병원에 들어간 뒤 반 고흐의 그림은 더욱 화려하고 밝아졌다. 칙칙한 색채에서 극도로 화려한 색채로 전환하게 된 계기를 간질 증상이 시작된 데서 찾을 수 있을 것이다. 발작이 그의 지각도 바꾸어 놓은 것이다. 〈별이 빛나는 밤(Starry Night)〉이라는 그림에서 볼 수 있는 소용돌이치는 하늘은 일부 자폐인이 겪는 감각 왜곡과 비슷하다. 심한 감각 처리 장애를 겪는 자폐인한테는 사물의 가장자리가 흔들리는 것처럼 보이고, 감각 자극이 서로 뒤섞인다. 이것은 환각이 아니라 감각의 왜곡이다.

마이크로소프트 회장이고 윈도우즈를 발명한 빌 게이츠도 자폐 증상을 가진 사람 가운데 하나다. 〈타임〉지가, 올리버 색스가 〈뉴요커〉에 실은 나에 관한 기사와 같은 잡지에 실린 빌 게이츠에 대한 존 시브룩의 글을 비교하며, 최초로 그를 자폐증과 연관시켰다. 나와 그의 공통된 특징은 반복적으로 몸을 흔드는 것과 사회성이 낮은 것이다. 게이츠는 사업상 회의를 할 때나 비행기를 탔을 때 몸을 흔든다. 자폐아와 자폐인 성인은 불안할 때 몸을 흔든다. 그가 보이는 또 다른 자폐 증상으로 눈을 맞추지 못하는 것과 사교성이 떨어지는 것을 들 수 있다. 시브룩은 이렇게 말한다. "빌 게이츠는 사회적 세련됨에는 관심이 없다. 맞춤법에도 신경 쓰지 않는다." 어릴 때 빌 게이츠는 놀랄 만한 서번트 능력을 보였다. 성경에 나오는 긴 구절들을 한 글자도 틀리지 않고 외우곤 했다. 목소리에는 음조가 없었고, 나이에 비해 어리고 미숙해 보였다. 옷과 위생에는 거의 신경을 쓰지 않았다.

약한 정도의 자폐 증상은 한결같은 집념을 갖게 하여 무언가를 이룰 수 있게 해 준다. 한스 아스퍼거는 아스퍼거 증후군을 지닌 사람이 극히 전문적인 학술 분야에서 중요한 업적을 이루는 경우가 많다며 이런 사람들의 가치를 강조한다. 아스퍼거 증후군에 속하는 사람 가운데서 정신지체가 없고 사고가 지나치게 경직되지 않은 사람은 탁월한 업적을 이룰 수 있다. 아스퍼거는 외곬의 사고가 뛰어난 성취를 가져올 수 있기 때문에 아주 가치 있는 것이라고 결론을 내린다.

요즈음에는 아인슈타인 같은 사람이 극히 드물다. 전부 GRE에서 낙방하거나 아니면 학점이 형편없는 모양이다. 나는 GRE[미국 대학원 진학에 필요한 시험—옮긴이] 수학 시험에 낙제했기 때문에 뒷문을 통해 학교에 입학할 수밖에 없었다. 고등학교 때도 성적이 좋지 않았고 3학년이 되어서야 공부를 해야겠다는 생각이 들어 성적을 올렸었다. 대학교에서는 생물학과 심리학은 잘했지만 불어와 수학은 너무 어려웠다. 대부분의 뛰어난 천재들에게는 재능이 편중되어 있다. 어떤 과목은 처절하게 형편없고, 대신 특기 분야에서 빛을 발한다. 리처드 파인만도 언어와 역사 과목의 GRE 성적은 무척 낮았다. 물리 점수는 만점이었지만 미술 과목은 백분율 점수로 7점밖에 되지 않았다.

아인슈타인은 취리히 연방 공과 대학을 졸업한 후 학교에서 일자리를 구할 수가 없었다. 중요한 거물 교수들한테 그들의 이론이 틀렸다고 말해서 밉보였기 때문이다. 결국 스위스 특허청에 취직했다. 특허청 사무원으로 일하면서 아인슈타인은 유명한 상대성 이론을 집필했고, 물리학 학술지에 발표했다. 요즘 같으면 특허청 사무원이 물리학 학술지에 논문을 발표하기란 하늘의 별 따기일 것이다. 아인슈타인이 요즘에 태어났다면 그의 논문은 퇴짜를 맞았을 것이고, 그는 여전히 특허청에서 일하고 있을 것이다.

위대한 과학자, 예술가, 작가 중에서 학교 성적이 좋지 않았던 사람은 무수히 많다. 진화론의 아버지 찰스 다윈은 외국어를 익힐 수가 없었다. 졸업할 때까지 그는 평범한 학생으로 취급되었다. 다윈의 아들 프랜시스가 편집한 다윈의 자서전《삶과 글 *Life and Letters*》에 보면 이렇게 씌어 있다. "선생님이나 아버지나 다 나를 지능이 평균에 좀 못 미치는 평범한 아이라고 생각했다." 케임브리지 대학에 들어갔으나 대학 생활은 따분하기 이를 데 없었고 수학 성적은 바닥을 기었다. 이런 다윈의 약점을 보완해 준 특질은 수집에 대한 열정이었다. 이 열정에 이끌려 다윈은 비글 호를 타고 그 유명한 여행을 시작하게 되고 진화론을 최초로 공식화하게 된다.

현대 유전학의 창시자 그레고어 멘델은 고교 교사 자격증 시험에 수차례나 낙방을 했다고 《영감을 받은 아마추어들Inspired Amateurs》이라는 책에 기나 케빈이 적고 있다. 멘델은 수도원 정원 한 구석에서 콩을 가지고 중요한 실험을 했다. 그는 대학 학위 논문에 실험 결과를 발표했으나 심사에 떨어져 학위를 받지 못했다. 당시에는 그의 기발한 이론에 아무도 관심을 보이지 않았다. 그러나 다행스럽게도 논문 사본 120부가 남아서 그가 죽은 후에 그의 천재적인 작업이 마침내 인정받게 되었다. 오늘날에는 모든 고등학교에서 과학 시간에 멘델의 법칙을 가르친다.

일을 하면서 나는 정육 공장 유지 보수 팀에서 아주 뛰어난 시각적 사고자를 여럿 만났다. 이들 중 몇몇은 아주 탁월한 설계 기술을 갖고 있어 온갖 종류의 혁신적 장비를 발명해 냈다. 그렇지만 이들의 학교 생활은 환멸과 좌절뿐이었다. 요즘 교육 제도는 이런 사람을 육성해 세계적인 과학자로 만드는 게 아니라 걸러내어 낙오시키는 방향으로 이루어지고 있다.

기억력, 그림 그리기, 계산, 음악 재현 등에서 엄청난 능력을 보이는 자폐인 서번트 대부분이 사회적 기술은 빵점에 가깝다. 최근까지도 전문가들이 서번트에게는 창의성이 없다고 가정했었다. 서번트의 뇌는 테이프 레코더나 복사기처럼 작동한다고 생각했던 것이다. 그렇지만 서번트의 그림이나 음악을 자세히 살펴본 결과 분명한 창의성이 있으며, 그것을 발전시킬 수 있다는 것을 알게 되었다. 《비범한 사람들Extraordinary People》에서 대롤 A. 트레퍼트(Darold

A. Treffert)는 서번트의 사회적 능력과 음악적, 미술적 재능을 함께 발달시킬 수 있었던 사례 둘을 든다. 좋은 교사가 격려해 주고 도와주면 이런 능력이 자라날 것이다. 영국의 유명한 자폐인 서번트인 스티븐 윌셔(Stephen Wiltshire)는 건물을 믿기지 않을 정도로 세부적으로 그려 내며, 음악적 재능도 뛰어나다. 《화성에서 온 인류학자》라는 책에서 올리버 색스는 윌셔의 즉흥 작곡 능력이 점점 좋아졌으며, 그가 노래를 부르는 동안에는 자폐 성향이 완전히 사라졌다가 음악이 끝나야 다시 돌아온다는 사실을 이야기한다. 음악은 그를 바꾸어 놓고, 감정으로 통하는 문을 일시적으로 열어 놓을 수도 있는 것이다. 그는 건물을 세부적으로 아름답게 그려 낼 때는 자폐인처럼 행동한다. 사람들의 생각과는 달리 서번트라고 해서 언제나 완벽한 사진과 같은 기억을 갖고 있는 것은 아니다. 색스 박사가 윌셔에게 자기 집을 그려 보라고 했을 때, 윌셔는 없는 굴뚝을 그린다거나 창문의 위치를 잘못 그려 넣는 등의 실수를 했다. 자기 집을 자세히 살펴볼 시간이 없었던 탓도 있을 것이다. 윌셔는 기억 속에서 이 건물 저 건물의 일부를 가져와 새로운 형태로 결합하여 상상의 도시를 그려 내곤 한다. 내가 설계를 할 때 사용하는 방법과 같다.

심한 장애를 일으킬 수 있는 유전적 성향이 세계에서 가장 위대한 예술과 과학적 발견을 가져온 재능과 천재성을 가져다주기도 한다는 것은 분명하다. 정상과 비정상 사이에 뚜렷한 경계는 없다. 나는 자폐증, 심한 조울증, 정신분열증 같은 장애가 우리에게 많은 고통을 주면서도 우리 유전자 안에 계속 남아 있는 데에는 어떤 이유가 있다고 믿는다. 학자들은 정신분열증이 언어 능력과 사회적 상호 작용 능력을 얻는 대신 치러야 하는 진화상의 대가라고 말한다. 런던 임상 연구 센터의 팀 크로는, 정신분열증 환자는 다른 사람에 비해 아이를 적게 낳는데도 불구하고 정신분열증이 나타나는 비율이 줄어들지 않는다는 사실을 지적한다.

정신분열증을 유발하는 유전자는 약한 형태로 나타날 때는 장점이 될 수 있다. 조울증이나 자폐증의 경우도 마찬가지일 것이다. 내 경우, 내가 가축의 인도적 도살과 동물에 대한 처우 개선에 기여한 바가 있다면 그것은 나의 비정상성 덕이 크다고 생각한다. 그렇지만 내가 나름의 신앙 체계를 만들어 낼 수 없었다면 아마 이런 일도 불가능했을 것이다.

11

천국으로 가는 계단

종교와 믿음

나는 철저하게 논리적이고 과학적인 사람으로서, 지속적으로 지식의 저장소에 자료를 추가하고 과학적 지식이나 신에 대한 믿음을 계속해서 새로이 갱신한다. 나의 사고 과정은 일련의 구체적 예를 사용해 일반 원칙을 도출해 내는 식으로 진행되기 때문에, 새로운 정보가 추가될 때마다 일반 원칙을 수정하는 것이 당연하게 생각된다. 신앙만으로 무엇인가를 무비판적으로 받아들인다는 것은 납득이 가지 않는다. 나의 사고는 감정이 아니라 논리에 의해 지배되기 때문이다. 1968년 6월 14일 대학교 2학년 때 일기에 나는 이렇게 적었다.

> 나는 현재 나의 지식 저장소에 기반해 생각을 발전시킨다. 더 많은 것을 알게 되면 생각도 바뀔 것이다. 유일하게 변하지 않는 생각은 신이 존재한다는 것이다. 내 생각은 내

가 알고 있는 기본적인 자연과 물리 법칙에 기반해 이루어진 것이다. 자연과 환경에 대해 더 많은 것이 알려지면 새로운 지식을 받아들여 내 이론도 수정할 것이다. 종교는 정체 상태에 있어서는 안 되고, 역동적이고 지속적으로 진보해야 한다.

열 살인가 열한 살 되었을 때, 나는 개신교가 유태교나 천주교보다 더 나은 종교라는 말은 전혀 이치에 맞지 않는 말이라고 생각했다. 나는 종교적인 환경에서 자랐다. 잠자리에 들기 전에는 기도를 하고 일요일에는 교회에 가고, 매주 주일학교에 나갔다. 우리는 미국 성공회 교회에 다녔으나 우리집 요리사는 천주교도였고 천주교가 하늘나라에 가는 유일한 방법이라고 믿는 사람이었다. 내가 4학년 때부터 상담을 받으려 다녔던 정신과 의사는 유태인이었다. 나는 내가 믿는 종교가 그들의 것보다 낫다는 것은 말이 되지 않는다고 생각했다. 어떤 종교적 의식이나 종파나 모두 타당하다고 생각했고, 지금도 그 생각에는 변함이 없다. 어떤 종교든 신과 대화하기 위한 것이며 도덕적 원칙을 담고 있다. 모든 종교가 똑같이 유효하고 가치가 있다는 내 생각에 동의하는 자폐인을 많이 만났다. 자폐인 중에는 윤회를 믿는 사람도 많다. 천국과 지옥보다 윤회설이 더 논리적으로 생각되기 때문이다.

자폐인 중에는 극히 경직된 근본주의적 신앙을 갖게 되어 종교에 지나치게 강박되는 사람도 있다. 한 소녀는 몇 시간씩 기도를 하고 매일 교회에 갔다. 그 아이의 경우는 신앙이 아니라 강박에 가까운 것이어서 결국 몇 군데 교회에서 계속 쫓겨났다. 아나프라닐을 소량 복용하면서 그녀는 좀더 온건하고 사리에 맞는 방식으로 신앙심을 실천할 수 있게 되었다. 이 소녀와는 다른 경우도 있다. 한 젊은이는 마음을 어지럽히는 강박적인 생각이 머릿속을 떠나지 않았는데, 열심히 기도를 하면서 생각을 통제할 수 있었다.

자폐증 연속체에서 카너 증후군 쪽 끝에 있는 사람들은 종교적 상징을 아주 구체적으로 해석해 받아들이기도 한다. 찰스 하트는 여덟 살짜리 아이 테드가 주일학교에서 아브라함이 자기 아들을 신에게 기꺼이 바치려고 한 이야기를 담은 영화를 보고 보인 반응을 들려주었다. 테드는 영화를 보고 나서 작은 목소리로 "식인종들!"이라고 말했다고 한다.

많은 자폐인이 종교를 감정적 활동이라기보다는 지적 활동이라고 생각한다. 그렇지만 음악은 예외다. 종교적 활동에 참가할 때 음악이 많이 사용되면 신앙심이 더욱 깊어지는 것처럼 느껴지기도 한다. 내가 아는 한 기계 설계공은 자기는 종교적 감정을 전혀 느끼지 못한다고 말했다. 다만 모차르트를 들을 때는 온몸에 전율을 느낀다고 한다. 나 자신도 교회에서 오르간 주자가 아름다운 음악을 연주하거나 목사가 노래를 부를 때 더욱 종교적인 기분이 된다. 오르간 음악에는 다른 음악에는 없는 어떤 효과가 있는 것 같다.

음악과 리듬이 감정으로 통하는 문을 열어 주기도 한다. 최근에 그레고리안 성가 테이프를 들은 적이 있는데, 그 리듬과 상승하고 하강하는 음조의 조합이 마음을 달래 주고 음악에 도취되게 했다. 음악 속에서 나 자신을 망각할 것 같았다. 음악의 영향에 대한 공식적인 연구는 아직 이루어지지 않았지만, 치료 전문가들은 일부 자폐아가 말하는 법을 배우기 전에 노래하는 법을 먼저 배운다는 사실을 이미 여러 해 전에 알았다. 플로리다 대학의 랠프 마우어(Ralph Mauer)는 자폐인 서번트 중에는 무운시[각운이 없는 약강 5보격의 시—옮긴이] 운율에 맞춰 말을 하는 사람이 있다는 것을 발견했다. 나한테도 음악이 강한 연상 작용을 일으켜서, 옛날 노래를 들으면 어떤 장소에 관련된 기억이 떠오른다.

고등학교 때 나는, 신이란 모든 사물에 내재한 질서의 힘이란 결론에 도달했다. 칼록 선생님이 우주는 점차로 질서를 잃고 엔트로피가 증가하는 방향으로 움직인다는 물리 법칙인 열역학 제 2법칙을 설명해 준 이후에 내린 결론이다. 엔트로피란 밀폐된 열역학 시스템 내의 무질서도의 증가를 말한다. 나는 우주가 점점 무질서해진다는 개념을 받아들이기가 너무 괴로웠다. 제 2법칙이 어떻게 전개되는지 머릿속으로 그려 보기 위해서 방 두 개로 이루어진 우주를 상상했다. 이것은 밀폐된 열역학 시스템을 나타낸다. 한쪽 방은 따뜻하고 다른 방은 춥다. 이 상태가 최고의 질서 상태를 의미한다고 할 때, 두 방 사이에 있는 작은 창문이 열리면 공기가 점차로 섞여서 결국 두 방의 기온이 다 미지근해진다. 이 상태가 최대의 무질서 혹은 엔트로피 상태이다. 과학자 제임스 클라크 맥스웰은 조그만 사람이 창가에서 창문을 열었다 닫았다 해서 따뜻한 원자를 한쪽으로 보내고, 차가운 원자는 다른 쪽으로 가게 하면 질서를 회복할 수 있다고 말했다. 유일한 문제는 창문을 이렇게 움직이려면 외적인 에너지원이 필요하다는 것이다. 대학교 2학년 때 나는 질서를 회복하려는 이런 힘을 신이라고 불렀다.

아인슈타인을 포함해 내가 존경하는 사람들 대부분은 신을 인격적인 존재로서 믿지 않았다. 1941년 아인슈타인은 "과학자의 종교적 감정은 자연 법칙의 조화에 대한 황홀경의 형태를 띤다. 어떤 체계적 사고나 인간의 행위도 자연 법칙의 조화에 비하면 무의미한 그림자에 지나지 않는다. 이처럼 자연 법칙의 조화는 극히 우월한 지성을 드러내고 있는 것이다."라고 썼다. 열한 살 때 아인슈타인은 종교적인 시기를 겪었다. 그때 그는 유태교의 식사 규범을 실천하고, 성서를 문자 그대로 받아들였다. 1년 후 과학을 접하고 나서 아인슈타인은 갑자기 이런 태도를 버리게 된다. 과학책을 읽고 난 후에 성서에 나오는 이야기는 문자 그대로 사실이 아니라는 결론을 내리게 된 것이다.

말년의 아인슈타인은 이렇게 말했다. "저 밖에 거대한 세계가 존재한다. 인간과 무관하게 독립적으로 존재하며 우리 앞에 영원한 수수께끼로 서 있는 세계, 우리의 탐구와 사고로 겨우 일부를 접할 수 있을 뿐인 세계. 이 세계에 대해 숙고하는 것이 마치 해방처럼 나에게 손짓한다." 아인슈타인은 자신이 근본주의적인 신앙을 버리고 더 폭넓은 종교적 시각을 선택하기를 잘했다고 생각했다. 같은 글에서 그는 다음과 같이 말한다. "이 천국으로 가는 길은 종교적 천국으로 가는 길만큼 편안하고 매혹적이지는 않았다. 그렇지만 그 자체로 가치가 있었으며, 그것을 선택한 것을 결코 후회하지 않는다."

종교에 관한 아인슈타인의 말 중에서 내가 제일 좋아하는 말은 "종교 없는 과학은 절름발이고, 과학 없는 종교는 맹목이다"라는 말이다. 나는 인생의 중요한 질문에 답하는 데에 종교와 과학 둘 다가 필요하다고 믿기 때문에 이 말을 좋아한다. 심지어, 종교나 시가 진리 추구의 방법이 될 수 있다는 생각을 부인한 리처드 파인만 같은 과학자도 과학이 답할 수 없는 질문이 있다는 사실은 인정하지 않을 수 없었다.

나는 카오스 이론에 무척 관심이 많은데, 이 이론은 무질서와 임의성으로부터 질서가 나올 수 있다고 주장하기 때문이다. 나는 카오스 이론에 대한 대중적인 글을 많이 읽었다. 우주에 질서가 있다는 과학적 증거를 확인하고 싶었기 때문이다. 수학적 지식이 부족해 카오스 이론을 완전히 이해하지는 못하지만, 무질서와 임의성에서 질서가 나올 수 있다는 생각은 확인할 수 있었다. 《카오스*Chaos*》라는 책에서 제임스 글릭은 눈송이는 무질서한 난기류 속에서 형성되는 정연한 대칭적 형태라고 설명한다. 난기류에 조금만 변화가 생겨도 눈송이의 기본적 형태가 임의로 예측할 수 없는 방향으로 바뀔 것이다. 그래서 대기 상태를 연구해도 앞으로 나타날 눈송이의 모양을 예측할 수가 없다. 그래서 날씨 예측이 어려운 것이다. 날씨 패턴에는 질서가 있지만, 임의의 변화가 일어나 예측하지 못한 방향으로 바뀔 수가 있기 때문이다.

나는 우주에는 질서가 있어야 한다고 생각하기 때문에 열역학 제 2법칙을 무척 싫어했다. 나는 자연 속의 자연 발생적 질서와 형태 성립에 대한 글들을 여러 해 동안 모았다. 유전학자인 스스무 오노는 쥐의 점액과 유전자에서 고전 음악을 발견했다. 그는 뉴클레오티드[DNA 및 RNA를 구성하는 기본 단위이며 물질대사 과정 중 에너지 전달에도 관여한다—옮긴이]의 유전 정보를 음계로 변환하여, 우리 DNA 내의 구조는 임의적인 것이 아니라 질서가 있다는 것을 발견했다. 이 음계를 연주하면 바흐의 작품이나 쇼팽의 〈녹턴〉처럼 들린다. 식물의 꽃이나 잎이 성장하는 패턴도 피보나치 수열[1, 2, 3, 5, 8… 등과 같이 앞의 두 개 항을 더한 것이 다음 항인 수열—옮긴이]의 수학적 순서나 그리스의 황금 분할 비율을 따른다.

순수 물질계에서 자연 발생적으로 형태가 나타나는 경우도 많다. 가열한 액체의 대류 형태는 세포의 형태와 유사하다. 캘리포니아 대학의 연구자들은 백금으로 된 표면에 은 원자를 떨어뜨리면 자연적으로 균형 잡힌 형태를 이룬다는 것을 발견했다. 백금의 온도에 따라 형태가 달라진다. 임의의 동작에서 질서가 형성될 수 있는 것이다. 온도가 조금만 달라져도 형태가 완전히 바뀐다. 어떤 온도에서는 삼각형이 형성되고, 다른 온도에서는 육각형이 형성되며, 표면을 가열하여 온도를 더 높이면 은 원자가 다른 방향을 향한 삼각형을 다시 형성한다. 또 다른 흥미로운 발견은 아미노산과 박테리아에서 식물, 연체동물에 이르기까지 우주의 만물에 왼쪽, 오른쪽의 편향성이 있다는 사실이다. 우주는 스스로 질서를 이루는 시스템으로 가득하다.

아마도 내가 죽기 전에 과학자들이 기본 물질로 생명체를 만들어 내는 법을 알아내고 말 것이다. 그렇지만 이 과업을 이루어 내고 난 후에라도, 지금까지 계속 사람들을 괴롭혀 온 한 가지 질문에는 답하지 못할 것이다. 그것은 '사람이 죽은 후에는 어떻게 되는가?'라는 질문이다.

불멸성과 삶의 의미에 대한 의문

대학생 때는 사후에 무슨 일이 일어날지에 대해 별로 깊이 생각해 보지 않았다. 애리조나 사육장에서 일하기 시작한 것이 그 무렵이었다. 이 소들은 죽어 그저 고기가 되는 걸까, 아니면 뭔가 다른 일이 일어날까? 이런 의문이 나를 불안하게 만들었다. 과학에 기반한 종교적 신앙에서는 만족스러운 해답을 얻을 수가 없었다. 죽은 후에 천국에 갈 것이라고 믿을 수 있게 해 주는 맹목적 믿음을 가질 수 있다면 마음이 무척 편할 것이라는 생각이 들었다.

애리조나 주립대에 들어가기 전에는 도축장을 본 적도 없고, 동물이 도축되는 것을 본 적도 없었다. 스위프트 정육 공장에 처음으로 차를 타고 갔을 때, 내 평생의 업이 될 것을 이해하는 데 필요한 구체적 시각적 체계가 만들어지기 시작했다. 1971년 3월 10일 일기에 나는 꿈꾼 내용을 적었다. "스위프트 공장으로 걸어가 흰 벽 위에 손을 올려놓았다. 신성한 제단에 손을 대고 있는 듯한 기분이었다." 한 달 후 나는 다시 스위프트 공장으로 갔고, 소들이 전부 우리 밖으로 나와 도축을 기다리는 것을 보았다. 그때 나는, 소가 도축장으로 들어가고 나면 모든 게 완전히 끝이라고 생각하면 너무나 끔찍하기 때문에, 사람들이 천국이니 지옥이니 윤회니 하는 것을 믿는 것임을 깨달았다. 그냥 끝이라는 생각은 무한의 개념처럼 감당하기 너무 힘든 생각인 것이다.

며칠 후 나는 다시 스위프트 공장을 방문했고, 용기를 내어 공장을 둘러봐도 되겠느냐고 물어보았다. 공장에서는 방문객 견학을 허용하지 않는다고 했다. 그러자 금지된 장소에 대한 흥미가 한층 더 깊어졌다. 들어가는 것이 금지되자 '성스러운 땅'이 더욱 성스럽게 느껴졌다. 공장의 입구는 상징적인 문이 아니라 실제로 마주해야 하는 현실이었다. 그때 나는 삶의 여러 중요한 질문에 답하려고 애썼고 열심히 일기를 썼다.

1971년 4월 7일
도축장에서 소들이 모독당해서는 안 된다. 소가 일종의 존엄성을 유지하며 죽을 수 있기를 바란다. 아마 낙인을 찍거나 거세를 하기 위해 슈트에 집어넣을 때 소들은 더 고통을 느낄 것이다.

1971년 5월 18일
인생에서 정말 중요한 것은 무엇일까? 위대한 과학자가 되는 것이 내가 세상에서 할 수 있는 가장 중요한 일이라고 생각했었다. 지금은 생각이 좀 달라졌다. 내가 갈 수 있는 여러 갈래 길 중에서 어떤 게 가장 의미가 있을지 모르겠다.

나에게 종교는 진리에 도달하기 위한 방법의 한 가지였다. 그때는 임사 체험에 대한 대중적인 책을 읽기 전이었다. 그런 종류의 책은 1975년쯤 되어서야 널리 읽히기 시작했다. 그렇지만 1971년 10월 25일 나는 아주 생생한 꿈을 꾸었다. 꿈속에서는 스위프트 공장이 6층짜리 건물로 나왔다. 이 건물의 1층만 도축장이었고, 나는 비밀

엘리베이터를 타고 위층으로 올라갈 수 있었다. 위층에는 세계의 문화 유산이 가득한 멋진 박물관과 도서관이 있었다. 방대한 지식이 모여 있는 회랑을 따라 걸으며 나는 삶은 도서관과 같아서 한 번에 한 권의 책밖에 읽을 수 없으며, 책 한 권 한 권이 무언가 새로운 사실을 알게 해 주리라는 것을 깨달았다.

몇 년 후 나는 임사 체험을 한 사람들을 인터뷰한 글들을 여러 편 읽었다. 레이먼드 무디의 책 《삶 이후의 삶 Life After Life》에 나온 인터뷰들을 보면, 여러 명이 임사 체험 중에 도서관이나 궁극적인 지식을 담고 있는 장소를 보았다고 했다. 지식의 도서관이라는 개념은 베티 J. 이디의 《그 빛에 감싸여 Embraced by the Light》와 같은 최근에 출간된 책에서도 나타난다.

스위프트 공장이 방대한 도서관으로 바뀐 꿈을 꾸기 며칠 전에 아라비아 말을 기르는 목장을 방문했었다. 그곳은 엄청난 수고를 들여 말 한 마리 한 마리를 존중하며 다루는 목장이었다. 나는 아름다운 말들을 쓰다듬어 주며 이 말들이 사육장이나 도축장으로 보내져서는 안 된다는 생각을 했었다. 다음 날 나는 사육장에서 소에 낙인을 찍고 예방접종을 할 수 있도록 슈트를 가동하는 일을 했다. 소 한 마리 한 마리를 눈여겨보았는데 전날 본 말들처럼 각각 개성이 있는 동물이었다. 이들을 죽이는 걸 어떻게 정당화할 수 있을까? 하는 질문이 나를 무겁게 눌렀다.

1973년 4월 18일, 마침내 스위프트 공장에 들어갈 수 있게 되었다. 그 경험은 그야말로 허무했다. 아무렇지도 않아서 나 스스로도 놀랄 지경이었다. 그곳은 더 이상 신비스러운 금지 구역이 아니었다. 그리고 스위프트 공장은 소를 학대하지 않는 좋은 공장이었다. 몇 달 후, 소를 기절시키는 장치를 다루는 리 벨이라는 친절한 분이 소를 기절시켜 본 적이 있는지, 그러니까 소를 죽여 본 적이 있는지 물었다. 없다고 하자 그는 이제 해볼 때가 되었다고 말했다. 그 장치를 처음 가동시켜 보았을 때, 그 느낌은 마치 꿈을 꾸는 것 같았다.

주차장에서 빠져나오며 하늘을 올려다보았는데 구름이 정말 아름다웠다. 죽음이 없다면 삶이 소중하지 않을 것이라는 역설이 그제야 이해가 되었다. 권력과 책임이라는 역설을 처음으로 마주하고, 가축 슈트 같은 장치로 가축을 다루면서 느끼는 이중적 감정을 받아들이면서, 삶과 죽음의 역설을 받아들이게 된 것이다.

가장 괴로운 것은 죽음 후에 무엇이 있느냐는 질문에 대해 명확한 답을 할 수 없다는 사실이다. 철학자들은 수세기 동안 이것에 대해 이야기해 왔으나, 이 물음에 대한 답은 영원히 찾을 수 없을 것이다. 그렇기 때문에 사람들이 신을 바라보는 것이다.

스위프트 공장은 내 삶의 두 가지 면에 중요한 영향을 미쳤다. 스위프트 공장은 내가 설계자로서 일을 시작한 곳이기도 하고, 또 나만의 방법으로 종교적 믿음을 확고히 한 실제 삶의 무대이기도 했다. 대통일 이론을 발견하려고 애쓰는 물리학자처럼 나는 시각적 사고를 사용해 내 삶의 모든 면을 통합하려고 했다. 처음 소를 죽인 날 밤, 나는 내가 소를 실제로 죽였다는 사실을 받아들일 수가 없었다. 대신 그후 두 주일 동안 공장을 계속 찾아가 소의 상처를 줄일 수 있는 간단한 조치를 제안했다.

1년 후 스위프트 공장에서 새 가축 램프와 컨베이어 구속 장치를 만드는 첫 번째 대형 설계 프로젝트를 맡게 되었다. 시공 기술자들과 나는 이 프로젝트를 레드 제플린의 노래 제목을 따서 '천국으로 가는 계단'이라고 불렀다. 기술자들은 처음에는 그걸 농담으로 받아들였지만 계단이 형태를 갖추어 가자 이 일을 함께 하는 사람들 모두에게 그 이름이 더 진지한 의미로 느껴졌다. 동료들이 스위프트 씨가 나를 속여 돈을 떼어먹지 않는지 잘 살피라고 말해 주었으나, 그런 데 신경을 쓰면 돈만 보고 일하는 사람이 된 것 같은 기분이 들 것 같았다. 나는 소를 좀더 인도적으로 다룰 수 있도록 공장 설비를 바꾸어 놓았다. 돈을 한 푼도 받지 못한다고 하더라도 매일 1200마리의 소가 좀더 편안하게 죽음을 맞을 수 있다면 억울하지 않을 것 같았다.

　스위프트 씨와는 철저하게 사업적인 관계를 유지하기가 힘들었다. 이 공장에 대해서는 감정적인 부분이 너무 많이 개입되어 있었기 때문이다. 나는 때로 차를 타고 공장 주위를 뱅뱅 돌며 거기가 비티칸 시티라도 되는 듯 바라보곤 했다. 기술자들이 늦게까지 일하던 어느 날 밤은 거의 마무리 된 구조물 위에 서서 소가 천국으로 가는 계단 의 입구가 될 부분을 들여다보았다. 그러자 삶이 얼마나 소중한 것인가가 더욱 뼈저리게 느껴졌다. 죽을 때가 되어 그 계단을 걸어 올라갈 때, 나의 삶을 되돌아보고 내가 한 일을 뿌듯하게 여길 수 있을까? 뭔가 사회에 가치 있는 기여를 했다고 말할 수 있을까? 내 삶이 의미가 있었다고?

　'천국으로 가는 계단'은 1974년 9월 9일에 완공되었다. 이 일은 내 삶의 목표를 세우는 중요한 계기가 되었다. 그날 일기에 나는 이렇게 적었다. "천국으로 가는 계단이 완성된 후 나는 크게 성숙했다. 그것은 실재하는 것이기 때문이다. 나에게만 의미가 있는 상징적 문이 아니라, 많은 사람들이 마주하지 않으려 하는 현실인 것이다." 나는 삶의 의미를 배웠고, 죽음을 두려워하지 않게 되었다고 생각했다. 그 무렵에 또 이런 일기를 썼다.

> 나는 사람이 죽은 다음에 어딘가 다른 곳으로 간다고 믿는다. 어디인지는 모른다. 지상에서 살아 있는 동안 어떻게 행동하느냐에 따라 이후의 삶도 달라질 것이다. 천국으로 가는 계단 위에서 신을 발견한 뒤, 내세가 어떤 형태로든 존재한다는 확신이 들었다. 스위프트 공장은 현실 속에서 믿음을 실험하는 장소와도 같았다. 단지 머릿속으로만 그런 것이 아니었다. 나는 소가 죽는 걸 보았고, 내가 직접 죽이기도 했다. 그 계단 꼭대기에 컴컴한 진공만이 존재한다면, 누가 착하게 살려고 하겠는가. (1977년 9월)

여러 해 동안 이런 믿음과 내세에 대한 생각 덕에 나는 안정감을 유지할 수 있었다. 그런데 그때 〈사이언티픽 아메리칸 Scientific American〉지 1977년 10월호에 실린 환각에 대한 글을 읽고 생각이 흔들리게 되었다. 이 글은, 죽었다 되살아난 사람들이 묘사한 감정과 이들이 보았다는 광경은 뇌의 산소 부족 현상 때문에 일어난 환각이라고 주장했다. 무디의 책이나《그 빛에 감싸여》나《빛으로 구원 받다

Saved by the Light》같은 최근의 책에서 언급된 죽음 중 가장 많은 경우가 심장 박동 정지와 혈액 손실로 인한 죽음이었던 것이다. 그렇지만 내 믿음에 결정타를 날린 것은 생화학 물질이 내 뇌에 미치는 영향을 알게 된 것이었다.

1978년 여름 나는 주목을 끌어 보려고 어리석은 허세를 부리느라 존 웨인의 레드리버 농장 침액 탱크에서 헤엄을 쳤다. 이 일로 내가 하는 일을 널리 홍보할 수 있었고, 몇 군데서 강연을 할 기회도 얻게 되었다. 그러나 유기인산 화합물이라는 화학물질이 몸에 묻어 나한테 끔찍한 영향을 미쳤다. 믿음에 대해 생각할 때 느꼈던 경외감이 갑자기 사라져 버린 것이다. 유기인산 화합물은 뇌 안의 아세틸콜린 등 신경전달물질의 농도를 변화시키는 것으로 알려져 있다. 나는 또한 이 물질 때문에 생생하고 끔찍한 악몽에 시달렸다. 그렇지만 이 물질이 왜 종교적 외경심을 흔들어 놓았는지는 알 수가 없다. 모든 마법이 사라지고 실제 오즈의 마법사는 커튼 뒤에서 버튼이나 눌러 대는 왜소한 할아버지라는 사실을 알게 된 것과 미슷했다.

이 일로 중요한 의문을 품게 되었다. 신에 가까이 있다는 그 느낌은 사실 커튼 뒤의 오즈의 마법사 화학물질에 의해 생겨난 것일까? 일기에 나는 이렇게 썼다. "그 물질이 종교적 감정에 대한 필요를 차단했다는 사실이 놀랍기도 하고 무섭기도 하다." 나는 심하게 앓았다. 하지만 약품의 영향이 점차 사라지고 난 뒤 종교적 감정도 다시 돌아왔다. 그러나 사후 세계에 대한 믿음은 사라지고 없었다. 커튼 뒤의 마법사를 보고만 것이다. 하지만 마음속 깊은 곳에서는 절박하게 천국으로 가는 계단 꼭대기에 다만 컴컴한 진공만이 있는 건 아니라는 사실을 믿고 싶었다.

사후에 아무것도 없을지 모른다는 가능성 때문에 나는 더 일에 매달렸다. 적어도 내 생각과 사고는 죽지 않고 남기를 바랐던 것이다. 박사 학위를 받기 위해 공부할 때, 내가 있던 실험실 동료가 세계의 도서관에 우리의 또 다른 신체, 혹은 몸 밖의 유전자가 있는 거라는 말을 했다. 생각은 유전자처럼 세대에서 세대로 물려줄 수 있다. 나는 내 생각을 널리 알리고픈 충동을 강하게 느꼈다. 나는 또 신문에서 뉴욕 공공도서관 직원 한 사람이 지구상에서 영원불멸성이 존재하는 곳은 도서관뿐이라고 말했다는 기사를 읽었다. 도서관은 인류의 축적된 기억이 존재하는 곳이다. 나는 이 말을 현판에 적어 책상 위에 걸어 놓았다. 그 말 덕에 끝까지 포기하지 않고 결국 박사 학위를 따낼 수 있었다. 아이작 아시모프가 죽었을 때 실린 부고(訃告)에는 그의 사상은 책 속에서 계속 살아갈 것이므로 죽음은 아무것도 아니라는 말이 포함되어 있었다. 그렇게 해서 그는 일종의 불멸성을 얻게 된 것이다. 고대 이집트인들과 그리스인들은 피라미드, 파르테논, 또 위대한 사상가들의 글을 후대에 남김으로써 불멸성을 얻었다. 불멸성이란 사람의 사고와 행동이 다른 사람들에게 미치는 영향을 말하는 것일지 모른다.

다른 사람들의 문화를 파괴하는 것은 불멸성을 빼앗는 것과 다름없다. 나는 사라예보의 올림픽 스타디움과 중앙도서관이 파괴되었다는 기사를 읽고 울었다. 신문에 실린 폐허가 된 도서관 사진이 무엇보다도 속상했다. 그 문화가 파괴되고 있는 것이다. 문명과 협동의 상징인 올림픽 스타디움도 산산이 부서져 있었다. 스타디움의 의자가 관을 만드는 데 사용되었다는 기사는 읽어 내려가기가 힘들 지경이었다. 지옥이 되어 버린 곳에서 최후의 문화적인 행위가 이루어지고 있는 것이었다. 지식과 문화의 상실에 대해 생각하며 나는 무척이나 괴로웠고 감정적이 되었다. 지금도 이 이야기를 쓰려고 하면 눈물이 난다. 한 나라가 다른 나라의 문학, 건축, 문명을 의도적으로 파괴한 것이다. 수세기 동안 사람들이 함께 살아온 문명의 도시가 폐허가 되어 버렸다. 감정이 걷잡을 수 없이 격해진 결과였다. 상대를 얼마나 미워하길래 그 문화와 문명까지 파괴하고 싶어지는지 나로서는 짐작도 하기 어렵다.

내가 다시 믿음을 회복하게 된 것은 양자물리학 때문이었다. 양자물리학이 영혼과 초자연적 존재에 대한 믿음에 그럴듯한 과학적 토대를 제공해 주기 때문이다. 동양 종교의 카르마 사상이나 모든 사물이 연결되어 있다는 믿음도 양자물리학에서 과학적 근거를 찾을 수 있다. 같은 근원에서 나온 원자 구성 입자(subatomic particle)가 서로 얽힐 수 있으며, 멀리 떨어져 있는 원자 구성 입자의 진동이 가까이 있는 다른 입자에 영향을 미칠 수 있다. 실험실에서 과학자들은 레이저 광선 안에서 뭉쳐진 원자 구성 입자를 연구한다. 자연 상태에서는 이 미립자들이 수백만 개의 다른 입자와 연결되어 서로 상호 작용한다. 이런 입자들의 얽힘이 우주에 일종의 의식(意識)을 구성한다고 할 수 있을 것이다. 이게 지금 내가 신에 대해 갖고 있는 생각이다.

도축 공장에서 일하는 동안 나는 도축 슈트 근처에서는 부정한 행동을 해서는 안 된다고 직관적으로 느꼈다. 동물을 학대하는 등 뭔가 나쁜 일을 하면 아주 끔찍한 일이 일어날 것 같았다. 서로 연결된 미립자가 나한테 보복을 할 것 같았다. 내가 못된 짓을 해서 괴롭힌 입자와 친구 사이인 입자가 들어 있는 자동차 핸들 연결 부위가 망가져 버릴지도 모르는 일인 것이다. 사람들은 이런 생각을 터무니없다고 하겠지만, 내 논리적인 사고 내에서는 이런 믿음이 세상에 질서와 정의의 개념을 부여해 준다.

양자물리학에 대한 나의 믿음은, 소 돼지가 학대당하는 도축 공장을 방문했을 때 일어난 정전과 설비 고장 사건을 통해 더욱 굳어졌다. 처음에는, 내가 차를 몰고 올라가는 도중에 주전력 변압기가 나가 버렸다. 그 뒤로도 몇 차례 배전기가 타서 공장 가동이 멈췄다. 한 번은 설비 시험 가동 중에 체인 컨베이어가 망가져 공장 관리인이 나한테 욕을 퍼부어 댄 일도 있었다. 그는 5분이 지나도록 생산 과정이 완전히 재가동되지 않자 머리끝까지 화가 나 있었다. 이 일이 단지 우연이었을까, 아니면 배선이나 강철 내의 미립자와 연결된 입자들에서 나쁜 카르마가 공명하기 시작한 것이었을까? 이 사건 모두 평소에는 거의 망가지는 일이 없던 장치들이 문제를 일으킨 이상한 경우였다. 우연의 일치일 수도 있고, 아니면 신의 우주적 의식의 일종일 수도 있을 것이다.

신경과학자들은 뉴런이 일상적인 뉴턴 물리학의 원칙에 따라 움직이는 게 아니라 양자 이론을 따른다는 생각을 비웃을 것이다. 그러나 물리학자 로저 펜로즈는 《정신의 그림자 Shadows of the

Mind》라는 책에서 그렇게 말했고, 투산의 물리학자 스튜어트 해머로프 박사도, 뇌의 나머지 부분이 모두 정상적으로 기능하더라도 미세소관(microtubule) 안의 단 한 개의 전자의 움직임이 의식을 바꾸어 놓을 수 있다고 말했다. 양자 이론이 정말 의식의 조절과 연관이 있다면, 사람이나 동물이 죽더라도 서로 연결된 입자들이 이루는 어떤 에너지 패턴은 남아 있을 것이라는 생각에 과학적인 근거가 될 수 있다. 사람에게 영혼이 있다면, 동물에게도 있을 것이다. 뇌의 기본적 구조는 사람이나 동물이나 크게 다르지 않기 때문이다. 양자 이론에 따르면, 사람한테 전자가 운동할 수 있는 미세소관이 더 많으므로 사람의 영혼의 양이 더 많기는 하겠지만.

그렇지만 사람과 동물을 확고히 가르는 한 가지 기준이 있다. 언어도, 전쟁도, 도구 사용도 아니다. 그것은 바로 장기적으로 지속되는 이타주의다. 예를 들어 러시아에 기근이 들었을 때, 러시아 과학자들은 미래 세대가 식량 작물의 유전적 다양성의 혜택을 입을 수 있게 하기 위해 식물 유전학 연구에 쓰이는 종자 은행을 사수했다. 앞으로 올 세대의 이득을 위해 곡식이 가득한 실험실에서 굶어 죽은 것이다. 동물이라면 결코 이렇게 하지 못할 것이다. 동물에게서도 이타주의가 발견되기는 하지만 이런 수준에는 미치지 못한다. 콜로라도 주립대에 있는 미국 농림부 종자 저장 연구소 가까이에 차를 주차시킬 때마다 나는 이 건물 안에 있는 것을 보호하는 것이 사람과 동물을 구분해 주는 지표라는 생각을 한다.

나는 내 직업이 도덕적으로 잘못된 것이라고는 생각하지 않는다.

도축은 나쁜 일이 아니다. 그러나 동물을 인도적으로 존중하며 다뤄야 한다는 생각은 무척이나 확고하게 가지고 있다. 나는 축산업을 개선하고 향상시키는 일에 평생을 바쳐 왔다. 내가 세상에서 가장 효율적인 도축 설비를 설계했다는 사실은 여전히 나에게 중대한 의미를 지닌다. 대부분의 사람들은 잘 모르지만 도축 공장은 실제 자연에 비해서 훨씬 온화한 곳이다. 야생 상태의 동물은 굶주림, 맹수, 자연재해 등에 의해 죽는다. 나한테 선택하라고 한다면 의식이 있는 채로 코요테나 사자에게 내장을 찢겨 죽느니 차라리 도축 기계 안으로 걸어 들어가겠다. 그렇지만 사람들은 삶과 죽음의 자연적 순환을 이해하지 못하는 것 같다. 한 생명체가 살아남으려면 다른 생명체가 죽어야 한다는 것을 모른다.

최근에 읽은 어떤 글 하나가 내 생각에 깊은 영향을 미쳤다. S. 부디아스키가 쓴 '고대의 계약'이라는 제목의 글로 1989년 3월 20일자 〈유에스 뉴스 앤 월드 리포트 U.S. News & World Report〉지에 실렸다. 인간과 동물의 관계의 진화를 자연사적 관점에서 쓴 글이었다. 이 시각은 동물이 인간과 동등하다는 동물 권리 옹호론과 동물을 감정이 없는 기계와 같이 취급하는 데카르트적 시각 사이의 중간적 입장을 대변한다. 나는 부디아스키의 시각에 공생(共生)이라는 생물학적 개념을 더했다. 공생 관계는 두 가지 다른 종 사이의, 상호 이득이 되는 관계를 말한다. 예를 들어 개미는 진딧물을 돌보아 주는 대신 진딧물을 '젖소'로 이용한다. 개미가 진딧물에게 먹이를 주는 대신 진딧물은 개미에게 단물을 준다. 사람은 소나 돼지를 먹이고 보호하고 번식시키고, 대신 동물로부터 먹을 것과 입을 것을 얻는다. 동물을 학대하는 것은 고대로부터 내려온 이런 계약을 위반하는 것이므로 잘못된 일이다. 우리에게는 동물이 편안하게 살고 고통 없이 죽을 수 있게 할 책임이 있다. 내가 하는 일의 역설적인 면을 의아하게 생각하는 사람들이 많지만, 나의 실용적이고 과학적인 관점에서 보면 내가 사랑하는 동물이 고통 없는 죽음을 맞게 하는 것이 마땅하고 타당한 일로 느껴진다. 그렇지만 많은 사람들이 죽음을 두려워하고 감당하기 어려워한다.

나더러 채식주의자냐고 묻는 사람들이 많다. 나는 고기를 먹는다. 사실 나는 달걀, 우유 등 동물에게서 나온 식품까지 완전히 배제하는 절대 채식주의는 부자연스러운 것이라고 생각한다. 전통적인 채식주의자인 힌두교도도 유제품은 먹는다. 절대 채식주의 식사에는 비타민 B12가 부족할 수밖에 없다. 그런데 유제품을 생산하기 위해서도 동물을 죽이는 과정이 필요하다. 젖소가 젖을 생산하려면 매년 송아지를 낳아야 하고, 송아지는 식용으로 쓰인다.

미래의 언젠가는 도축장이 사라지고 가축 대신 유전자 접합으로 생산한 물질을 먹게 될지 모른다. 그때에는 인간이 원하는 종류의 동물이나 식물을 창조하는 것과 관련된 정말 심각한 윤리적 문제가 제기될 것이고, 그것은 동네 도축 공장에서 소를 죽이는 것보다 훨씬 중요한 문제가 될 것이다. 사람이 진화를 통제할 힘을 갖게 되는 것이다. 완전히 새로운 형태의 생명체를 만들어 내는 신의 능력을 소유할 날도 멀지 않았다. 그렇지만, 우리가 죽은 후에는 어떻게 되느냐 하는 질문에는 역시 답할 수 없을 것이다. 사람들은 변함없이 종교를 필요로 할 것이다. 지구가 우주의 중심이 아니라는 사실을 알고 난 후에도 종교는 사라지지 않고 남았다. 인류의 지식이 얼마나 진보하든, 대답할 수 없는 의문은 여전히 남아 있을 것이다. 그러나 진화하기를 멈춘다면 인간은 하나의 종(種)으로서 도태될 것이다.

콜로라도 주립대의 동물 인권 철학자인 버나드 롤린은 이렇게 지적한다. "인류를 위해 자유로운 탐구가 필수적이라는 것도 사실이지만, 윤리성 역시 그렇다. 따라서 진리를 향한 추구를 윤리적 의식으로 조정해야 한다." 윤리적 문제에 전혀 관심을 두지 않으면 나치의 의학 실험 같은 잔학 행위가 재현될 수도 있을 것이다. 한편 인체 해부를 금지하는 종교적 금기 때문에 1000여 년 동안 의학적 발전이 지연된 것도 사실이다. 의학적 지식의 발전을 저해하는 지적 침체는 경계해야 하지만 윤리성 또한 준수해야 한다. 생명공학은 숭고한 목적을 위해서도, 혹은 하찮거나 악한 목적을 위해서도 사용될 수 있다. 이 새롭고 강력한 지식이 윤리적으로 활용될 수 있으려면 극단주의자나 이윤 추구에 급급하는 사람들의 손에 결정을 맡겨 버려서는 안 된다. 윤리적 문제에 관한 한 손쉬운 해답이란 있을 수 없다.

인간이 어떤 존재인지 알아내고자 하는 것은 기본적인 인간의 욕구다. 인간 게놈 프로젝트, 허블 우주 망원경, 지금은 중단된 초전도가속기 실험 등 1990년대의 대형 프로젝트가 선조들의 피라미드나 대성당 건축 등을 대신하고 있다. 허블 우주 망원경의 주요 목적 중 하나는 우주 탄생의 비밀을 밝히고자 하는 것이다. 허블 망원경으로 다른 은하의 중심에 블랙홀이 존재한다는 것을 확인할 수 있었으며, 또 허블 망원경으로 관찰한 사실이 우주의 기원에 대한 이론을 완전히 뒤집어 놓을 수도 있다. 최근에 관측된 내용으로 다른 태양계(alternate solar systems) 내에서 공전하는 행성의 존재가 확인된 바 있다. 과거에는 과학자들이 이런 생각을 입 밖에 내거나 글로 발표했다가는 화형을 당할 수도 있었다.

나는 장애 덕분에 어떤 능력, 특히 동물이 세상을 어떻게 감각하는지 이해할 수 있는 능력을 가지게 된 사람이기 때문에, 이런 어려운 질문이나 인간적이고 올바른 행동의 도덕적 규준이 되는 종교의 중요성을 충분히 이해한다.

유기인산화합물 중독에 항우울제의 영향이 뒤섞여 종교적 감성이 무디어졌을 때 나는 산더미 같은 일을 해낼 수 있는 일종의 기계가 되었었다. 약물이 기계 설계 능력에는 아무런 영향을 미치지 않았으나 열정은 사라지고 없었다. 나는 마치 컴퓨터가 돌아가는 것처럼 도면을 생산해 냈다. 이 경험을 통해 나는 삶과 일에는 의미가 있어야 한다고 생각하게 되었다. 그렇지만 지금으로부터 겨우 3년 전, 소에 족쇄를 채워 들어 올리는 시스템을 없애는 일을 하게 되었을 때에야 종교적 감정이 다시 되살아났다.

그날은 전몰 장병 추도 기념일이 있는 주말로, 무척이나 더운 날이었다. 새로운 설비 가동 실험을 보러 가기로 되어 있었는데 보나마나 고역일 것 같아 마음이 내키질 않았었다. 코셔 구속 슈트는 기술적으로도 별 흥미가 없었고, 이 프로젝트는 지적인 자극도 거의 주지 않았었다. 이중 레일 컨베이어 시스템을 만들어 낼 때처럼 무언가 완전히 새로운 것을 발명해 내야 하는 기술적인 난제를 던져 주는 일도 아니었다.

앨러배마에서 보낸 그 며칠 동안에 오래 전의 갈망이 되살아나리라는 것은 예상치 못한 일이었다. 나는 랍비가 시히타를 하는 동안 소가 차분한 상태로 있도록 붙들고 있으면서 우주와 일체가 되는 느낌을 받았다. 이 장치를 조작하는 것이 선(禪)적 명상 상태에 들어가는 것과 같은 기분이었다. 시간이 멈추었고, 나는 완전히 현실로부터 분리되었다. 어쩌면 그것이 선승들이 추구하는 궁극의 상태인 열반이었는지도 모르겠다. 공장 관리인이 자기 사무실로 오라고 나를 불러서 다시 현실로 돌아오기 전까지, 완전한 고요와 평화의 상태였다. 그는 한참 동안 천장의 철제 빔 위에 숨어서 내가 동물 한 마리 한 마리를 구속 슈트로 부드럽게 붙드는 것을 몰래 지켜보았다. 그는 감탄했지만 그것에 대해서는 아무 말도 하지 않았다.

떠날 시간이 되었고, 나는 공항으로 차를 몰고 가면서 눈물을 흘렸다. 그 경험에 이상스러울 정도로 도취된 상태라 차를 돌려 공장으로 다시 돌아가고 싶었다. 렌터카를 반납하고 게이트 안으로 들어가면서, 소를 부드럽게 잡고 있을 때 느낀 신비롭고 황홀한 느낌과 어릴 적 바닷가에서 모래가 손가락 사이로 빠져나가는 것에 몰두할 때 느낀 무아적 상태가 비슷하다는 생각을 했다. 두 경험을 하는 동안 똑같이 다른 감각은 모두 차단되었다. 어쩌면 성가를 부르고 명상하는 수도승들도 일종의 자폐 상태인지도 모르겠다. 찬송하고 기도하는 예식과 자폐아가 몸을 흔드는 동작 사이에 뚜렷한 유사성이 있다는 생각을 한 적이 있다. 단지 엔도르핀 수치가 올라가는 것 이상의 무엇인가가 있는 것 같았다.

1992년 1월 11일 나는 그 코셔 도축장을 다시 찾았고, 일기에 이렇게 썼다.

> 동물이 완전히 차분한 상태를 유지할 때 나는 신이 나를 어루만지기라도 하는 듯 평온함에 압도당했다. 내가 하는 일에 대해 기분이 나쁘다거나 하는 감정은 전혀 들지 않았다. 구속 슈트를 잘 조작하려면 소를 좋아하는 정도가 아니라 사랑해야 한다. 슈트를 조작하는 것은 전적으로 다정함의 표현이어야 한다. 소를 부드럽게 붙들수록 마음이 더 평온해졌다. 생명이 소의 몸을 떠나는 순간 나는 깊은 종교심을 느꼈다. 평생 처음으로, 내가 가지고 있는 줄도 몰랐던 감정에 논리가 완전히 압도되었다.

그때 나는 감정과 실천이 충돌하는 일이 있을 수 있다는 것을 깨달았다. 선승(禪僧)은 우주와 완전히 합일되는 상태를 이룰 수 있을지는 모르나 주변 세상을 바꾸고 개량할 힘은 갖지 못한다. 내가 그 공장을 리모델링하자고 설득하지 않았다면 그 끔찍스런 족쇄로 소를 들어 올리는 시스템이 아직도 남아 있을지 모른다. 나는 또 종교적 도축 의식도 도축을 제어하는 역할을 하기 때문에 중요하다는 것을 깨달았다. 고속 도축 공장에서 일하는 사람들은 죽음을 너무 많이 경험해 둔감해지고 감각이 마비된다.

코셔 공장에서는 랍비들이 종교적 믿음을 갖고 있기 때문에 부당한 행동이 일어나지 않는다. 대부분의 코셔 도축 공장에서 랍비들은 무척이나 진지한 태도로 일하고, 자기들이 하는 일이 신성한 일이라고 믿는다. 코셔 공장에 있는 랍비는 호쳇이라고 불리는데, 종교적인 도축을 시행하도록 특별히 훈련을 받은 사람들로, 정결하고 도덕적으로 살아야 할 의무를 가진다. 정결한 삶을 살기 때문에 자기가 하는 일로 인해 타락할 위험이 없다.

어떤 문화에든 도축 의식이 있다. 신명기나 레위기를 현대어로 번역해 놓은 글을 읽어 보면 사원이 마을의 도살장 기능도 겸했다는 것을 분명히 알 수 있다. 미국 원주민은 자기들이 먹는 동물에 대해 경의를 표했고, 아프리카에서는 의식을 이용해 죽이는 동물의 수를 제한했다. 《황금 가지 The Golden Bough》라는 책에서 J. G. 프레이저는 고대 그리스, 이집트, 페니키아, 로마, 바빌로니아에 도축 의식이 있었다고 설명한다. 특정 장소에서 엄격한 규칙과 절차에 따라 도축이 이루어졌기 때문에 통제가 가능했다.

동물이 죽는 곳은 신성한 장소가 되어야 한다고 생각한다. 일반 도축 공장에서도 의식을 실시해 그곳에서 일하는 사람들의 몸가짐을 다잡는 수단으로 이용해야 한다. 그러면 사람들이 무감하고 무신경하고 잔인해지지 않도록 막을 수 있을 것이다. 잠시 묵념을 하는 등의 아주 단순한 의식이어도 상관없다. 동물을 인도적으로 다룰 수 있게 설계를 개선하고 더 나은 설비를 하는 것과 더불어 나는 이 일도 해내고 싶다. 아무런 말도 필요 없다. 그저 잠시 동안 침묵의 시간을 갖는 것이다. 그 광경이 머릿속에 생생하게 그려진다.

나는 그림으로 생각한다
자폐인의 내면 세계에 관한 모든 것

1판 1쇄　2005년 9월 12일
1판 17쇄　2024년 6월 10일

글쓴이　템플 그랜딘
옮긴이　홍한별
펴낸이　조재은

펴낸곳　(주)양철북출판사
등록　2001년 11월 21일 제25100-2002-380호
주소　서울시 영등포구 양산로91 리드원센터 1303호
전화　02-335-6407
팩스　0505-335-6408
전자우편　tindrum@tindrum.co.kr

ISBN　978-89-6372-90220-47-9 (03370)
값　15,000원

잘못된 책은 바꾸어 드립니다.